형개의《경략어왜주의》역주

명나라의 정유전쟁

1

출병 준비

형개의 《경략어왜주의》 역주

명나라의 정유전쟁

1

출병 준비

구범진·김창수·박민수·이재경·정동훈 역주

발간사

국립진주박물관은 정유재란 당시 명군의 최고 지휘관이었던 형개(邢玠, 1540~1612)의 『경략어왜주의(經略禦倭奏議)』에 대한 역주서를 발간합니다. '임진왜란자료 국역사업'의 세 번째 결실로서, 『명나라의 정유전쟁: 출병 준비』(형개의 『경략어왜주의』 역주 1), 『명나라의 정유전쟁: 반격과 종전』(형개의 『경략어왜주의』 역주 2), 『명나라의 정유전쟁: 전후 처리』(형개의 『경략어왜주의』 역주 3), 그리고 『경략어왜주의』 원문(교감·표점) 등 네 권입니다. 『명나라의 정유전쟁』이라는 이름으로 선보이는 『경략어왜주의』 역주서는 우리말로 처음 번역·출간되는 것으로, 정유재란 당시 일본군에 대한 대응 전략, 병력과 물자의 조달, 전황 보고, 논공행상, 철병 과정 등을 명나라의 시각에서 살펴볼 수 있습니다.

국립진주박물관은 지난 2017년부터 '임진왜란자료 국역사업'을 추진했으며, 그 첫 결과물로 오희문의 피란일기인 『쇄미록(瑣尾錄)』(전 8권, 사회평론아카데미)을 2018년에 출간한 바 있습니다. 이 『쇄미록』은 해주오씨 추탄공파 종중에서 1990년 국역했던 자료를 약 30년 만에 새롭게 역주하여 내놓은 것입니다. 『쇄미록』 발간 직후 국립진주박물관은 임진왜란에 대한 중국과 일본의 시각을 담은 자료들에 대한 국역 필요성을 느끼게 되었습니다. 동아시아 국제 전쟁이었던 임진왜란에 대한 세 나라의 관점을 두루 살펴 이 전쟁에 대한 이해를 좀 더 높이고자 함입니다.

이 과정에서 임진왜란과 정유재란 당시 명나라의 최고 지휘관이었던 송응창의 『경략복국요편(經略復國要編)』과 형개의 『경략어왜주의』에 주목하게 되었습니다. 이에 국립진주박물관은 2019년부터 2020년까지 2년간 『경략복국요편』 국역사업을 진행하여 『명나라의 임진전쟁』이라는 이름으로 역주서 두 권(제1권 출정 전야 및 제2권 평양 수복)을 2020년 말에 발간했습니다. 이어서 2021년에 『경략복국요편』 역주서 두 권(제3권 강화 논의, 제4권 전후 처리)과 교감·표점본 한 권을 마저 발간함으로써 모두 5권으로 『경략복국요편』 국역사업을 마무리했습니다. 그리고 2022년 대한민국 학술원은 『명나라의 임진전쟁』을 우수학술도서로 선정함으로써 이 사업의 중요성과 성과를 인정해 주었습니다.

국립진주박물관은 형개의 『경략어왜주의』 국역사업에 박차를 가해 2022년부터 2023년까지 국역을 진행하고 이제 그 결과물을 『명나라의 정유전쟁』이라는 이름으로 선보이게 되었습니다. 형개의 『경략어왜주의』는 1597년 3월부터 1600년 9월까지 형개가 경략으로 활동하던 시기에 만력제에게 올린 상주를 담고 있습니다. 높은 사료적 가치를 가진 이 책은 비교적 늦게 발견되어 2004년 영인되면서 학계의 주목을 받게 되었습니다. 이 책에는 명군의 최고 지휘관으로서 형개가 일본군의 재침이라는 상황에서 고민해야 했던 많은 사안들이 담겨 있습니다. 따라서 이 책은 정유재란을 바라보는 명나라의 관점과 함께 전쟁 수행부터 전후 처리까지 정유전쟁의 실체를 연구하는 데 많은 기여를 할 것으로 기대됩니다.

이러한 사업에 이어서 국립진주박물관은 임진왜란에 대한 일본 측 사료 국역사업도 진행하고 있습니다. 2023년부터 『조선진기(朝鮮陣記)』, 『서정일기(西征日記)』, 『고려일기(高麗日記)』에 대한 국역사업을 진행했고, 올해에는 『조선일일기(朝鮮日日記)』에 대한 국역사업을 마무리하여, 2025년에 그 결과를 발간할 예정입니다. 이렇게 되면 동아시아 국제 전쟁이었던 임진왜란에 대한 한·중·일의 시각을 두루 살필 수 있게 되어, 전쟁의 실체를 이해하는 데 좀 더 다가갈 수 있는 기반을 마련할 수 있게 될 것입니다.

이번 『경략어왜주의』 국역사업에는 중국 근세사 및 조선시대 전공자이자 명·청 및 조선의 외교문서 전문가들로 구성된 한중관계사료연구팀(책임연구원 구범진 서울대학교 동양사학과 교수)이 참여했습니다. 국역과 주석 작업을 맡아 열과 성을 다해 주신 구범진·김창수·박민수·이재경·정동훈 선생님 등 한중관계사료연구팀 연구원 여러분께 깊이 감사드립니다. 모쪼록 국립진주박물관의 '임진왜란자료 국역사업'에 대한 연구자와 독자 여러분들의 많은 관심과 성원을 부탁드립니다. 감사합니다.

2024년 3월
국립진주박물관장
장상훈

일러두기 및 범례

○ 저본

- 『經略禦倭奏議』: 薑亞沙 外編, (中國文獻珍本叢書)『禦倭史料匯編』4-5, 北京: 全國圖書館文獻縮微複製中心, 2004.
- 서문: 李光元, 『市南子』卷6,「太保邢公東征奏議序【代】」.
- 어왜도설: 王圻, 『續文獻通考』(北京大學圖書館 소장본) 卷234, 四裔考, 日本, 萬曆 28年,「恭進禦倭圖說疏」.
- 부록1: 葉向高, 『蒼霞續草』(四庫禁燬書叢刊 集部 125) 卷11,「光祿大夫柱國少保兼太子太保南京兵部尙書參贊機務崑田邢公墓志銘」.
- 부록2: 萬斯同 編, 『明史』卷332, 列傳 卷183「邢玠」.

○ 원문의 오류

- 원문의 오류는 원문에서 각주를 통해 밝히고, 번역본에서는 오류를 정정하여 번역한다.

○ 문서 번호 및 문서 제목 위치 표기

- 『經略禦倭奏議』는 문서 제목 위에 각 권(卷)과 문서 순서를 기준으로 문서 번호를 표기한다.
  예) 4-1
- 문서 제목 아래에는 문서의 원문 제목과 권수 및 쪽수를 표기

한다.

　예) 申飭五鎮沿海春汛疏 | 권4, 3a-7b

　- 서문, 어왜도설, 부록 1·2는 문서 번호를 표기하지 않는다.

○ 문서 해설

　- 문서 제목 다음에 해당 문서에 대한 해설을 삽입한다.

　- 문서 해설은 날짜, 내용, 관련자료로 구성한다.

○ 문서의 인용 표시

　- 제1인용 =" ", 제2인용 =' ', 제3인용 =「 」으로 표기한다.

　- 인용된 문서의 분량이 많은 경우에는 문단 좌측에 여백을 주
　어 구분한다.

○ 한자 표기

　- 한자가 필요한 경우 한글과 한자를 병기한다.

　　예) 형개(邢玠)

　- 한자 병기는 각 권을 기준으로 첫 번째 등장할 때만 표기한다.

　- 번역문과 원문이 다를 경우 [ ]로 표기한다.

　　예) 순안어사[按院]

○ 일본 인명 표기

　- 일본어 인명과 한자 표기가 일치하는 경우에는 ( ) 안에 한자
　를 병기한다.

　　예) 고니시 유키나가(小西行長), 유키나가(行長)

　- 일본어 인명과 한자 표기가 다른 경우에는 [ ] 안에 한자를 병

기한다.

예) 고니시 유키나가[平行長]

○ 숫자 표기

- 만 단위를 기준으로 나누되 우리말 "만"을 표시해 주고, 나머
지 숫자는 붙여 쓰도록 한다.

예) 4만 5500석

○ 문장의 주어

- 문장의 주어가 축약되었거나 3인칭인 경우 정확한 대상으로
번역한다.

예) 形軍門→ 경략 형개 / 該部 → 병부 또는 병부상서

○ 문서의 투식

- 문서의 행이(行移) 과정을 보여주는 어구(語句)는 인용부호로
대체하며 번역하지 않는다.

예) 等因, 等情, 欽此, 備咨到臣, 備咨前來, 送司, 到部, 案呈到部

○ 관부 문서의 종류와 번역

- 상주문: 신료가 황제에게 올리는 문서로 제본(題本), 주본(奏本)
등이 있다. 종결어는 경어체로 처리하였다.
- 상행문: 하급기관에서 상급기관에게 보내는 문서이다. 정문(呈
文), 품(稟) 등이 있다. 종결어는 경어체로 처리하였다.
- 평행문: 발신자와 수신자가 통속관계가 없을 때 보내는 문서
이다. 자문(咨文)이 있다. 종결어는 경어체로 처리하였다.

- 하행문: 상급기관에서 하급기관에게 보내는 문서이다. 표문(票文), 패문(牌文), 차문(箚文), 차부(箚付) 등이 있다. 종결어는 평서체로 처리하였다.

○ 각주 형식
- 각주의 표제어가 문장인 경우 …… 말줄임표로 표기한다.
  예) 국론은 …… 몰랐으니
- 명 실록은 '명+왕호+실록', 조선 실록은 '왕호+실록'으로 표기한다.
  예)『명신종실록』,『선조실록』

차례

經略禦倭奏議

해제

1. 머리말

임진왜란-정유재란기 일본에 대한 방어 책임을 맡은 명의 최고
책임자는 송응창(宋應昌)[1]·고양겸(顧養謙)[2]·손광(孫鑛)[3]·형개(邢玠)
네 사람이다. 이들 중 명과 일본이 한창 강화 협상을 벌이고 있던 시
기에 임무를 맡았던 고양겸과 손광은 한 번도 조선을 방문하지 않으
면서 일본에 대응할 수 있었던 데 반해, 송응창과 형개는 각각 임진
왜란과 정유재란의 열전기(熱戰期)에 장기간 조선에 머물면서 전선

---

1   송응창(宋應昌): 1536~1606. 항주 인화현(仁和縣) 사람으로 가정 44년(1565)에 진사
    가 되었다. 자는 사문(思文), 호는 동강(桐崗)이다. 만력 20년(1592)에 병부우시랑 우첨
    도어사(兵部右侍郎右僉都御史)로 경략비왜군무(經略備倭軍務)를 총괄하는 직책을 맡았
    다. 제독 이여송(李如松)과 함께 4만 8000명 병력의 2차 원군 총사령관으로 참전했고,
    보급 등의 군무를 총괄했다. 이여송이 벽제관에서 대패한 이후 일본군과의 강화를 모색
    해 가던 과정에서 교전을 자제시킨 한편, 조선 조정을 정치적으로 견제하다 만력 21년
    (1593) 명나라에 소환되었다. 이듬해 평양 수복전의 공적이 참작되어 도찰원우도어사
    (都察院右都御史)로 승진되기도 했지만, 고향 항주로 낙향해 서호(西湖) 근방의 고산(孤
    山)에 은거하면서 중앙 정계에는 복귀하지 않았다.
2   고양겸(顧養謙): 1537~1604. 명나라 사람으로 남직례 통주(通州) 출신이다. 자는 익경
    (益卿)이다. 진사 출신으로 요동순무, 병부시랑, 계요총독 등을 역임했으며, 송응창이 탄
    핵된 후 그를 대신하여 경략으로 임명되었다. 일본과의 강화를 추진하다 탄핵받아 관직
    에서 물러났다.
3   손광(孫鑛): 1543~1613. 명나라 사람이다. 임진왜란 발발 초기에는 산동순무(山東巡撫)
    를 맡아 병참을 지원했고, 만력 22년(1594)에 고양겸을 대신하여 경략이 되었다.

의 상황에 신속하게 대응해야 했다.[4] 따라서 네 명 중 송응창과 형개가 자신들이 맡고 있던 경략(經略)의 직함을 강하게 인식하고,[5] 전쟁 수행 중에 작성한 문서들을 『경략복국요편(經略復國要編)』과 『경략어왜주의(經略禦倭奏議)』라는 이름으로 묶어낸 것도 무리는 아니다.

그중에서도 형개는 만력(萬曆) 25년(1597) 12월~1월의 울산 전투와 만력 26년(1598) 9~11월 조명연합군의 사로병진(四路並進) 공세 당시 서울에서 작전을 총괄했고, 송응창과 달리 계요총독(薊遼總督)으로서 북변의 경계를 함께 담당해야 하는 상황에서도 두 차례 조선에 장기간 체류했다. 뿐만 아니라 정유재란 당시 형개가 관할했던 명군은 전쟁 말기 최대 10만 명 가까운 규모에 이르러 임진왜란 당시 동원된 병력을 크게 상회한다. 이를 감안하면, 형개가 담당해야 했던 업무의 부담은 임진왜란 초기의 송응창과 비슷하거나 그 이상이라고 평가할 수 있다.

이들이 남긴 기록 가운데 송응창의 『경략복국요편』은 일찍이 1929년 영인되어 그 존재가 널리 알려져 있으며, 최근 국립진주박

....

4 최근 김영진은 임진왜란·정유재란을 '2년 전쟁, 12년 논쟁'이라고 평했는데, 송응창과 형개의 임기는 바로 그 '2년 전쟁' 기간에 해당한다. 김영진, 『임진왜란: 2년 전쟁, 12년 논쟁』, 성균관대학교출판부, 2021, 10쪽.

5 흔히 송응창·고양겸·손광·형개 네 명을 모두 경략(經略)으로 통칭하지만, 공식적으로는 정확하지 않다. 송응창은 경략방해어왜군무(經略防海禦倭軍務)의 임무를 전담했으나, 고양겸은 명목상 계요총독으로서 일본에 대한 방어를 "겸관(兼管: 겸하여 관할)"하는 임무를 맡았으므로 그의 정식 직함에는 경략이 들어가 있지 않았다. 반면 그의 후임인 손광은 계요총독이자 경략어왜(經略禦倭)의 직함을 동시에 띠었으며, 형개 역시 마찬가지였다. 宋應昌, 『經略復國要編』 0-1, 〈勅〉, 1a; 『事大文軌』 卷8, 「遼東都指揮使司咨朝鮮國王[顧軍門咨會勅諭事理]」, 만력 22년 2월 4일, 66a-67b; 『명신종실록』 권275, 만력 22년 7월 4일(경진), 권297, 만력 24년 5월 17일(계미), 권308, 만력 25년 3월 29일(기미).

물관에서 국역본 및 표점본을 출간하여 쉽게 접근할 수 있다.[6] 반면 고양겸·손광·형개가 전쟁을 수행하면서 작성한 기록은 최근까지 잘 알려져 있지 않았다. 고양겸은 계요총독 재임 시 올린 상주 30여 건이 수록된 『독무주의(督撫奏議)』 8권을 남겼다고 하지만 현재까지 발견되지 않고 있으며,[7] 손광은 그의 문집인 『요강손월봉선생전집 (姚江孫月峰先生全集)』에 계요총독·경략어왜(經略禦倭) 재임 시의 문서가 적지 않게 포함되어 있으나, 『경략복국요편』과 같이 별도의 기록으로 묶어내지는 않았다.

정유재란을 최종적으로 수습한 형개는 만력 29년(1601) 계요총독·경략어왜에서 물러난 이후 자신이 만력제에게 올린 상주(上奏)를 엮어 『경략어왜주의』를 간행했다. 그의 『경략어왜주의』는 빼어난 사료적 가치에도 불구하고 늦게 발견되어 2004년에야 영인된 탓에, 일찍 소개되고 유통된 『경략복국요편』에 비해 충분히 조명을 받지 못했다. 그러나 정유재란 당시 명의 입장과 전략, 병력 및 물자 동원의 실상, 명 조정 내외의 갈등을 이해하기 위해서는 해당 기간 명군의 최고지휘관이었던 형개가 작성한 상주를 읽는 것이 필수적이며, 그러기 위해서는 형개 스스로가 편찬한 『경략어왜주의』를 참

....

6 구범진·김슬기·김창수·박민수·서은혜·이재경·정동훈·薛戈 역주, 『명나라의 임진전쟁 1: 출정 전야』, 『명나라의 임진전쟁 2: 평양 수복』, 『명나라의 임진전쟁 3: 강화 논의』, 『명나라의 임진전쟁 4: 전후 처리』, 『명나라의 임진전쟁 5: 원문·표점본』, 사회평론아카데미, 2020-2021.

7 『四庫全書總目提要』 史部12, 詔令奏議類存目, "『沖菴撫遼奏議』 二十卷, 『督撫奏議』 八卷, 江蘇周厚堉家藏本, 明顧養謙撰. …… 總督薊遼, 兼經略, 以議倭封貢事被劾去. 『撫遼奏議』, 乃巡撫遼東時所上, 凡九十餘疏. 『督撫奏議』, 乃總督薊遼時所上, 凡三十餘疏." 이 가운데 요동순무(遼東巡撫) 당시 올린 『무요주의(撫遼奏議)』는 현존하고 있으나, 임진왜란 당시 올린 『독무주의』는 소재 여부가 불투명하다.

고할 필요가 있다.

『경략어왜주의』에 대해서는 최근 박현규에 의해 전반적인 내용이 소개된 바 있다.[8] 본 해제에서는 해당 논문을 참조하면서『경략어왜주의』의 저자 형개의 생애와 정유재란기 그가 맡았던 역할을 개괄하고,『경략어왜주의』의 판본과 전승 과정을 간략히 소개할 것이다. 마지막으로『경략어왜주의』의 수록 내용과 사료적 가치를 정리하고자 한다.

2.『경략어왜주의』의 저자 형개의 생애

명나라 시대를 다룬 정사(正史)인『명사(明史)』나 명대 유명 인물들에 대한 기록을 정리한 초횡(焦竑: 1541~1620)의『국조헌징록(國朝獻徵錄)』에는 형개의 전기가 실려 있지 않다. 다만『명신종실록(明神宗實錄)』에는 형개의 졸기(卒記)가 실려 있으며,[9] 이외에도 여러 기록이 그의 전기를 간략히 싣고 있다. 그 가운데 그의 일생에 관한 정보를 가장 상세하게 담은 기록은 섭향고(葉向高: 1559~1627)가 쓴 형개의 묘지명(墓志銘)[10]이고, 1950년대에 산동성 청주(靑州)에서 출토된 형개의 부친 형빈(邢鑌)과 모친 정씨(鄭氏)의 묘지명도 형개의 생애에 관한 정보를 복원하는 데 도움을 준다.[11] 이들 자료를 활용하여

....

8　朴現圭,「明 邢玠『經略禦倭奏議』의 丁酉再亂 史料 考察」,『中國史硏究』113, 2018a. 본 논문은 이후 박현규,『임진왜란 중국 사료 연구』, 보고사, 2018에도 수록되었다.

9　『명신종실록』권493, 만력 40년 3월 8일(임인).

10　葉向高,『蒼霞續草』(四庫禁燬書叢刊 集部 125) 卷11,「光祿大夫柱國少保兼太子太保南京兵部尙書參贊機務崑田邢公墓志銘」.

작성된 「형개연보(邢玠年譜)」 및 2010년 『경략어왜주의』 표점본의 해설·연표를 바탕으로 형개의 생애를 간략히 개괄하면 다음과 같다.[12]

『경략어왜주의』의 저자 형개의 자(字)는 진백(搢伯)·식여(式如)이며, 호는 곤전(崑田 또는 昆田)이다. 가정(嘉靖) 19년(1540) 산동(山東) 청주부(靑州府) 익도현(益都縣)에서 태어났다. 그의 집안은 대대로 벼슬이 없는 평민이었다.[13] 그가 17세였던 가정 35년(1556) 부친 형빈이 37세의 젊은 나이에 병에 걸려 사망했으나, 모친 정씨의 노력으로 학업을 지속할 수 있었다. 28세 때인 융경(隆慶) 원년(1567) 향시(鄕試)에 급제하여 거인(擧人)이 되었으며, 융경 5년(1571)에는 32세의 나이로 진사(進士)가 되었다.

형개는 밀운(密雲)의 지현(知縣)에 임명됨으로써 관직 생활을 시작했으며, 만력 2년(1574)에는 정기 인사고찰에서 높은 평가를 받아 모친 정씨가 태유인(太孺人)으로 봉해졌다. 만력 3년에는 절강도어사(浙江道御史)로 승진했다가 이듬해 감숙순안(甘肅巡按)이 되었고,[14] 만력 5년 몽골의 지배자 알탄 칸(Altan/俺答: 1507~1582)이 청해(靑海) 지역으로 왕래하기 위해 명의 영토를 통과할 수 있도록 해 주기를 요청하자 상주를 올려 강력하게 반대했다.[15] 이로부터 18년 동안

....

11 李森,「明代抗倭援朝名臣邢玠父母墓志考析」,『中國國家博物館館刊』, 2011-11.
12 劉國宣,「邢玠年譜」,『中國四庫學』 2019-1; 邢其典 點校,『經略禦倭奏議』, 靑島: 靑島出版社, 2010, 5~24쪽 및 247~252쪽. 두 자료에는 오류도 적지 않으나, 일목요연하게 형개와 그를 둘러싼 중요 사건들을 잘 정리한 장점이 있다. 이하 두 자료에서 인용한 부분은 일일이 주기하지 않았다.
13 常建華,「명말 화북종족과 종족의 재구축: 산동 청주 『重修邢氏宗譜』 사례를 중심으로」,『大東文化研究』 77, 2012, 70~73쪽.
14 형개의 감숙순안 임명 일자는 『명신종실록』 권48, 만력 4년 3월 24일(정사).

형개는 대부분의 관직 생활을 감숙(甘肅)·섬서(陝西)·산서(山西) 지역에서 보내면서 군사 및 변경 방면에서 실적을 올리게 된다.

만력 6년(1578)에는 하남안찰사첨사(河南按察司僉事)가 되었다가 2년 뒤 섬서원마시경(陝西苑馬寺卿)으로 옮겼으며, 만력 10년에는 산서행태복시경(山西行太僕寺卿)이 되었다. 이때 영무관(寧武關)의 병사들이 월량(月糧) 지급 문제로 난동을 일으켰으나, 형개는 동요하지 않고 주동자를 참수하는 강경한 조치를 취해 진정시켰다. 만력 12년에는 산서양저참정(山西糧儲參政)이 되었다가 곧 섬서안찰사(陝西按察使)로 승진하여 토요(土窯)·수당(水塘)에 침입한 몽골족을 격퇴하는 전공을 세웠다.[16] 만력 16년에는 섬서우포정사(陝西右布政使)가 되었으나 과로로 인해 일시 귀향했다.

만력 18년(1590)에는 다시 기용되어 산서포정사(山西布政使)가 되었다가 곧 대동순무(大同巡撫)로 승진했다. 대동순무로서 형개는 만력 20년(1592) 영하(寧夏)의 몽골족 출신 장수 보바이[哱拜] 등이 일으킨 영하병변(寧夏兵變) 진압에는 참여하지 않았으나, 순의왕(順義王) 출루게[撦力克][17]를 설득하여 당시 명의 경계를 침범하던 몽골족 수령 사이관(史二官) 등을 체포해 보내도록 하는 공을 세웠다.[18]

....

15 형개의 상주 요지는 『명신종실록』 권60, 만력 5년 3월 17일(갑진)에 실려 있다.

16 『명신종실록』 권194, 만력 16년 정월 17일(신축)에는 섬서총독(陝西總督) 고광선(郜光先)과 감숙순무(甘肅巡撫) 조자등(曹子登)이 몽골[套虜] 세력이 침입해 왔을 때 서녕(西寧)의 장사들이 용감히 싸워 물리친 데 대해 안찰사 형개와 첨사(僉事) 만세덕(萬世德), 총병 유승사(劉承嗣)의 공을 거론하고 있다.

17 순의왕(順義王)은 몽골 투메드의 알탄 칸[俺答汗]이 융경 5년(1571) 명 조정에 의해 책봉된 이후로 그 자손들이 이어받았던 작위로, 당시에는 알탄 칸의 장손인 제3대 순의왕 출루게[撦力克]가 재위(1587~1607)하고 있었다.

18 『명신종실록』 권248, 만력 20년 5월 22일(신사)에는 사이관 등을 사로잡아 바치게 한

또한 형개는 조선에서 임진왜란이 발발하자 조정의 명령에 따라 휘하 병력 일부를 동원해 조선으로 보내기도 했다.[19]

이듬해인 만력 21년에는 남경병부우시랑(南京兵部右侍郞)으로 승진했으며, 만력 22년(1594)에는 병부좌시랑 겸 우첨도어사(右僉都御史)로서 천귀총독(川貴總督), 즉 사천(四川)과 귀주(貴州)의 군무를 총괄하는 직책에 임명되었다.[20] 당시 파주(播州)의 토사(土司) 양응룡(楊應龍)[21]은 다른 토사들과의 충돌 등으로 인해 명에 반기를 든 상태였는데, 형개는 현지에 가서 이를 조사하고 해결하는 임무를 맡았다. 이런 중책을 맡게 된 데는 형개가 북방에서 쌓은 많은 경험이 작용한 것으로 보인다.

만력 23년(1595) 형개가 현지에 도착하여 양응룡을 회유하자 양응룡은 직접 출두하여 조사에 응하고 인질과 배상금을 바쳤으며 죄질이 무거운 자들을 압송하는 등 귀순 의사를 비쳤다. 이로써 양응룡의 반란은 일시적으로 수습되었다. 형개는 이때 양응룡이 다시 반란을 일으킬 것을 염려하여 후속 조치로 귀주의 미담(湄潭) 및 사천의 송감(松坎) 등 요충지에 병력을 배치해 달라고 요청했으나, 이것이 충분히 이루어지지 않아 이후 양응룡이 다시 반란을 일으키는 배경이 되었다.[22] 어쨌든 형개는 이때 세운 공적과 대동순무 당시의

....

공으로 관련 관원들을 포상하는 기사가 있는데, 이때 형개는 우부도어사(右副都御史)로 승진했다.

19 『경략어왜주의』 2-5 〈增調宣大薊遼兵馬覓調閩海商船疏〉.

20 형개의 천귀총독 임명 기사는 『명신종실록』 권278, 만력 22년 10월 15일(기미).

21 양응룡(楊應龍): 1551~1600. 명나라 사람이다. 사천(四川) 파주(播州)의 호족 출신으로 선위사(宣慰使)가 되었으나 만력 15년(1594)에 반란을 일으켰다. 만력 28년(1600) 중앙정부가 본격적인 토벌 작전을 전개하자 자결했다.

22 형개의 양응룡 반란 조사와 그 후속 조치에 대해서는 李崇龍, 「邢玠勘播州土司楊應龍始

전공을 평가받아 우도어사(右都御史) 겸 병부좌시랑으로 승진했으며, 아들 한 명이 음직(蔭職)을 수여받게 되었고, 모친 정씨 역시 태부인(太夫人)으로 봉해졌다.

한편 동쪽 방면에서는 기나긴 강화 협상의 결과 만력 24년(1596) 도요토미 히데요시(豊臣秀吉)에 대한 일본국왕 책봉이 이루어졌으나, 결국 강화를 통한 전쟁 종결 시도는 실패했다. 만력 25년(1597) 정월 조선은 명에 구원을 요청했고, 명 조정은 결국 재차 조선에 대거 병력을 파견할 것을 결의했다. 이때 적임자로 주목받은 인물이 북방과 서남방에서 공적을 올려 능력을 인정받은 형개였다.

당시 형개는 천귀총독으로서 임무를 마치고 북경으로 올라와야 했으나 병으로 사직을 청하면서 상경을 늦추고 있었다.[23] 강화 교섭의 실패로 병부상서 석성(石星)[24]이 실각하자 형개는 3월 중순 북경에 입성하여 병부의 조선 관련 사무를 실질적으로 관장하기 시작했다.[25] 이 기간 그는 조선 사신 권협(權悏)[26] 일행을 불러 지도를 조사

....

末」,『鄂州大學學報』2015-10을 참고. 형개 자신도 『경략어왜주의』9-2〈酌議留兵糧餉疏〉에서 이때의 경험을 언급하고 있다.

23 『명신종실록』권278, 만력 22년 10월 15일(기미), 권294, 만력 24년 2월 3일(경자), 권303, 만력 24년 10월 29일(임진).

24 석성(石星): 1538~1599. 명나라 사람으로 대명부(大名府) 동명현(東明縣) 출신이다. 자는 공신(拱辰), 호는 동천(東泉)이다. 가정 38년(1559)에 진사가 되어 출사했고 만력제 이후 태자소보 병부상서(太子少保兵部尙書)가 되었다. 임진왜란이 발발하여 조선이 명에 원조를 요청하자 파병을 강력히 주장했다. 이후 일본과 강화를 추진하다 일본이 정유재란을 일으키자 강화 실패의 책임을 지고 옥사했다.

25 당시 북경에 있던 조선 사신 권협의 보고에 따르면 3월 13일 즈음에 형개가 북경에 들어오면서 병부좌시랑(兵部左侍郎) 이정(李禎)을 대신하여 병부의 상급자가 되었고, 3월 16일부터 병부의 업무를 보기 시작한 것으로 보인다.『선조실록』권87, 선조 30년 4월 15일(을해).

26 권협(權悏): 1553~1618. 조선 사람이다. 정유재란 발발 후, 명나라에 가서 조선의 위급

하면서 조선의 형세를 자세히 묻고 방어해야 할 요해처를 정리하여 상주하는 등 명군의 전략을 계획했다.[27] 3월 28일에는 내각대학사(內閣大學士) 장위(張位)[28] 등이 동쪽의 일을 맡길 사람으로는 형개만한 자가 없으니 그를 계요총독으로 기용할 것을 주장했고,[29] 이튿날인 3월 29일 만력제는 형개를 병부상서 겸 도찰원우도어사 계요총독 경략어왜로 임명했다.[30] 전임 경략이자 계요총독이었던 손광의 업무를 대신하여 일본의 침입에 대처할 뿐만 아니라, 공석이 된 병부상서의 직함도 겸하게 된 것이다.[31]

형개는 4월 22일 계요총독의 치소(治所)이자 자신의 첫 임지였

....

한 상황을 알리고 구원병을 요청하는 '청병 고급사(請兵告急使)'에 임명되었고, 명나라 병부(兵部)에 대규모 원병을 요청했다. 그의 파견 후 명나라는 대규모 육군과 수군을 조선에 파병했다.

27 『事大文軌』卷19,「兵部咨朝鮮國王[兵部直陳防禦以保屬國]」, 만력 25년 3월 25일, 43a-50a;『선조실록』권87, 선조 30년 4월 21일(신사).

28 장위(張位): 1534~1610. 명나라 사람이다. 강서 남창(南昌) 신건(新建) 출신이며 자는 명성(明成), 호는 홍양(洪陽)이다. 융경 2년(1568) 진사(進士)로, 만력 연간 초 수보대학사(首輔大學士) 장거정(張居正)과의 불화로 좌천되었다. 장거정 사후 복권되어 여러 관직을 역임하다 만력 19년(1591)에 동각대학사(東閣大學士)로 임명되었다. 만력 26년(1598)에 탄핵을 당하여 관직이 삭탈되었다. 훗날 천계(天啓) 연간에 복권되고 태보(太保)로 추증되었다. 시호는 문장(文莊)이다.

29 『명신종실록』권308, 만력 25년 3월 28일(무오).

30 『명신종실록』권308, 만력 25년 3월 29일(기미), "陞兵部左侍郎邢玠, 爲兵部尙書兼都察院右副都御史總督薊遼保定軍務兼理糧餉經略禦倭."

31 다만 그가 이후 북경을 떠나 현장으로 가면서, 전락(田樂)이 병부상서로 임명되는 만력 26년(1598) 6월 이전까지 병부상서의 실질적 임무는 병부좌시랑 이정이 대행했다[『명신종실록』권314, 만력 25년 9월 29일(정사), 권320, 만력 26년 3월 11일(병신)]. 이 기간 형개 본인을 포함하여 여러 신료들이 병부상서의 직임을 다른 사람으로 채울 것을 요청했으나, 만력제는 이를 거부했다.『명신종실록』권310, 만력 25년 5월 3일(계사), 권312, 만력 25년 7월 25일(갑인). 만력 25년 전후 병부상서직의 향방과 그 배경에 대해서는 陳尙勝·張洋洋,「萬曆二十五年春明朝兵部尙書調整硏究」,『山東大學學報(哲學社會科學版)』2020-3 참조.

던 밀운에 도착하여 전임자 손광과 임무를 교대했고,[32] 7월 하순 요양(遼陽)에 도착했다. 이 기간 형개는 대규모로 병력과 물자를 동원하기 위한 각종 조치를 강구하여 실행했으며, 강화 협상의 주도자로 일본과 내통할 우려가 있다고 판단한 심유경(沈惟敬)을 즉각 체포하도록 하고, 양원(楊元)[33]·오유충(吳惟忠)[34]·마귀(麻貴)[35] 등의 병력을 각지에 선발대로 배치했다.

그러나 명군의 다수가 조선으로 이동하느라 시간을 소모하는 사이 일본군은 대거 재침을 시작했다. 7월 16일에는 칠천량해전으로 조선 수군이 궤멸했으며, 8월 16일에는 양원이 지키던 남원이 함락되었다. 급박한 상황 속에서 형개는 병력과 물자의 동원을 재촉하는 한편 패장 양원·진우충(陳愚衷)[36]의 처벌을 요청하고, 명군에 전투

---

32 諸葛元聲, 『兩朝平攘錄』(일본공문서관 내각문고 史047-0003) 卷4, 日本 下, "二十五年四月念二日, 抵密雲交代."

33 양원(楊元): ?~1598. 명나라 사람이다. 임진왜란이 발발하자 좌협대장으로 임명되어, 왕유정(王維禎), 이여매(李如梅) 등 여러 명의 부총병과 참장, 유격 등을 인솔했다. 정유재란 때 남원성 전투에서 패배하여 탄핵된 후 명나라로 송환되었고, 이후 참형되었다.

34 오유충(吳惟忠): ?~?. 명나라 사람이다. 만력 20년(1592)에 흠차통령절병유격장군(欽差統領浙兵遊擊將軍)으로 보병 1500명을 이끌고 조선에 와서 평양성 전투에 참여했고 만력 22년(1594)에 명나라로 돌아갔다. 만력 25년(1597) 흠차비왜중익부총병 원임도독첨사(欽差備倭中翼副總兵原任都督僉事)로 보병 3990명을 이끌고 다시 조선에 와서 충주에 주둔하고 영남을 왕래하면서 일본군을 토벌했다. 만력 27년(1599)에 명나라로 돌아갔다.

35 마귀(麻貴): ?~1618. 명나라 사람이다. 정유재란이 발발하자 흠차제독남북관병어왜총병관 후군도독부도독동지(欽差提督南北官兵禦倭總兵官後軍都督府都督同知)로 대동·선부의 병사 1000명을 이끌고 조선에 왔다. 울산 도산성의 왜군을 포위 공격했으나 크게 패하여 후퇴했고, 이듬해 재차 도산성을 공략했으나 성공하지 못했다. 만력 27년(1599) 명나라로 돌아갔다.

36 진우충(陳愚衷): ?~?. 명나라 사람이다. 만력 25년(1597) 흠차통령연수영병유격장군(欽差統領延綏營兵遊擊將軍)으로 마병 1900명을 이끌고 조선에 온 후 전주에 주둔했다. 남원이 일본군에 의해 포위되자 양원이 구원 요청을 했지만 진우충은 원병을 보내지 않았

태세를 갖추도록 지시했다. 다행히 형개와 거의 동시에 경리(經理)로 임명되어 형개 밑에서 조선의 군무를 관장하던 양호(楊鎬)[37]가 급히 서울로 진주하여 명군을 단속하고,[38] 직산(稷山) 전투에서 명군이 승리한 시점을 전후로 일본군이 재차 남하함으로써 위기를 넘길 수 있었다.

이후 형개는 11월 29일 서울에 도착하여 선조의 영접을 받았으며,[39] 양호·마귀 등 명군 지휘부와 회의를 거쳐 가토 기요마사(加藤淸正)[40]가 주둔하고 있는 울산을 공격하는 방침을 세웠다. 이에 명군 4만여 명과 조선군은 경리 양호의 지휘 하에 12월 하순 가토 기요마사의 일본군을 공격하여 그를 도산왜성(島山倭城)에 포위하고 함락 직전까지 몰아가는 성과를 거두었으나, 해가 바뀐 만력 26년(1598) 정월 초 일본 구원군이 접근하자 철수하지 않을 수 없었고, 그 과정에서 적지 않은 손실을 입었다.

형개는 울산 전투의 경과를 보고하고 상벌을 시행하며 아직 도

 　고 오히려 남원의 함락 소식을 들은 후 달아났다. 이에 탄핵되어 곤장 100대를 맞고 감사충군(減死充軍)되는 처벌을 받았다.
37 양호(楊鎬): ?~1629. 명나라 사람으로 하남 귀덕부(歸德府) 상구현(商丘縣) 출신이다. 자는 경보(京甫), 호는 풍균(風筠)이다. 만력 25년(1597) 6월에 흠차경리조선군무 도찰원우첨도어사(欽差經理朝鮮軍務都察院右僉都御史)로 조선에 왔다. 울산에서 벌어진 도산성(島山城) 전투에서 크게 패했는데, 이를 승리로 보고했다가 탄핵을 받고 파면되었다.
38 『명신종실록』 권308, 만력 25년 3월 15일(을사), "陞山東右參政楊鎬, 爲都察院右僉都御史經理朝鮮軍務."
39 『선조실록』 권94, 선조 30년 11월 29일(병진).
40 가토 기요마사(加藤淸正): 1562~1611. 일본 사람이다. 어려서부터 도요토미 히데요시를 섬기다 히고 국(肥後國)의 영주가 되었다. 임진왜란 때 1만 명의 병사를 이끌고 함경도로 진격하여 조선의 두 왕자를 사로잡았다. 정유재란 때도 참전하였다가 울산에 성을 쌓고 장기간 농성하였다.

착하지 않은 명군의 이동을 재촉하고 향후 명군을 3로로 나누어 주둔시킨다는 계획을 상주하는 등 전투의 사후 처리를 수행했다. 한편 뒷일을 경리 양호에게 맡기고 자신은 3월 17일 서울을 떠나 명으로 돌아갔다.[41] 그러나 형개의 찬획(贊畫)으로 파견되어 있던 병부주사(兵部主事) 정응태(丁應泰)[42]가 6월 초 울산 전투의 실책 및 허위 보고 등을 문제 삼아 양호 등을 탄핵했고,[43] 양호가 파직되어 7월 11일 귀로에 오르자 형개는 8월 3일 다시금 서울에 들어와 정유재란이 종결될 때까지 일본에 대한 대응을 총괄했다.[44]

형개는 마귀가 이끄는 동로군이 울산의 가토 기요마사를, 동일원(董一元)[45]이 이끄는 중로군이 사천의 시마즈 요시히로(島津義弘)[46]

....

41 『선조실록』 권99, 선조 31년 3월 17일(임인).

42 정응태(丁應泰): 1553~?. 명나라 사람이다. 만력 26년(1598) 군문찬획(軍門贊畫)으로 형개(邢玠)를 따라 조선에 왔다. 도산(島山) 전투가 끝난 후 경리 양호(楊鎬)를 탄핵했는데 조선이 양호를 비호하자 조선에 화살을 돌려 조선이 오랫동안 일본과 내통해 왔다고 모함했으니 일명 '정응태 무고사건'이다. 조선은 세 차례에 걸쳐 사신을 파견하여 해명했다. 정응태는 결국 혁직되었다.

43 정응태의 탄핵 사건에 대해서는 鈴木開,「丁應泰の變と朝鮮: 丁酉倭亂期における朝明關係の一局面」,『朝鮮學報』 219, 2011이 상세하다.

44 『선조실록』 권102, 선조 31년 7월 11일(갑오), 권103, 선조 31년 8월 3일(병진). 경리 양호의 후임 만세덕(萬世德)이 서울에 들어온 것은 11월 25일의 일이었다. 『선조실록』 권106, 선조 31년 11월 25일(병오).

45 동일원(董一元): ?~?. 명나라 사람이다. 만력 25년(1597) 흠차제독중로어왜총병 중군도독부좌도독 태자태보(欽差提督中路禦倭總兵中軍都督府左都督太子太保)로 조선에 왔다. 이듬해 제독으로서 중로(中路)의 병력을 이끌고 왜적과 맞섰으나 사천(泗川)에서 크게 패했다. 이 때문에 태자태보 직을 삭탈당하고 관품이 강등되었으나 이후 회복했다. 만력 27년(1599) 명나라로 돌아갔다.

46 시마즈 요시히로(島津義弘): 1535~1619. 일본 사람이다. 시마즈(島津) 15대 당주의 차남으로 도요토미 히데요시가 규슈 정벌에 나서자 항전하다가 항복했으며, 임진왜란 당시에는 시마즈씨의 존속을 위해 가문을 대표해서 임진왜란과 정유재란에 참전했다. 정유재란 때는 사천 전투에서 공격해 온 명군을 격파하기도 했다.

를, 유정(劉綎)[47]이 지휘하는 서로군이 순천의 고니시 유키나가(小西
行長)[48]를 공격하고, 진린(陳璘)[49]이 이끄는 수로군이 이순신(李舜臣)[50]
휘하의 조선 수군과 함께 고니시 유키나가 공격에 동참하도록 한다
는 사로병진 계획을 세우고 8월부터 명군을 남하시켰으며, 9월부터
11월에 걸쳐 10만 이상의 병력이 동원된 정유재란 최후의 대공세를
주관했다. 그러나 야심 차게 시작한 공세는 중로군이 일본군의 기습
에 큰 피해를 입는 등 지지부진하게 전개되었고, 도요토미 히데요시
의 사망으로 인해 일본군이 철수하면서 벌어진 노량해전(露梁海戰)
을 끝으로 마무리되었다.

....

47 유정(劉綎): 1553~1619. 명나라 사람이다. 도독 유현(劉顯)의 아들로서, 음서로 지휘사
(指揮使)의 관직을 받았다. 임진왜란 때에는 어왜총병관(禦倭總兵官)으로 참전했으며
나중에 후금(後金)과의 전쟁에서 전사했다.

48 고니시 유키나가(小西行長): 1555~1600. 일본 사람이다. 상인 출신으로 도요토미 히데
요시의 수하로 들어간 후 신임을 얻어 히고(肥後) 우토(宇土) 성의 성주가 되었다. 임진
왜란 때에 선봉장이 되어 소 요시토시(宗義智)와 함께 부산진성을 공격하고 곧바로 진
격하여 평양성을 함락했다. 정유재란 때 다시 조선으로 쳐들어와 남원(南原)과 전주(全
州) 일대를 장악했다가 조명연합군의 반격을 받고 순천왜성에 주둔했다.

49 진린(陳璘): 1532~1607. 명나라 사람이다. 광동(廣東)의 군사를 이끌고 부총병으로 임
진왜란에 참전했으며, 정유재란 때 다시 파견되어 어왜총병관(禦倭總兵官)으로서 조선
의 이순신과 함께 노량해전에서 전과를 올렸다. 이후에도 귀주(貴州)와 광동에서 무관
으로 활동했다.

50 이순신(李舜臣): 1545~1598. 조선 사람이다. 본관은 덕수(德水)이다. 선조 9년(1576)
식년 무과에 급제했다. 선조 24년(1591)에 전라좌도수군절도사(全羅左道水軍節度使)에
임명되었는데 이듬해 임진왜란이 발발하자 경상도 해역으로 출동하여 옥포해전(玉浦
海戰), 한산도대첩(閑山島大捷) 등 여러 차례 승리를 거두었다. 선조 26년(1593) 9월에
는 삼도수군통제사(三道水軍統制使)로 임명되었다. 선조 30년(1597) 고니시 유키나가
의 부하가 가토 기요마사가 어느날 바다를 건너올 것이라고 비밀히 알리자 조정에서는
이순신에게 출격을 명했으나 이순신이 출동을 지연하자 이순신을 파직하고 백의종군을
명했다. 정유재란이 발발하자 다시 삼도수군통제사로 임명되었다. 명량대첩(鳴梁大捷)
에서 큰 승리를 거두어 제해권을 다시 장악했고 노량해전(露梁海戰)에서 철수하는 일본
군을 추격하여 큰 승리를 거두었으나 유탄에 맞아 사망했다.

정유재란의 종결을 맞아 형개는 일본군이 완전히 철수했음을 명 조정에 보고했고, 이듬해인 만력 27년(1599) 서울로 돌아온 제독 마귀 및 경리 만세덕(萬世德)[51] 등과 사후 처리를 논의했다. 이때 전년부터 울산 전투의 전공을 조사하던 정응태가 형개 등 명군 지휘부의 잘못을 탄핵하는 사태가 빚어지자, 형개 역시 상주를 올려 반박하면서 역으로 정응태의 행위를 고발했다. 이는 만력제가 정응태를 원적지로 돌려보내면서 마무리되었다. 정치적 위기를 벗어난 형개는 명 조정의 명령에 따라 4월 15일 서울을 떠나 명으로 귀국했고, 조선에서는 대대적으로 형개를 비롯한 명군을 전송하여 그의 노고에 보답하는 뜻을 나타냈다.[52]

귀국한 뒤에도 형개는 조선의 향후 방어를 위한 대책을 건의하고 명군의 조선 주둔 및 그 비용 마련 등에 관한 상주를 올리는 등 정유재란의 사후 처리에 지속적으로 관여하는 한편, 계요총독으로서의 본래 임무도 수행했다. 또한 만력 27년 9월 9일에는 정유재란 때의 공으로 태자태보(太子太保)의 관함과 아들에게 금의위지휘첨사(錦衣衛指揮僉事)의 음직을 더했으며, 은 80냥과 대홍저사망의(大紅

---

51 만세덕(萬世德): 1547~1602. 명나라 사람이다. 산서 편관현(偏關縣) 출신으로 융경 5년 (1571) 진사가 되었다. 만력 26년(1598) 양호(楊鎬) 대신 조선에 파견되어 조선의 방비와 전후 후속 처리 논의를 담당했다. 사후 태자태보병부상서(太子太保兵部尙書)로 추증되었다.

52 金大賢, 『悠然堂集』卷3, 雜著, 「記軍門雜事(時先生爲邢軍門接待郞廳)」, "(四月)十五日, 軍門起身西還. 上餞慰於洪濟院, 以駿馬‧苧布‧紬‧筆‧墨爲贐." 현재 한국국학진흥원에 기탁되어 있는 풍산김씨《세전서화첩(世傳書畫帖)》에는 형개가 떠날 때의 모습을 그린 〈천조장사전별도(天朝將士餞別圖)〉가 수록되어 있다. 이 그림은 형개가 떠날 때 그의 접대낭청(接待郞廳)이었던 김대현(金大賢)이 형개로부터 선물 받은 것을 19세기에 다시 그린 것이라고 한다. 박정혜, 「그림으로 기록한 가문의 역사: 조선시대《풍산김씨세전서화첩》연구」, 『정신문화연구』29-6, 2006, 244~245쪽.

紵絲蟒衣) 1습을 수여 받았다.[53]

이후 만력 29년(1601) 2월 3일, 만력제는 형개를 남경병부상서
(南京兵部尚書) 참찬기무(參贊機務)로 삼고 만세덕을 후임 계요총독
으로 삼았다.[54] 이로써 형개는 조선 관련 업무에서 물러나게 되었고,
동시에 이것이 그의 관직 생활의 실질적 마무리가 되었다. 형개는
이미 만력 27년부터 80세를 넘은 노모를 사유로 들어 여러 차례 사
직을 요청했으나, 만력제는 이를 계속 불허했다. 만력 29년 9월 1일,
만력제는 형개의 요청에 3개월의 말미를 주어 노모를 뵙게 하고 사
직은 허락하지 않았다. 그럼에도 불구하고 형개는 지속적으로 사직
을 요청하여, 마침내 만력 30년(1602) 5월 2일 15번이나 상주를 올
린 끝에 사직을 윤허받았다. 이렇듯 형개가 강한 사직 의사를 보인
데는 모친의 고령과 함께 그가 파주 및 조선에서 수행한 일 처리가
잘못되었다는 이유로 탄핵을 받고 있었던 것이 주된 요인으로 작용
한 것으로 보인다.[55]

형개는 관직에서 물러난 이후 10년 동안 종족을 조직하고 종학
(宗學)과 의창(義倉)을 만드는 등 향리에서의 활동에 주력했고, 이는
후세에 형씨 일족이 청주에서 중요한 위치를 점하는 계기가 되었
다.[56] 한편 스스로 전공을 자부하면서 저택을 화려하게 짓고 과시하
는 면모를 보여 후세에 기롱을 받기도 했다고 한다.

만력 33년(1605)에는 모친 정씨가 87세의 나이로 세상을 떠나

....

53 『명신종실록』 권339, 만력 27년 9월 9일(을묘).
54 『명신종실록』 권356, 만력 29년 2월 3일(임신).
55 『명신종실록』 권370, 만력 30년 3월 22일(갑신), 권371, 만력 30년 4월 12일(계묘).
56 常建華, 앞의 글.

자 3년상을 치렀으며, 만력 37년(1609) 다시 남경병부상서에 기용되었으나 네 차례 상주를 올려 부임하지 않았다. 그리고 만력 39년(1611) 5월 9일, 만력제는 형개의 은퇴를 최종적으로 허락했다. 이듬해인 만력 40년(1612) 2월 15일, 형개는 73세의 나이로 사망했다. 그는 죽기 직전 만력제에게 상주를 올려 붕당을 혁파하고 인재를 기용하며, 내탕(內帑)을 풀고 세금을 혁파해 달라고 요청했다고 한다.

형개는 대대로 벼슬이 없는 평민 가문 출신으로 과거에 합격하여 지방관으로서 치적을 보였으며, 오랜 기간 서북 변경에서 근무하면서 군사 방면에 실적을 쌓았다. 이를 바탕으로 만력삼대정(萬曆三大征)[57] 가운데 두 곳에서 중요한 역할을 수행했고, 정유재란 당시에는 명군의 최고지휘자로서 전쟁 종결까지의 과정을 주관했다. 따라서 정유재란의 전체적인 전개 과정은 그의 활동과 떼어 놓고 파악하기 어렵다.

3.『경략어왜주의』의 판본과 전승 과정

형개의 저술로는『동정주의(東征奏議)』·『숭검록(崇儉錄)』이 있다고 전해지며, 그중『동정주의』가 현존하는『경략어왜주의』를 가리킨다고 여겨져 왔다.[58] 그러나 이는 재고가 필요하다.

『경략어왜주의』의 원본은 현재 중국국가도서관(中國國家圖書館)

....

57 영하병변(寧夏兵變: 1592), 임진왜란(1592~1598), 양응룡의 난(1594~1600).
58 劉國宣, 앞의 글, 200쪽; 邢其典 點校, 앞의 책, 253쪽.

에 소장되어 있으며,[59] 10행 19자, 백구(白口), 사주쌍변(四周雙邊)이다. 원래 총 10권으로 이루어져 있었으나, 현존본은 권2·권4·권6·권9·권10의 5권만 남아 있는 영본(零本)이며 일부 찢어지거나 빠진장이 있다. 각 권이 2책으로 분책되어 있으므로, 총 5권 10책의 형태를 띠고 있다.[60] 이렇게 보면, 현재의 『경략어왜주의』는 전체의 약절반가량이 남아 있는 것으로 간주할 수 있다.

그러나 원래 형개가 편찬한 정유재란 관련 문건은 훨씬 방대한규모였다. 이광원(李光元: 1575~1625)이 쓴 「태보형공동정주의서(太保邢公東征奏議序)」에 따르면 형개가 경략으로서 작성한 주소(奏疏)는수천만 언(言)에 이르며, 이를 『소(疏)』 10권, 『당보(塘報)』 3권, 『공의(公議)』 4권으로 편찬했다고 한다.[61] 『소』는 현재의 『경략어왜주의』에 해당하고, 『당보』에는 전황 보고가 수록되었을 것이며, 『공의』의내용은 불분명하지만 정유재란 당시 명 조정 내에서 벌어진 관련 논

---

59 중국국가도서관 선본서호(善本書號) 18075. 邢其典은 천일각(天一閣)에 소장된 『경략어왜주의』를 보았다[去年偶見天一閣藏書]고 했으며(邢其典 點校, 앞의 책, 253쪽), 박현규 역시 『경략어왜주의』를 절강(浙江) 천일각 장서라고 설명했다(朴現圭, 앞의글, 37쪽). 그러나 중국국가도서관 국가고적보호중심(國家古籍保護中心)에서 운영하는 전국고적보사등기기본수거고(全國古籍普查登記基本數據庫, http://202.96.31.78/xlsworkbench/publish) 데이터베이스에는 중국국가도서관 소장 『경략어왜주의』만 검색될 뿐이며, 천일각 소장 고적 중에 『경략어왜주의』는 확인되지 않는다(최종 검색일: 2021년 11월 27일). 또한 광서(光緒) 기축년(1889)에 간행된 『천일각현존서목(天一閣見存書目)』에는 『경략어왜주의』가 수록되어 있지 않다. 이에 대해서는 별도의 검토가 필요할 것으로 보인다.

60 이상은 중국국가도서관의 중화고적자원고(中華古籍資源庫, http://read.nlc.cn/themat DataSearch/toGujiIndex) 데이터베이스를 통해 확인한 것이다(최종 검색일: 2021년 11월 28일).

61 李光元, 『市南子』(하버드 옌칭도서관 소장본) 卷6, 「太保邢公東征奏議序【代】, "曩者經略奏疏, 無慮數千萬言 …… 因次其疏凡十卷, 塘報三卷, 公議四卷." 본 서문은 일찍이 王崇武, 「劉綎征東考」, 『中央研究院歷史語言研究所集刊』 14, 1949, 147쪽에 소개된 바 있다.

쟁에 대한 논의 내용이나, 형개가 여러 사람들에게 전쟁 수행 도중 자신의 입장을 표명한 서신이 실려 있었을 것으로 추측된다. 그리고 이들 모두를 포괄하는 전체 서명이 『동정주의』였던 것이다.[62]

이를 감안하면, 『경략어왜주의』현존 5권은 권수 기준으로 전체 『동정주의』의 3분의 1 미만이라고 보는 것이 타당하다.[63] 후술하듯 이 당대인들은 『공의』를 『동정공의(東征公議)』로 호칭하고 있기 때문에, 『당보』역시 『동정당보(東征塘報)』라고 불렸을 것으로 추정된다. 다만 『경략어왜주의』는 권수제(卷首題)가 『경략어왜주의』, 판심제(版心題)가 『어왜주의』이므로, 당시에도 둘 중 하나로 호칭되었을 것이다.

그렇다면 형개가 『경략어왜주의』를 포함한 『동정주의』를 출판한 시점은 언제였을까? 우선 『경략어왜주의』의 각 권 첫머리에 기록된 형개의 직함은 해당 권이 다루는 시기의 실제 직함을 반영하여 변화하고 있기 때문에,[64] 직함은 최종 출판 시점을 추적할 단서가 되기 어

....

62　그 밖에 형개는 만력 28년(1600) 『어왜도설(禦倭圖說)』을 저술하여 판각해 만력제에게 바친 바 있는데, 이는 『동정주의』에는 포함되지 않는 별개의 책이었던 것으로 보인다. 형개가 『어왜도설』을 바치면서 올린 상주는 王圻, 『續文獻通考』(와세다대학 도서관 소장본) 卷234, 四裔考, 東夷.「日本」, 50a-53b 및 王在晉, 『海防纂要』(북경대학 도서관 소장본) 卷3,「經略朝鮮」, 31a-35a에 수록되어 있다. 申炅, 『再造藩邦志』(서울대학교 규장각한국학연구원 奎4494) 卷4, 89b-93a에도 해당 상주가 수록되어 있으나 본문의 일부 문장이 빠져 있고, 대신 상주를 읽어보고 만력제가 내린 성지가 함께 실려 있다.

63　다만 뒤에서 지적하듯이 『동정공의』는 4권 4책으로 1권당 1책의 분량이었으므로, 5권 10책의 현존 『경략어왜주의』가 전체 『동정주의』에서 차지하는 실제 비중은 3분의 1보다 컸을 것이다.

64　『경략어왜주의』권2·권4·권6의 첫머리에는 "欽差總督薊遼保定等處軍務兼理糧餉經略禦倭兵部尙書兼都察院右副都御史邢著"라고 기재된 데 반해, 권9의 첫머리에는 "欽差總督薊遼保定等處軍務兼理糧餉經略禦倭太子太保兵部尙書兼都察院右副都御史邢玠著"라 하여 태자태보(太子太保)가 직함에 추가되어 있다. 이는 형개에게 만력 27년(1599) 9월

렵다. 다음으로 내용 측면에서 살펴보면, 『경략어왜주의』에 수록된 문서 중 작성 일자를 추정할 수 있는 것은 만력 28년(1600) 9월 전후가 마지막이다.[65] 하지만 그 이후 어떤 시점에 『동정주의』의 편집이 마무리되었는지는 『경략어왜주의』 자체만으로는 알 길이 없다.

여기서도 「태보형공동정주의서」가 보다 구체적인 단서를 제공해 준다. 「태보형공동정주의서」는 형개가 만력 29년(1601) 2월 남경병부상서로 임명된 뒤에 『동정주의』를 편찬하고, 이어서 서문을 지어 줄 것을 요청했다고 한다.[66] 또한 「태보형공동정주의서」는 형개가 남경병부상서에서 물러났다는 사실에 대해 전혀 언급하지 않고 있기 때문에, 형개가 사직을 윤허받은 만력 30년(1602) 5월 2일 이전에 작성되었을 것으로 비정할 수 있다. 따라서 『경략어왜주의』를 포함한 『동정주의』가 편찬된 시점은 만력 29년(1601)이나 30년(1602)이 유력하다. 다만 「태보형공동정주의서」를 덧붙여 실제로 출판된 시점이 언제인지는 정확히 알 수 없다.

이렇게 형개가 경략에서 물러난 이후 편찬된 『동정주의』는 이후 명 사대부들 사이에 어느 정도 유통된 것으로 보이는데, 흥미로운 것은 『동정주의』 가운데서도 오직 『동정공의(東征公議)』의 이름

....

9일 태자태보의 직함이 더해졌기 때문이다. 권9의 첫 문서인 9-1 〈謝東功恩廠疏〉는 이에 대해 사은하는 내용을 담고 있다.

65 『경략어왜주의』 10-6 〈題倭奴送回宣論人役疏〉는 일본에서 호송되어 돌아온 모국과(毛國科) 등의 진술 내용을 다루고 있는데, 병부에서 형개와 만세덕이 올린 상주를 검토하여 만력제에게 보고하고, 만력제가 병부의 요청을 재가한 일자가 만력 28년 9월 10일이다. 『명신종실록』 권351, 만력 28년 9월 10일(경술). 현존하는 『경략어왜주의』의 마지막 문서인 10-7 〈催敍東征文職疏〉는 작성 일자를 추정할 수 없다.

66 李光元, 『市南子』 卷6, 「太保邢公東征奏議序【代】」, "太保念已雖釋負去, 願存置事之勤, 以質來者. 因次其『疏』凡十卷, 『塘報』三卷, 『公議』四卷, 次且定屬不佞, 序其意."

만 등장한다는 점이다. 예를 들어 진의전(陳懿典)[67]은 지인에게 보낸 편지에서 형개가 판각한『동정공의』·『도설』등의 부본(副本)이 있으면 보여 달라고 요청하고 있으며,[68] 명 후기 장서가였던 기승한(祁承㸁)[69]의『담생당장서목(澹生堂藏書目)』[70]에도『동정공의』4권 4책이 실려 있을 뿐이다.[71]

이러한 상황은 청대에 들어가도 마찬가지여서, 청 전기의 고관이자 학자였던 서건학(徐乾學)[72]의『전시루서목(傳是樓書目)』[73]이나 건륭(乾隆: 1736~1795) 초년에 완성된『천경당서목(千頃堂書目)』[74]에

....

67 진의전(陳懿典): 1554~1636. 명나라 사람이다. 자는 맹상(孟常), 호는 여강(如岡)이다. 창화현(彰化縣) 수수(秀水) 출신이다. 만력 20년(1592)에 진사가 되었다.

68 陳懿典,『陳學士先生初集』卷35,「海蓋徐觀察」, "向邢司馬所刻『東征公議』,『圖說』等書, 有副本, 幸惠示." 진의전의 문집인『陳學士先生初集』은 만력 경신년(1620)의 서문과 발문이 있으므로, 해당 편지는 늦어도 그 이전에 작성된 것이다.

69 기승한(祁承㸁): 1563~1628. 명나라 사람이다. 장서가였고, 책을 베끼는 것을 즐겨했다. 그의 도서관에는 9000여 종, 10만여 권의 책이 소장되어 있었다고 한다.『담생당장서목(澹生堂藏書目)』1책을 편찬했다.

70 기승한이 청년 시절부터 꾸준히 수집한 책을 만년에 고향에 지은 담생당(澹生堂)에 소장하고, 이를 정리하여 만력 경신년(1620) 편찬한 것이다. 모두 9125종, 95541권이 실려 있다.

71 祁承㸁,『澹生堂藏書目』史部 上, "『東征公議』, 四卷, 四冊. 邢玠."

72 서건학(徐乾學): 1631~1694. 청나라 사람이다. 강희 9년(1670) 경술 1갑 진사 3등으로 편수(編修)를 받았다. 모친상을 입고 집으로 돌아와『독례통고』120권을 저술했고, 상이 끝난 후《명사》총재관에 임명되었고, 후에 시강학사(侍講學士)로 승진했다. 강희 24년(1685) 남서방(南書房)에 들어가 황자(皇子)를 가르쳤고, 내각학사로 승진하여《청회전(淸會典)》,《대청일통지(大淸一統志)》의 부총재를 맡았고 서길사(庶吉士)를 가르쳤다. 저서로는『독례통고(讀禮通考)』,『통지당경해(通志堂經解)』,『전시루서목(傳是樓書目)』,『담원집(澹園集)』등이 있다.

73 徐乾學,『傳是樓書目』出字三格, 表奏, "『東征公議』, 四卷, 明邢玠, 四本."『전시루서목』은 서건학이 평생 모은 서책을 초굉(焦竑)의『국사경적지(國史經籍志)』를 모방하여 사부(四部) 및 그 아래의 류(類), 자목(子目)으로 분류한 서목으로, 4권으로 구성되어 있다. 분류 방식이 번잡하다는 한계는 있으나 명말청초의 동란을 겪은 이후 청 초기 도서의 유전 상황을 알려 준다는 점에 가치가 있다.

도『동정공의』만 저록되어 있다.[75]『동정주의』 중에서도『동정공의』
만 비교적 인기를 끌어 여러 사람들에게 읽혔던 반면, 형개가 전쟁
을 수행하면서 올린 상주 및 전황 보고가 담긴『경략어왜주의』와
『동정당보』는 독자들에게 외면당했던 것이다. 이를 감안하면 현재
『동정공의』가 흔적조차 보이지 않고,『경략어왜주의』만 불완전한
형태나마 남아 있는 것은 공교로운 일이다.

　　형개의『경략어왜주의』는 당대에도 먼저 나온 송응창의『경략
복국요편』에 비해 그다지 주목받지 못했던 숨은 노작(勞作)이었다.
『경략복국요편』의 일부 문서들은 왕재진(王在晉)[76]의『해방찬요(海防
纂要)』[77]·왕기(王圻)[78]의『속문헌통고(續文獻通考)』[79]의 일본 관련 항

....

74 『천경당서목』은 명말청초의 장서가였던 황우직(黃虞稷: 1629~1691)이 편찬한『명사』
　　「예문지(藝文志)」 초고를 항세준(杭世駿, 1696~1773)이 건륭 초년에 증보한 명 일대의
　　도서목록으로서,『사고전서총목제요(四庫全書總目提要)』에서 "명 일대의 저작을 상고하
　　려면 끝내 이 책에 의거해야 한다."고 칭할 정도로 명대 서적을 종합한 목록으로서의 위
　　상을 갖고 있다.『천경당서목』의 성립 과정에 대한 고증은 井上進,「『千頃堂書目』と『明史
　　藝文志』稿」,『東洋史研究』 57-2, 1998을 참고.

75 黃虞稷,『千頃堂書目』卷5, 別史類, "邢价,『東征公議』, 四卷." 卷30, 表奏類, "邢玠,『東征
　　公議』, 四卷."

76 왕재진(王在晉): 1564~1643. 명나라 사람이다. 자는 명초(明初), 호는 호운(岵云)이다.
　　강소성 태창(太倉) 출신이다. 만력 13년(1585) 천향시에 급제했고, 만력 20년(1592) 진
　　사가 된 후 중서사인을 거쳐 공부주사로 옮겼다. 복건성 안찰첨사, 강서성 포정사, 우부
　　도 어사, 산동성 순무, 하도 총독, 병부좌시랑 등을 역임했다. 저서로는『삼조요사실록
　　(三朝遼事實錄)』,『해방찬요(海防纂要)』,『역대산릉고(歷代山陵考)』 등이 있다.

77 왕재진이 다양한 문헌을 인용하여 동남 해안의 방어에 관련한 내용을 정리한 책이다. 만
　　력 계축년(1613)의 서문이 있으며, 13권으로 구성되어 있다. 연해 지역의 지리적 형편
　　과 외국에 대한 정보, 왜적을 방어하는 방략, 배와 무기의 제조법, 행군법, 택일 등의 정
　　보를 담고 있다.

78 왕기(王圻): 1530~1615. 명나라 사람이다. 가정 44년(1565) 진사가 되었고, 청강 지현,
　　만안 지현을 지내고 승진하여 어사가 되었다. 장거정에 반대하여 복건첨사로 쫓겨났고,
　　충주판관으로 강등되었다. 장거정 사망 후 다시 복귀했다.

목에 전재되어 있으며, 명 일대의 경세(經世) 관련 문헌들을 집성한 진자룡(陳子龍)[80]의 『황명경세문편(皇明經世文編)』[81]에도 2권에 걸쳐 송응창의 주소(奏疏)와 서간, 공문이 다수 실려 있다.[82] 또한 서광계 (徐光啓)[83] 역시 후금(後金)과의 군사적 대립이 심화되는 정세 속에서 송응창의 『경략복국요편』을 전례로 활용하고 있음이 확인된다.[84] 반 면 형개의 『경략어왜주의』는 제갈원성(諸葛元聲)의 『양조평양록(兩

....

79 만력 연간 왕기가 마단림(馬端臨)의 『문헌통고(文獻通考)』를 잇는 속편으로 편찬한 책
    으로, 총 254권이다. 명대 이전 부분에 대해서는 『송사(宋史)』·『요사(遼史)』·『금사(金
    史)』·『원사(元史)』를 많이 참고했으며, 명대 관련 부분은 다양한 사료를 집록하여 자료
    적 가치가 크다.
80 진자룡(陳子龍): 1608~1647. 명나라 사람이다. 초명은 진개(陳介)이며, 자는 인중(人
    中), 와자(臥子), 무중(懋中)이고, 호는 일부(軼符), 해사(海士)이다. 숭정 10년(1637) 진
    사가 되었다. 순치 2년(1645) 송강에서 군사를 일으켜 항청 활동을 벌였으나 실패하고
    은거했다.
81 명말 진자룡 등이 명대 개인 문집에서 경세(經世)에 관련된 문장을 두루 뽑아 숭정(崇
    禎) 11년(1638) 편찬한 대규모 경세서이다. 비록 1년이 채 되지 않는 기간에 급하게 편
    집되었다는 한계는 있으나, 504권 및 보유(補遺) 4권의 방대한 분량으로 명대 주요 사안
    에 대한 다양한 사료를 원문 그대로 모아 놓았다는 장점이 있으며, 이후 『황청경세문편
    (皇淸經世文編)』 등의 성립에 영향을 주었다. 이에 대한 소개로는 李慶龍, 「『皇明經世文
    編』 批文과 명말의 경세사상」, 『明淸史硏究』 46, 2016을 참조.
82 『송경략주의(宋經略奏議)』라는 제명 하에 권401에는 주소가, 권402에는 주소·서간·공
    문이 실려 있다. 반면 형개의 『경략어왜주의』나 『동정주의』 등은 인용 서목에 들어가 있
    지 않다.
83 서광계(徐光啓): 1562~1633. 명나라 사람이다. 만력 32년(1604) 진사가 되었고, 한림원
    서길사에 임명되었다. 만력 47년(1619) 명나라가 사르후[薩爾滸] 전투에서 패전한 후,
    요동을 둘러싸고 명나라와 후금, 조선 사이에 긴장 관계가 생겼을 때, 서광계는 조선과
    연계하여 후금을 경계해야 한다는 '조선감호론'을 주장했다. 마테오 리치 등 재중 선교
    사들과 교유하며 다수의 서학서를 한역하면서 서양 수학과 천문학을 수용 및 전파하고,
    천주교로 개종한 것으로 잘 알려져 있다.
84 陳子龍 編, 『皇明經世文編』 卷488, 徐文定公集一[徐光啓], 「恭承新命謹陳急切事宜疏(選
    兵制器)」, "按『復國要編』, 東征兵士月餉三兩六錢, 朝鮮供億在外. 然而功實未著, 當時諸臣,
    不能無罪." 이 문장은 한명기, 『임진왜란과 한중관계』, 역사비평사, 1999, 135쪽의 각주
    41에도 소개된 바 있다.

朝平攘錄)』[85]에 참조된 것으로 보이지만,[86] 그 외의 총서 등에 체계적으로 인용된 흔적은 나타나지 않는다. 이렇듯 주목도에 차이가 있었던 것은 사료 자체의 가치 때문이 아니라, 송응창이 적극적으로 자신의 공적을 홍보하기 위해『경략복국요편』을 배포하는 데 형개보다 열심이었기 때문으로 추정된다.[87]

청대에 들어가면 송응창의『경략복국요편』은 건륭 연간 이후 금서(禁書)에 정식으로 포함되었으나,[88] 형개의『경략어왜주의』는 금서에 들어가지 않았다. 그러나 전본(傳本) 자체가 적었던 탓인지, 『사고전서총목제요(四庫全書總目提要)』를 작성할 때『경략복국요편』이 비판의 대상으로서 언급되었던 데 반해[89] 형개의『경략어왜주의』나『동정주의』에 대해서는 일언반구 기록이 없다.

근대에 들어와서도『경략복국요편』이 일찍부터 주목을 받아 1929년 강남도서관(江南圖書館)에 소장된 팔천권루(八千卷樓) 소장본이 영인되어 보급되었던 데 반해,『경략어왜주의』는 2004년에야

....

85 제갈원성(諸葛元聲)이 융경(隆慶)·만력(萬曆) 연간 명의 주요 대내외 전쟁에 관해 5권으로 서술한 책이다. 만력 34년(1606)의 서문이 있다. 융경 연간 몽골의 알탄 칸과의 전쟁, 사천(四川) 토사(土司)의 진압, 만력 20년 보바이[哱拜] 등이 일으킨 영하병변, 임진왜란·정유재란, 파주 양응룡의 난에 대하여 기록하고 있다.

86 『경략어왜주의』2-1〈拘執沈惟敬疏〉, 2-2〈申明進止機宜疏〉, 2-12〈會參楊元陳愚夷疏〉의 문서해설 참조.

87 송응창은 책의 완성 직후 심일관(沈一貫)을 비롯한 각신(閣臣)들에게 책을 직접 배포하여 자신의 입장과 공적을 변호하려 했다. 孫衛國,「萬曆援朝戰爭初期明經略宋應昌之東征及其對東征歷史的書寫」,『史學月刊』2016-2, 49쪽.

88 『軍機處奏准全燬書目』(咫進齋叢書), 2a, "『經略復國要編』(明宋應昌撰)."

89 『四庫全書總目提要』卷100, 子部10, 兵家類存目에 수록된「양절병제(兩浙兵制)」에 관한 해설에서『경략복국요편』의 편향성을 비판했다. 이에 대해서는「『경략복국요편(經略復國要編』해제(解題)」,『명나라의 임진전쟁 1: 출정 전야』, 사회평론아카데미, 2020, 39~42쪽을 참고.

중국의 전국도서관문헌축미복제중심(全國圖書館文獻縮微複製中心)에서 중국국가도서관 소장 원본을 어왜사료회편(禦倭史料匯編)의 4·5권으로 영인하여 출판함으로써 비로소 연구자들의 시선에 닿게 되었다.[90] 본 역주의 저본 역시 2004년에 출판된 영인본이다. 아울러 2010년에는 산동성 청도(靑島)의 청도출판사(靑島出版社)에서 청주문헌(靑州文獻)의 일종으로 원문을 간체자로 번각한 표점본을 출간했다.[91] 영인본과 표점본의 출간 이후 『경략어왜주의』는 정유재란의 핵심 사료로서 뒤늦게나마 연구자들의 관심을 끌어, 『경략어왜주의』를 이용한 정유재란 연구들이 적지 않게 이루어지고 있다.[92]

4. 『경략어왜주의』의 수록 내용과 사료적 가치

송응창의 『경략복국요편』이 만력제에게 올린 상주 및 각 관청에 보낸 공문, 명 조정의 관료들과 명군 지휘관들에게 보낸 서신 등을 함께 수록하고 있는 것에 반해, 형개의 『경략어왜주의』는 오로지 만력제에게 올린 상주만을 싣고 있다. 이는 『경략어왜주의』가 어디까지나 주의(奏議), 즉 상주만을 수록한 책으로 기획되었기 때문이다.

....

90 姜亞沙 等輯, 『禦倭史料匯編』 4·5, 北京: 全國圖書館文獻縮微複製中心, 2004.
91 邢其典 點校, 『經略禦倭奏議』, 靑島: 靑島出版社, 2010.
92 관련 연구가 다수 존재하므로, 한국·중국·일본에서 각각 하나씩만 들면 다음과 같다. 久芳崇, 「明朝皇帝に獻納された降倭: 『經略禦倭奏議』を主要史料として」, 『山根幸夫敎授追悼記念論叢: 明代中國の歷史的位相』 下, 東京: 汲古書院, 2007; 박현규, 「『明實錄』 중 노량해전 戰績 기록에 대한 분석」, 『이순신연구논총』 29, 2018b; 張洋洋, 「丁酉戰爭時期邢玠關於明軍糧餉問題的措施研究: 以《經略禦倭奏議》爲中心」, 『渤海大學學報(哲學社會科學版)』, 2019-6.

상주와 전황 보고 이외의 문서들은 『동정공의』에 수록되어 있을 가능성이 있으나, 현재로서는 알기 어렵다.[93]

현존하는 『경략어왜주의』는 서문이나 목차 등이 결락되고 바로 권2부터 남아 있는 형태를 띠고 있기 때문에, 저자 형개가 전체 구성을 어떻게 하려고 했는지는 불분명하다. 다만 내용을 보면 문서들은 대체로 작성된 순서대로 편차되어 있는 것으로 보인다.[94] 『명신종실록』 등의 자료를 이용하여 각 권의 대략적인 시간대와 수록된 문서 숫자를 정리하고, 편의상 현존하지 않는 권수까지 포함하면 〈표 1〉과 같다.

〈표 1〉에서 확인할 수 있듯이 현존하는 『경략어왜주의』에 수록된 상주는 총 54건이지만, 안타깝게도 일부 문서는 원문의 잔결(殘缺)로 인해 완전한 형태를 띠고 있지 못하다.[95] 또한 『경략복국요편』과 달리 각 상주에 날짜를 전혀 기록하지 않고 있어, 각각의 문서에 대한 별도의 연대 추정이 필요하다는 문제가 있다.

각 권의 내용을 간략히 소개하면 다음과 같다. 현존하는 부분은 『경략어왜주의』 본문의 내용을 바탕으로 요약했으며, 빠진 부분은 『명신종실록』에 수록된 상주의 대략을 토대로 소개했다.

....

93 참고로 손광의 『요강손월봉선생전집』은 권2에 계요총독으로서 작성한 주소[薊遼奏疏]를, 권3에 당시 발송한 서찰[北牘]을 나누어 수록하고 있다.
94 다만 『경략어왜주의』 9-2 〈酌議留兵糧餉疏〉는 작성 시점상 권8 정도에 배치되어 있어야 하나, 시간 순서를 무시하고 권9에 배치했다. 권7~8 결권 해제 및 9-2 〈酌議留兵糧餉疏〉의 문서해제를 참고.
95 『경략어왜주의』 4-7 〈議三路屯守疏〉와 4-8 〈恭謝欽賞疏〉, 10-1이 해당된다.

표 1 『경략어왜주의』 각 권의 대상 기간과 문서 건수

권수	기간	문서 건수	현존 여부
권1	만력 25년(1597) 3월~6월	(7건)	X
권2	만력 25년 7월~9월	14건	O
권3	만력 25년 9월~12월	(9건)	X
권4	만력 26년(1598) 정월~5월	13건	O
권5	만력 26년 6월~12월	(5건)	X
권6	만력 27년(1599) 정월~4월	7건	O
권7·권8	만력 27년 윤4월~8월	(6건 이상)	X
권9	만력 27년 9월~만력 28년(1600) 3월	13건	O
권10	만력 28년 3월~9월	7건	O

* 기간은 『명신종실록』 기사를 기준으로 하고 있으므로, 상주의 작성일이 아니라 명 조정에서의 처리 일자를 기준으로 함.
** 현존하지 않는 권1·권3·권5·권7·권8의 문서 건수는 『명신종실록』 등을 활용한 추정이며, 자세한 내역은 각 권의 해제를 참조.

〈권1: 만력 25년(1597) 3월~6월〉 형개의 임명 초기에 해당한다. 형개가 직임을 맡겨준 데 사은하고 기본적인 전략을 제시하며, 필요한 병력과 물자의 내역을 올려 동원을 요청하는 상주들이 실려 있었을 것으로 추측된다.

〈권2: 만력 25년 7월~9월〉 일본군의 재침이 본격적으로 개시된 시점을 전후하여 일본군에 대한 대응 전략을 제시하고, 명 본토에서 대규모 병력과 물자를 동원할 것을 지속적으로 요청하며, 그 수송 방안을 논의하는 내용이 중심을 이루고 있다. 특히 병력과 물자를 최대한 빨리 보내 줄 것을 여러 차례 독촉하고 있음에서 당시 명군의 동원이 얼마나 어려웠는지가 관찰되며, 초기의 방어 전략이 제대로 이행되기 전에 붕괴됨으로써 명군 지휘부가 맞이해야 했던 상황이 얼마나 다급했는지를 알 수 있다. 또한 일본과 내통할 가능성이 있는 심유경을 체포하는 상주, 정유재란이 본격적으로 발발하고 한산도와 남원이 함락되자 패장 양원 등을 처벌할 것을 요청하는 상주, 정유재란 초기 패배에 대해 조선에 대한 강한 불신을 드러내는

상주도 수록되어 있다.

〈권3: 만력 25년 9월~12월〉 정유재란의 전환점이 된 직산 전투 및 조명연합군의 첫 번째 공세인 울산 전투가 벌어진 시기에 해당한다. 따라서 직산 전투에서 성공적으로 일본군의 공세를 저지했음을 보고하고, 미처 도착하지 못한 병력과 물자를 재차 요청하며, 대대적 공세를 위한 전략을 입안하여 보고하는 상주들이 들어 있었을 것이다.

〈권4: 만력 26년(1598) 정월~5월〉 울산 전투가 실패로 돌아가고, 일본군의 공격에 대비하면서 재차 공세를 계획하는 기간이었다. 이 기간 형개는 울산 전투의 경과를 보고하고 손실된 군마의 보급 등 사후 처리를 수행하며, 향후 방어 및 공격을 위해 아직 집결되지 못한 병력의 빠른 이동을 주문하는 상주를 올렸다. 또한 혹시 모를 일본 수군의 활동을 염두에 두고 명 연해 지역의 방어 강화를 계획하고, 일본군과 다시 대적하기 위한 병력의 편성과 배치를 정리하여 상주했다. 아울러 권4의 마지막에는 조선으로 동원되어 오던 묘족(苗族) 병력이 불합리한 대우를 받고 요양에서 난동을 부린 사건과 그 처리에 대한 상주도 실려 있다.

〈권5: 만력 26년 6월~12월〉 정유재란의 마지막 국면에 해당되는 부분으로서, 형개의 지휘 아래 진행된 조명연합군의 사로병진 공세의 계획 및 진행, 전과에 대한 상주가 수록되어 있었을 것으로 보인다. 또한 울산 전투에 대한 정응태의 탄핵으로 양호가 파직됨으로써 시작된 전공 조사에 관한 상주도 포함되었을 것이다.

〈권6: 만력 27년(1599) 정월~4월〉 정유재란이 종결되고 사후 처리가 시작되는 시기이다. 정응태의 공격에 대해 형개가 반박하는 상

주 3건이 절반을 훨씬 넘는 분량을 차지한다. 정응태의 탄핵은 울산 전투 및 양호에 대한 공격을 넘어 명군 지휘부의 전공 조작, 나아가 조선과 형개까지도 겨냥하고 있었으므로, 형개는 정응태의 악행을 고발하고 정응태가 제시한 내용을 반박하는 데 많은 지면을 할애했다. 한편 돌아가는 부대와 남는 부대의 지휘관을 임명하는 상주나, 정유재란을 마무리하는 의례를 위해 일본군 포로를 바치는 상주도 수록되어 있다. 특히 일본군 포로를 바치는 상주는 명에 포로로 잡힌 일본군 장졸들의 신상정보와 함께 정유재란 당시 명군의 전과 과장 보고가 이루어지는 방식을 보여주는 좋은 자료이다.

〈권7·권8: 만력 27년 윤4월~8월〉 형개가 정유재란을 종결짓고 임지로 돌아간 이후의 기록이다. 정유재란의 사후 대책으로 조선에 대한 병력 주둔, 주둔군에 대한 군량과 급여 지급 등을 논의하고, 전쟁에서 공을 세운 부하들에 대한 포상과 서훈 내역을 건의한 것으로 보인다. 또한 이때부터 형개는 노모의 나이를 이유로 사직을 요청하기 시작했는데, 권9에 같은 이유로 올린 네 번째 상주가 실려 있는 것으로 보아 권7·권8에 관련 상주가 최소 3건은 수록되었을 것으로 추측된다.

〈권9: 만력 27년 9월~만력 28년(1600) 3월〉 정유재란 이후 혹시 있을지도 모를 일본군의 재침을 방어하기 위해 조선에 주둔한 명군 중 어느 정도를 철수시켜야 할지, 그들에 대한 군량 및 급여는 어떻게 지급해야 할지에 관해 논의하는 상주가 상당 부분을 차지한다. 형개는 일단 조선에 다수의 병력을 남기되 단계적으로 병력을 철수시키는 방안을 주장했다. 이를 통해 병력 주둔 규모 및 이들에 대한 군량 및 급여 지급이 명 조정 및 명군 지휘부, 조선 사이에 중대한 현안이 되고 있음을 엿볼 수 있다.[96] 아울러 전쟁 동안 사용한 경비에 대한 감사를 요청하고 철군하면서 사고를 일으킨 지휘관을 탄핵하는 등의 공무 관련 상주, 전공에 대해 주어진 포상에 사은하고 노모의 나이와 병환을 들어 사직을 요청하는 등의 개인적인 상주도 수록되어 있다.

〈권10: 만력 28년 3월~9월〉 조선에 마지막까지 남아 있던 명군 병력의 철수에 대한 형개의 상주, 그에 대한 명 조정 내부의 논의가 대부분을 차지한다. 형개는 대규모 병력의 주둔은 비용상 불가능하고 소규모 병력으로는 조선의 방어가 어려우므로 명군을 요동이나 연해 지역으로 이동시킬 것을 제안했지만 결정적으로 철병을 밀어붙이기보다는 명 조정의 논의에 맡겼고, 결국 다시 논의하여 결론을 가져오라는 만력제의 지시가 내려왔다. 안타깝게도 현존하는 『경략어왜주의』에는 명군의 최종 철수 결정까지는 실려 있지 않다.[97] 이와 함께 정유재란 말기 명군 지휘관들이 일본군 안전 철수를 보장하기 위한 인질로 보낸 모국과(毛國科)의 귀환에 관해 변명하는 상주, 경비를 절약하는 등 각종 공훈을 세운 부하 관원들에 대한 포상 요청, 노모의 병환으로 인한 사직 요청 등의 상주도 실려 있다.

이상 소개한 『경략어왜주의』의 내용은 정유재란의 발발부터 종결, 그리고 전후 처리에 이르는 전쟁의 전반에 걸쳐 있으며, 다루는

....
96 명군 철수를 둘러싼 협상과 최종적인 철군 과정에 관한 개관은 김영진, 앞의 책, 710~739쪽을 참조.
97 권10의 목차 부분이 결락되었고 마지막 문서인 10-7 〈催敍東征文職疏〉의 마지막 뒷부분이 찢어져 있으므로, 원래는 명군의 최종 철수 결정을 다룬 문서까지 실려 있었을 가능성도 있다.

범위도 병력 및 물자의 이동과 수송 방법의 마련, 일본군에 대한 방어 및 공격 전략 등 전쟁의 향방을 좌우하는 거시적인 것에서부터 부대 지휘관의 임명과 탄핵, 사건사고의 처리 등 개별적 사안에 이르기까지 다양하다. 또한 전쟁 수행을 둘러싸고 벌어지는 명 내부의 정치적 암투나 조선과의 갈등, 명군 지휘부의 시선 등을 가감 없이 보여주고 있다는 점에서도 중요한 의의를 지닌다. 다만 공교롭게도 정유재란의 가장 치열한 국면이었던 직산 전투·울산 전투·사로병진 공세 당시의 기록이 모두 결락되어 있다는 것은 매우 아쉬운 점이다.

선행 연구에서는 『경략어왜주의』의 사료적 가치를 희귀성과 중요성에서 찾고 있다. 『경략어왜주의』에 수록된 상당수 상주는 기존 사료에서 찾아볼 수 없는 것들이며, 명 최고위층에서 다루었던 중차대한 내용들이 어떤 논의 과정을 거쳐서 어떻게 최종적으로 처리되었는지를 상세하게 알려 주는 좋은 자료이기 때문이다.[98]

이에 더해 명군의 최고지휘자 형개 입장에 서서 정유재란의 전체적인 흐름을 조망하고, 전쟁 당시의 상황을 추체험해 볼 수 있게 해 준다는 것이 『경략어왜주의』의 또 하나의 사료적 가치라고 생각된다. 드넓은 명의 영토 각지에 흩어져 있는 수만 명의 병력을 조선으로 동원해 오는 일은 짧게는 몇 달, 길게는 1년 이상 걸리는 작업이었다. 소집한 병력을 적재적소에 배치하는 것도 쉽지 않은 과업이었으며, 그들 병력에게 보급할 물자를 당시의 빈약한 육운과 해운으로 조선까지 날라 오는 것은 더 어려운 일이었다. 어렵게 준비를 마

....

98 朴現圭, 앞의 글, 2018a, 38쪽.

친다고 해도, 짧은 보급선과 견고한 성채를 바탕으로 저항하는 일본 군과 싸워서 이기는 것은 또 별개의 문제였다. 게다가 명 조정 및 각지의 관원들, 현장의 명군 지휘관들, 정응태를 비롯한 정치적 반대파들의 시선도 의식해야 했으며, 자신의 의사에 충분히 협조적이지 않은 조선의 동향도 무시할 수 없었다. 형개는 눈앞의 적과 싸우기 위해 전력을 유지하고 관리할 뿐만 아니라, 후방 및 주둔지의 정치적 동향을 감안하며 끊임없이 자신의 입지를 확보하기 위해 노력해야 했던 것이다. 이렇듯 『경략어왜주의』는 조선의 입장에서만 정유재란을 바라보기 쉬운 현대의 독자들에게 또 하나의 주체였던 명의 입장과 현실의 복잡다단함을 생생하게 보여주는 중요한 사료이다.

다만 『경략어왜주의』가 만력제에게 올린 형개의 상주를 묶은 것인 만큼, 어디까지나 형개 개인의 시각을 강하게 반영하고 있는 자료라는 사실을 의식하고 읽어 나가는 것이 필요하다. 형개는 자신에 대한 책임 추궁을 피하기 위해 조선을 맹비난하기도 했고, 중요한 사안에 대해 애매모호한 태도를 취하기도 했으며, 명군의 잘못을 호도하거나 현장의 과장 보고를 묵인하고, 비판자의 과오를 역으로 공격하는 일도 서슴지 않았다. 따라서 『경략어왜주의』에 실린 내용이라고 해도 그 자체가 사실인 것은 아니다. 형개 역시 한 명의 정치적 인간이라는 점을 염두에 두고 다른 시각을 함께 참조하면서 독해한다면, 『경략어왜주의』는 정유재란의 실상에 접근하는 데 귀중한 디딤돌이 되어 줄 일급 자료가 될 것이다.

經略禦倭奏議

序文
進禦倭圖說

태보 형 공『동정주의』서문[1]

太保邢公東征奏議序【代】 | 2b-6a

날짜 만력 29년(1601) 2월~만력 30년(1602) 5월

내용 형개의『동정주의(東征奏議)』에 대해 이광원(李光元: 1575~1625)이 원래 형개로부터 서문을 부탁받은 누군가를 대신하여 작성한 서문이다. 앞부분에서는 일본국왕에 대한 봉공(封貢) 논의가 실패하자 만력제가 형개를 발탁하여 경략(經略)의 임무를 맡겼다고 언급하고, 안팎으로 여러 가지 어려움이 많은 상황에서 형개가 최선을 다해 토벌에 전념함으로써 침입해 온 일본군을 모두 몰아내는 데 성공했음을 강조했다. 다음으로 정유재란 종결 이후 형개는 태자태보(太子太保)의 관함을 받고 그대로 계요총독(薊遼總督)으로 재직하다가 만력 29년(1601) 남경병부상서(南京兵部尙書)가 되었는데, 그때까지 자신이 올린 주소(奏疏) 10권·당보(塘報) 3권·공의(公議) 4권을 편찬하고 저자에게 서문을 요청한 경위를 밝혔다. 마지막으로 저자는 형개가 문신으로서도 명망이 있으면서 병권을 잡아서는 전공을 드러낸 드문 인물이며, 그가 전장에서 올린 상주를 읽으니 그 공적이 쉬운 일이 아니었음을 더욱 잘 알게 되었으니, 형개가 조정에 돌아온다면 한기(韓琦)나 범중엄(范仲淹)과 같은 위대한 재상이 될 것이라고 칭송하면서 글을 끝맺고 있다.

관련자료 본 문서는『동정주의』전체에 대한 서문으로서, 10권으로 이루

----

1 李光元,『市南子』卷6,「太保邢公東征奏議序【代】」.

어진『경략어왜주의(經略禦倭奏議)』가 사실『동정주의』의 일부에 불과하며,『동정주의』에는『경략어왜주의』외에도『동정당보(東征塘報)』·『동정공의(東征公議)』가 포함되어 있었음을 밝혀 주는 자료로서 중요한 의미를 가진다. 명대나 청대의 여러 서목(書目)에는 "『동정공의』4권"이라는 정보가 실려 있어 본 서문의 정확성을 웅변해 준다.[2]

근래 왜가 조선을 잠식하여 조선에서 군사를 청하니, 천자께서 외신(外臣)의 급박함을 진념하시고 그 위엄과 총애를 아낄 수 없어 대군을 보내 국경으로 들어가 구원해 주셨다. 조선은 동쪽 울타리의 왕기(王畿)인데 근래 왜가 군수물자를 싣고 침범해 와서 요해지를 점거한 지 오래되었으니 가정(嘉靖) 때 왜가 침입하여 오월(吳越)과 민중(閩中) 땅을 짓밟았던 것[3]과는 달랐다. 우리 군사들은 늙고 녹봉도 떨어진 상황에서 최근 왜를 패퇴시킨 바는 상당했지만 인심은 동요하고 국론은 수레를 풀어 편히 쉬게 할 줄 몰랐으니[4] 장차 교만한

---

2 祁承爜,『澹生堂藏書目』史部 上, "『東征公議』, 四卷, 四冊. 邢玠.";徐乾學,『傳是樓書目』出字三格, 表奏, "『東征公議』, 四卷, 明邢玠, 四本.";黃虞稷,『千頃堂書目』卷5, 別史類, "邢价, 『東征公議』, 四卷." 卷30, 表奏類, "邢玠,『東征公議』, 四卷."

3 가정(嘉靖) …… 것: 가정 37년(1558) 4월 복건 연해 지역에 왜구가 출현하여 절강의 태주(台州)와 온주(溫州), 복건의 복주(福州), 흥화(興化), 천주(泉州)에 이르는 광범한 지역을 침략했다. 이들은 기존 명나라의 해상 지역에 출몰하여 소란을 일으켰던 왕직(汪直) 잔당과 합세하여 명군의 포위망을 뚫고 광동의 남오(南澳)에 근거지를 마련했다. 이들은 주로 민남(閩南)과 월동(粵東) 연해 지역에서 활동하며 복건 연해 지역을 아수라장으로 만들었다. 가정 말, 융경 초 연간 왜구의 활동과 명나라의 대응에 대한 보다 자세한 논의는 채경수, "명말 청초 해상세력의 부침과 국가권력의 대응", (서울대학교 박사학위 논문, 2020), 18-26쪽을 참조.

4 국론은 …… 몰랐으니:『사기』「李斯列傳」중 "나는 어디쯤에서 수레에서 내려야 할지 모르겠다(吾未知所脫駕也)."에서 유래한 말이다. 적절히 그만두어야 할 때를 알아야 한

오랑캐들이 성장하는 데 어려움이 없었다.

주상의 신묘한 결단에 힘입어 봉공(封貢)의 논의를 그치고 한뜻으로 물리치고자 했다. 드디어 천하의 무관과 정예병을 두루 선발하고 중승(中丞) 형 공(邢公: 형개)을 대사마에 제수하여 조선으로 가서 경략하도록 했다.[5] 나는 군수 보급의 지원을 맡았는데, 관내에서 사마(司馬: 형개)가 어양(漁陽)을 지날 때 나와 대화를 나누면서 이들을 멸하고 난 뒤에 다시 관내로 들어오겠다고 맹세했으니 방도와 계략의 대부분이 정해져 있었다. 그러므로 출사(出師)하기도 전에 과업을 끝내고 낙랑(樂浪)과 현도(玄菟)[6] 사이에서 승리를 거두는 일을 어찌 멀리서 추측하기 어려웠겠는가. 여러 군대를 살펴봄에 이르러서는, 육군과 수군의 장기(長技)를 구별하여 셋으로 나누고 왜의 세 장수를 담당하게 하여 적절히 힘을 모아 향하는 곳에서 기필코 승리를 쟁취하도록 했다.[7]

당시 나라가 한뜻으로 전쟁을 하고자 했으나 이보다 먼저 다른 의견을 가진 자가 여전히 그 가운데 기세를 부렸다. 국경 밖의 전공(戰功)은 일의 전말을 다 알 수 있더라도, 만 리 밖 정벌의 공과(功過)는 실상을 반영할 수 없다는 점이 염려되는 데다가, 많은 무리가 적을 토벌하기 어렵다고 여기며, 뜬소문이 또한 국경 밖에서 들려

......

다는 뜻이다.

5 『명신종실록』 권308, 만력 25년 3월 29일(기미), "陞兵部左侍郎邢玠, 爲兵部尙書兼都察院右副都御史總督薊遼保定軍務兼理糧餉經略禦倭."

6 낙랑(樂浪)과 현도(玄菟): 기원전 108년 한 무제(武帝)는 위만조선을 멸망시킨 뒤 그 영토 내에 낙랑군(樂浪郡)·진번군(眞番郡)·임둔군(臨屯郡)을 세웠고, 1년 뒤 현도군(玄菟郡)을 추가로 설치해 통치했다. 기원전 82년에는 진번군과 임둔군이 폐지되고 낙랑군과 현도군에 병합되었다. 낙랑군과 현도군의 정확한 위치에 대해서는 여러 설이 존재하지만, 대체로 현도군은 압록강 중·상류 일대, 낙랑군은 평양 일대라고 여겨지고 있다.

7 본서 4-7 〈議三路屯守疏〉 참조.

오니 어찌 미혹되지 않을 수 있겠는가. 다행히 조정의 지론이 더욱 단호해졌지만 고자(告者)가 몇 번 오자 어머니가 북을 던졌다는 고사를[8] 생각해 보면 설령 조정 내에서 논의하여 정한다고 해도 국경 바깥의 신하[9]가 어찌 두려워하지 않을 수 있었겠는가. 게다가 적의 섬멸을 기약했으나 일은 갑자기 효과를 보기 어렵고 크게 승리하기를 꾀하는 사람은 작은 손해를 돌아볼 수 없다. 현군(縣軍)[10]이 이역의 땅에 있으면서 적과 오래도록 대치하다 보면 헛된 죽음이 또한 때때로 있을 수 있으니, 뜬소문이 한 번이라도 들어가면 당장 군사를 파해야 하지 않을까 정말 두려웠다.

다만 주상께서는 먹어도 달지 않고 잠을 자도 편하게 여기지 않으시면서, 군중을 오랫동안 수고한다고 위문하셨다. 황제에게 보답하자니 이미 거둔 공훈이 없었고, 사직을 하자니 어여삐 여길 만한 업적이 없었다. 누군가 갑자기 훼방을 놓는다면 왜구 섬멸은 물론이요, 일이 장차 크게 망가져서 사방 오랑캐의 비웃음을 사게 될 터였다. 그렇게 되면 문무 제신들이 머리를 나란히 하고 죽임을 당한다고 해도 어찌 나라를 망친 일을 속죄할 수 있겠는가.

이 때문에 공은 평소 밤낮으로 계책을 세워 적을 멸하지 않고서는 살아서 관내로 들어가지 않으리라 마음먹었다. 좌우의 장리(將

....

8 고자(告者)가 …… 고사를: 『전국책(戰國策)』에 나오는 내용으로 거짓으로 고하는 일이 반복되면 그 말을 믿게 된다는 말이다. 증삼(曾參)이 비(費) 땅에 거주할 때 그곳에 살던 동명인(同名人)이 살인을 했다. 사람들이 증삼의 어머니에게 증삼이 사람을 죽였다고 하자 처음에는 그럴 리 없다며 믿지 않았으나 다른 사람이 계속해서 세 번 같은 말을 전하자 마침내 짜고 있던 베틀의 북을 내던지고 담을 넘어 달아났다고 한다.

9 원문은 "縱廷內定, 竟外之臣, 安得不懼"이나 문맥에 따라 竟을 境으로 번역했다.

10 현군(懸軍): 후속 부대 없이 적진 깊숙이 쳐들어가는 군대를 말한다.

吏)들이 모두 울면서 탄식하여 말하기를, "천지 사직의 영령께 바라오니 이 지경까지 이르지 않도록 하소서."라고 했다. 과연 신성한 주상께서 여러 의견에 흔들리지 않으시고 군문(軍門)이 이르면 번번이 위로하고 격려하셨다. 이로 말미암아 사마께서는 더욱 스스로 가다듬고서, 적을 헤아려 뛰어난 계책을 세우고 지휘하며 편히 쉬지 않았으니, 병거와 기병들은 험한 곳까지 가고 배를 탄 병졸들은 거친 바다로 나아갔다. 왜는 본래 변화막측했지만, 이때에 이르자 자주 곤경에 몰렸다. 군량을 쌓아 둔 지역이 불에 탔고 일본에서 지원하는 군량이 오면 죄다 우리에게 그 길이 끊겼으며, 삼군의 뛰어난 장수가 칼끝과 화살에 전사하자, 왜는 버틸 수 없겠다고 헤아리고는 몰래 배로 군수물자를 싣고 떠났다.

어찌 새로운 왜구뿐이겠는가. 부산에 있던 백 년 동안의 왜도 모두 제거되었으니 훌륭하도다.[11] 그러하니 대체로 한마디 한마디가 어양에서 했던 말과 똑같게 되었다. 황제의 군대가 동쪽으로 토벌하러 온 지 모두 7년이 되었지만 사마께서는 경략하신 지 2년 만에 공적을 세웠다. 그렇지만 이론(異論)이 또한 항상 군대와 함께 있었기 때문에 국경 밖의 정벌을 전담하는 일이 어려웠다. 사마의 높은 공은 천하가 우러르는 바이기에, 위험과 의심을 무릅쓰고 만사일생(萬死一生)의 지경으로 가서 노고 속에서 간정(艱貞)[12]했으니 이를 아는

....

11 『명신종실록』 권329, 만력 26년 12월 29일(경진), "兵部覆總督邢玠餘倭蕩平報. 上曰, 覧奏. 朝鮮南海餘倭, 悉皆蕩絶, 東征始收完局. 此乃皇天助順, 俾朕得行誅暴之義, 興繼之仁. 連年東顧之懷, 朕方慰釋. 邢玠先賞銀一百兩、大紅紵絲蟒衣一襲, 萬世德賞銀八十兩、大紅紵絲飛魚一襲. 文武將士功次, 著上緊敍來. 念其遠征久勞, 許其從寬擬敍, 咸使沾被慶典."
12 간정(艱貞): 『주역』 「명이괘」에서 나온 말로 군자가 소인에게 해침을 당하는 어려운 때에 정도를 굳게 지킨다는 뜻이다.

사람은 아마도 나만한 이가 없을 것이다.

군대를 정돈한 후 책훈(策勳)을 받고 태자태보(太子太保)가 되었다가 바로 계요총독이 되었다. 다시 2년 뒤에 남경 병부상서[南都大司馬]가 되었으나 어찌 동쪽의 일을 잊었겠는가.[13] 생각하건대, 남도(南都: 남경)는 건국의 근본이라 병권을 맡는 것이 지극히 중대한데 왜가 동해에서 쳐들어올 때 다만 향할 곳은 민(閩)이나 월(越)이 아니면 오(吳) 지역일 것이니 오 지역에서 남도는 매우 중요한 지역이다. 또한 기근이 자주 들어 천하가 근심하고 있던 곳이었다. 남경[留京]은 또한 중국의 중추이므로 훈략대신(勳略大臣)이 병권을 가지지 않으면 안 된다. 그러므로 태보로 하여금 남경의 군문[南軍]에 들어가도록 한 것이다.

앞서 경략이 올린 주소(奏疏)는 무려 수천 수만 단어였는데 징발과 동원을 청하는 일, 신속한 운송을 의논하는 일, 보병과 기병을 모으는 일, 장비를 취합하는 일에 대한 것으로 모든 고려를 다했다. 승리하는 기발한 전략과 후속 대처를 잘 갖추는 일은 노련하

....

13　만력제가 형개에게 태자태보를 더한 것은 만력 27년(1599) 9월 9일이고, 남경병부상서로 임명한 것은 만력 29년(1601) 2월 3일의 일이었으며, 5월 20일에는 만세덕(萬世德)을 후임 계요총독으로 임명했다. 『명신종실록』 권339, 만력 27년 9월 9일(을묘), 권356, 만력 29년 2월 3일(임신), 권359, 만력 29년 5월 20일(정사). 다만 형개는 남경병부상서로 부임하는 길에 3개월의 말미를 얻어 모친을 뵙도록 허락받았는데, 그 사이에 파주(播州) 및 조선에서의 일로 공격을 받자 상주를 올려 변명하는 한편 15차례 상주로 은퇴를 요청하여 허락을 받았다. 『명신종실록』 권363, 만력 29년 9월 1일(을미), 권370, 만력 30년 3월 22일(갑신), 권371, 만력 30년 4월 12일(계묘), 권372, 만력 30년 5월 2일(계해). 따라서 본 서문이 작성된 시점은 형개가 남경병부상서의 직함을 갖고 있던 만력 29년 2월에서 만력 30년 5월 사이로 판단된다.

고 신중한 사람이 아니면 아무나 할 수 없다. 최후에는 군대를 일으킨 이래의 비용에 대해 조사를 청했는데 조금이라도 방만한 부분이 없이 약 20만 냥을 절약했다. 예전에는 공적이 이루어지면 황금을 마음대로 지출하여도 묻지 않았다. 그런 일을 지금까지도 있게 했다면 어찌 태보를 보겠는가. 비용은 절반에 공적은 두 배이니 정말로 고금의 사람들도 어려워했던 바이다. 이런 모든 내용은 주소에 갖춰져 있다. 공이 겪었던 험난했던 사정은 당보(塘報)와 공의(公議)에 기록되어 있다. 태보께서 이미 관직을 떠날 것을 생각했지만 국경에서 힘쓴 일을 남김으로써 후대에 답하고자 했다. 이에 소(疏) 10권, 당보 3권, 공의 4권을 순차로 정하고 다음으로 나에게 부탁하여 그 뜻을 보이는 서문을 짓도록 했다. 나는 태보를 알았지만 태보께서는 내가 문장이 좋지 않음을 알지 못했다. 그렇지만 태보를 안다면 내가 어찌 감히 사양하겠는가. 비록 문장에는 능하지 않지만 실정은 잘 알고 있으므로, 감히 본말에 대해 이와 같이 목차를 매겼다.

내가 일찍이 한나라의 「치안책(治安策)」을 읽어 보고는 가생[賈生: 가의(賈誼)]의 뜻과 행동이 신임을 얻지 못했음을 애석해 했다. 임금이 가의의 재능을 보고 재상의 자리에 앉히려 했는데 강후(絳侯)와 관영(灌嬰)이 알고서 그것을 저지할 수 있었으니, 이는 어쩔 수 없는 형세 때문이었다.[14] 위청(衛靑)과 곽거병(霍去病)은 아주 먼 지

....

14 「치안책」은 나라를 다스리는 방책으로서, 가의가 한 문제(漢文帝)에게 올린 문서이다. 가의는 이 글에서 천하를 안정시키는 방법으로서 제후국을 많이 세워 그들의 힘을 약하게 함으로써 중앙의 권력을 강화시키면 된다고 제안했다. 문제(文帝)는 가의를 재상으로 삼아 역법과 복색을 고치고 법률을 제정하는 등 개혁을 추진하고자 했으나 강후 주발(周勃)과 관영(灌嬰) 등 대신들이 반대하여 그 뜻을 이루지 못했다. 가의는 이후 장사

역에 출정하여 정벌하는 위엄이 멀리까지 미쳤다. 그런데 그 방략이 당시에 드러나지 않고 후세에 없어져 버린 것은 어째서인가. 위청과 곽거병은 평소에 예의를 돈독하게 하고 시서(詩書)를 말하는 일을 받들어 행하는 사람들이 아니어서, 천자가 만 리 밖까지 위엄을 떨칠 때 그 과실은 기록하지 않고 공적만 기록했으니, 그 사적이 대부분 소략한 탓에 이야기할 만한 것이 없었기 때문이다.[15]

태보께서는 유학을 공부하여 어사(御史)로 이름이 났고 문장을 쓰면 기절(氣節)이 드러나 주상과 문무 대신들이 오래도록 신뢰했다. 하루아침에 진중(陣中)에서 병권을 잡아 밖에서는 난폭한 존재[強禦]와 마주하고 안에서는 여러 논의를 상대했다. 국경에 나가 사직을 이롭게 하려는 뜻을 품고 또한 밝은 지혜로 인신이 되어 감히 멋대로 행하지 않았다. 공께서는 위에서 억누르지 않았으나 밑에서 꼭 청하면 조용히 지시하며 반복하여 논의를 진술했으니, 옛 대신들

....

왕(長沙王) 태부(太傅)로 좌천되었다가 4년 뒤 문제의 막내아들 양 회왕(梁懷王) 유읍(劉揖)의 태부로 임명되었으나, 낙마 사고로 회왕 유읍이 사망하자 태부로서 직분을 다하지 못했다고 자책하다가 33세의 나이로 요절했다. 북송의 소식(蘇軾, 1037~1101)은 『동파지림』에서 이를 논하면서 가의가 한 문제에게 재상으로 기용되지 못했던 것에 대해, 그가 한 문제를 잘 활용하지 못했기 때문이라고 평가했다. 주발은 천자의 옥새를 문제에게 주었고, 관영은 10만의 군대를 가지고 유씨(劉氏) 및 여씨(呂氏)와 자웅을 겨루던 사이로 돈독한 관계를 맺고 있었다. 더욱이 주발과 관영은 모두 한 고조의 옛 장수였다. 가의는 이러한 사정에 대해 고려하지 않고 문제에게 옛것을 버리고 새것을 채택하라고 조언했고, 이런 상황에서 주발과 관영은 가의를 재상으로 기용하겠다는 문제의 의견에 반대할 수밖에 없었던 것이다.

15 위청(衛靑)과 곽거병(霍去病)은 한나라의 1차 흉노 정벌 때 파병된 장수들이다. 이들은 이 전투에서 흉노들에게 막대한 타격을 입히는 등 전공이 있었다. 그러나 이들에 대한 『사기』의 평가는 부정적이다. 위청은 한무제의 비위를 맞추기 위해 아부를 떨었으며 곽거병은 젊어서 높은 벼슬을 지냈고 짧은 시간에 고귀한 신분이 되어 사병을 돌볼 줄 몰랐다고 한다.

의 덕양(德讓)의 기풍이 넘쳐났다. 이로 말미암아 성공을 하셨기 때문에 그 사적을 기술할 만하다. 큰 도를 듣지 못하고 외람되게 기이한 재주와 자랑거리를 운운하는 자들과 같다고 하겠는가. 예전에 공자의 도덕이 진실하여 협곡(夾谷)의 일을 도와 내이(萊夷)의 병사들이 물러갔으니[16] 어찌 늠름하지 않겠는가. 제나라와 노나라가 덕업지향(德業之鄕)이 된 것은 유래가 있다. 태보도 어찌 우연히 그런 것이겠는가.

자고로 문신 중 무공(武功)으로 드러난 사람은 대대로 몇 명 되지 않는다. 대개 내란을 평정하고 변방을 굳건히 한 것일 뿐 속국을 도우러 출병하여 몇 년 동안 전쟁을 하고 돌아온 경우는 없었다. 유사(有史) 이래로도 하나의 특출한 공적이다. 송나라의 한기(韓琦)와 범중엄(范仲淹)이 북방 오랑캐[韃靺]의 간담을 깨뜨리고 변방에서 공을 세운 것[17]은 대단하다고 할 만하다. 그 후 서로 공업이 찬란하게 빛나고 바른 의론[議論] 또한 천하에 알려졌으나 군중(軍中)에서 올린 소(疏)는 많이 보이지 않는다. 당시 내지에서 권력을 쥐고 있었던들 어찌 진실로 이 같은 어려움이 없었겠는가. 태보의 소를 읽어 보니 그 공적이 쉬운 일이 아니었음을 더욱 잘 알게 되었다. 혹시 사

....

16 협곡(夾谷)의 …… 물러갔으니: 『사기』 「공자세가」와 『춘추좌씨전』 「정공10년」에 나오는 내용이다. 공자가 노(魯)나라에서 사구(司寇)로 있을 때 노 정공(魯定公)과 제 경공(齊景公)이 협곡(夾谷)에서 회동(會同)했다. 이때 공자가 정공에게 좌우 사마를 갖추어 회합에 나아가도록 했고 회합을 할 때 내이(萊夷)가 오랑캐의 풍악을 올리자 공자가 이에 대해 항의했다. 그로 인해 노공은 위신을 찾고 내이의 병사도 물러나 경공에게 빼앗겼던 땅들도 되찾게 되었다.
17 송나라의 …… 세운 것: 송 인종(宋仁宗) 때 한기와 범중엄이 섬서성(陝西省)으로 진군하여 서하(西夏)의 반란을 진무(鎭撫)한 일을 말한다.

마께서 곧 조정에 돌아오신다면 한기나 범중엄보다 더욱 도움이 될 것이다. 이 말을 증빙으로 삼기 바란다.

어왜도설을 공경히 올리는 상주

恭進禦倭圖說疏 | 31a-35a

날짜 만력 29년(1601)

내용 형개가 경략으로서의 임무를 마무리한 뒤『어왜도설(禦倭圖說)』을 만력제에게 바치면서 함께 올린 상주이다. 형개는 산동·천진·요동에서 조선으로 군량을 운반하는 해로의 전략적 중요성을 강조하고, 일본의 위협에 대비하는 데 필요한 조선의 지리와 일본의 정세에 대해 지도와 설명을 붙여서 해방(海防) 및 해운(海運)에 대한 사항과 함께 책으로 편찬했음을 밝히고 있다. 형개는『어왜도설』을 지어 만력제에게 올리는 한편, 이후 바다에 관한 일을 담당하는 자가 참고하도록 자료를 제공할 것을 저술 목적으로 삼았다. 본문은 임진왜란 초기 명의 대응을 총괄했던 송응창이 귀국 이후『화이연해도설(華夷沿海圖說)』을 짓고 붙인 「화이연해도서(華夷沿海圖序)」와 유사한 문제의식을 보여주고 있는 글로 주목된다.[1]

또한 형개는 진강(鎭江) 및 여순(旅順)에 병력을 추가로 배치하여 한편으로 일본을 방어하고, 한편으로 여진족의 침입에 대비하며, 유사시 조선을 구원하도록 할 것을 주장했다.

관련자료 현재 형개가 지은『어왜도설』은 소재 및 현존 여부가 불분명하

....

1 『경략복국요편』0-2「華夷沿海圖序」 참고. 송응창의『화이연해도』는『경략복국요편』에 수록된 형태로 현존하고 있다.

다. 본 문서는『속문헌통고(續文獻通考)』[2]・『재조번방지(再造藩邦志)』[3]・『해방찬요(海防纂要)』[4]에 수록되어 있으나, 저본에 따라 원문의 차이가 적지 않다.『재조번방지』는 서두 부분 및 만력제의 성지를 포함한 원본의 형태를 가장 잘 보존하고 있는 반면 오탈자가 가장 많고 빠진 문장도 있으며,『속문헌통고』는 오탈자가 가장 적고 전체 내용을 대부분 온전하게 싣고 있는 반면 만력제의 성지가 빠져 있다. 따라서 본고에서는『속문헌통고』를 저본으로 삼고『재조번방지』를 대조본으로 삼아 교감한 원문을 번역 대상으로 삼았으며, 필요에 따라『해방찬요』를 참고했다.

흠차총독계요보정등처군무 경략어왜 겸리양향 병부상서 겸 도찰원도어사 태자태보(欽差總督薊遼保定等處軍務[5]經略禦倭[6]兼理糧餉兵部尙書都察院都御史太子太保) 형개(邢玠)가 경략하는 일이 끝났으니 삼가 도설(圖說)을 바쳐서 예람(睿覽)하시도록 함으로써 급할 때에 대비할 일로 삼가 올리는 주본(奏本).

왜가 조선을 침범하여 환란이 동쪽 이웃[震隣]에 있었으므로, 바다

....

2   王圻,『續文獻通考』卷234, 四裔考, 日本, 萬曆 28年,「恭進禦倭圖說疏」.

3   申炅,『再造藩邦志』(서울대학교 규장각한국학연구원 奎4494) 卷4, 89b-93a. 이 책은 숙종 19년(1693) 영천에서 목활자로 출판된 초간본이다. 이 외에『대동야승(大東野乘)』 수록본『재조번방지』도 있으나, 영천본보다 오탈자가 심하다. 여기서는 대동야승본은 꼭 필요한 부분에 한해 참고하여 교감했고, 전체 교감에는 활용하지 않았다.

4   王在晉,『海防纂要』(북경대학 도서관 소장본) 卷3,「經略朝鮮」, 31a-35a.

5   흠차총독계요보정등처군무(欽差總督薊遼保定等處軍務):『재조번방지』에는 첫 글자가 황(皇)으로 되어 있으나, 명백한 오자이다.

6   경략어왜(經略禦倭):『재조번방지』에는 경리어왜(經理禦倭)로 되어 있으나, 명백한 오자이다.

밖으로 몰아내는 것은 진실로 좋은 계책이었습니다. 그러나 내지(內地)는 근본에 관계되는 곳이요, 바닷길로 운송하는 것은 방어하는 데 관계되는 바이니, 군사를 부리는 자는 조선의 지리와 왜노의 실상을 결코 몰라서는 안 됩니다.

대군이 밖에 있으면 군량과 급여가 시급해집니다. 그러나 군량은 산동·천진·요동에서 가져다 채우는데, 요동은 조선과 이웃하여 육로가 통하지만, 산동·천진은 반드시 바다 한가운데를 거쳐야 하므로 섬과 해안에 의지하지 않으면 표류하여 수습하기 어렵고, 우회하여 멀리 돌지 않으면 험해서 도달할 수 없습니다.

그러나 또한 생각하건대, 이 하나의 바닷길을 우리가 갈 수 있으면 왜도 올 수 있으니, 가는 길을 알면 오는 길을 막을 수 있습니다. 상황에 따라 수군으로 맞아서 치거나 복병을 설치할 수 있으며, 때로는 추격하거나 경계하여 지킬 수 있으니, 바람과 파도 속을 왕래하려면 그 험하고 평탄함을 알아야 비로소 바다 위를 횡행할 수 있습니다. 따라서 비록 운송을 위한 길이지만 실제로는 방어를 위한 길이기도 하니, 관계되는 바가 가장 중요합니다.

그러므로 따로 관병을 차출해서 나누어 보내 살피고 조사하도록 하되 섬마다 거리를 재고, 그 사이에 항구가 넓어서 배를 댈 만하거나, 수면이 평온하고 얕아서 해안으로 오를 수 있거나, 암초나 소용돌이가 있으면 하나하나 그림을 그리고 설명을 붙이도록 했습니다.[7] 이로써 운송하는 자들이 험한 곳을 피하고 평탄한 곳으로 갈

....

7   그러므로 …… 했습니다: 형개가 경략으로 부임한 초기에 작성한 2-4 〈酌定海運疏〉를
    보면 산동 및 요동에서 해로를 통해 조선으로 군량을 운송하기 위해 해로를 조사하여
    도설을 작성하고 있는 모습이 나타나 있다.

수 있게 되었으니, 그 길이 비로소 정해졌습니다.

천진에서 보면 대고(大沽) 항구에서 바다로 나와 돌아서 서남쪽으로 가면 산동의 해풍(海豊)·청주(靑州)·내주(萊州)를 거쳐 등주(登州)에 다다르고, 등주로부터 여순(旅順)에 이르며, 여순으로부터 조선의 의주 미곶(彌串)[8] 등지에 도달해서 짐을 넘겨주니, 길이 산동과 동일합니다. 하지만 군대가 전라도·경상도에 주둔하고 있어 여기서 아직 2000리 떨어져 있으므로, 또한 조선에서 운송하도록 했습니다. 이어서 그 바닷길을 보면 미곶에서 광량(廣梁)[9]에 이르고, 광량에서 강화에 이르는데, 강화는 왕경(王京)의 서쪽에 있으면서 한강이 갈라지는 곳에 접하고 있으니, 일단 왕경의 동남쪽으로 들어가면 충청도·경상도에 도달할 수 있습니다.[10] 당시 교활한 왜는 수륙으로 함께 진격하여 왕경을 엿보고 있었습니다. 그러므로 무릇 군량과 급여를 운반하는 길과 왜노가 들어오는 길, 지류가 나누어지는 것과 대로 옆의 구불구불한 작은 길까지 모두 빠짐없이 알아야 방어하는 데도 요점을 자세히 알 수 있습니다.

....

8 미곶(彌串): 평안도 미곶진을 가리킨다. 선조 31년 7월 명나라는 7만여 석의 군량을 미곶에서 선적하여 강화도에 하역한 후 전주·나주·은진·충주 등으로 나누어 보냈었다. 『선조실록』 권102, 선조 31년 7월 7일(경인) 참고.

9 광량(廣梁): 현재 평안남도 용강군 삼화면에 위치한 대동강 하구의 포구이다. 광량은 평안도와 황해도 사이에 위치하고 물길이 굽이져 배를 정박하기 편리하여 해운과 하역 작업에 적합했다. 명나라에서 해운을 통해 조선에 보낸 군량은 광량과 강화에서 하역되었다. 선조 30년(1597) 6월 13일 조에 수록된 선조가 경리 양호(楊鎬)에게 보낸 자문에 조선의 수운에 대해 자세하게 설명하고 있어 참조할 만하다. 『선조실록』 권89, 선조 30년 6월 13일(임신).

10 하지만 …… 있습니다: 정유재란 초기에 작성된 2-11 〈直陳朝鮮情形疏〉에서 형개는 광량에서 남쪽으로는 조선이 군량을 직접 운송해야 하는데, 운송이 제대로 되지 않고 있다며 조선을 비난한 바 있다. 미곶 등지로부터 전선으로의 군량 운송에 대해서는 『선조실록』 권89, 선조 30년 6월 13일(임신); 권102, 선조 31년 7월 7일(경인) 등을 참고.

왜노는 조선과 경계를 접하여 호랑이와 올빼미 같은 형세를 펼치고 있으니, 우리가 험지에 기대서 지키고 기책을 내어 이기려면 조선의 도로의 거리가 얼마인지를 알아야만 합니다. 여러 우두머리의 교활한 속임수가 백 가지로 나와 헤아릴 수 없으므로, 우리가 틈을 타서 거꾸러뜨리고 기회에 맞추어 응하려면 일본의 정세를 살피지 않을 수 없습니다. 그러므로 각각 그 지도와 설명을 붙여서 한 번 펴 보는 사이에 나를 알고 적을 알게 되어 싸우고 지키는 데 근거할 만한 바가 있도록 했습니다.

그러나 왜노는 수군이 아니면 격파할 수 없고, 수군은 전선(戰船)이 아니면 그 공적을 거둘 수가 없습니다. 그러므로 대함(大艦)으로 적함과 충돌하는 데 대비하고 비정(飛艇: 쾌속선)으로 멀리 초탐하는 데 대비하도록 하여 크고 작은 배를 겸용하는 것을 형세상 빠뜨릴 수가 없는데, 이번 동정(東征)에는 모두 복건·광동·절강·남직례에서 선박을 동원했습니다. 하지만 복건·광동에는 복선(福船)[11]·창선(滄船)[12] 등의 배가 크고 견고하여 바다에서 부딪히면 부서지도록 하는 것이 중국의 장기지만, 멀어서 올 수가 없었습니다. 오직 절강·남직례가 조금 가까우므로 동원에 응한 배는 오직 사선(沙船)[13]·호선

....

11 복선(福船): 복건 지역에서 활용된 대형 첨저선(尖底船)으로, 배가 높고 커서 적선을 위에서 내려다볼 수 있고 부딪혀서 격파할 수 있으나, 바람에만 의존해야 하고 얕은 바다나 해안 가까이에서는 운용하기 어려워 큰 바다에 적합했다. 송응창(宋應昌)은 『경략복국요편(經略復國要編)』에서 거함의 대표로 복선을 거론했으며, 운항에 100명 가까운 인원이 소요된다고 지적했다. 『경략복국요편』 3-10 〈議題水戰陸戰疏〉를 참고.
12 창선(滄船): 해창선(海滄船)이라고도 불리며, 복선과 같은 형태를 띠고 있지만 복선보다 조금 작아 바람이 약할 때 기동하기 편리해 복선과 함께 운용되었다. 『경략복국요편』에서도 복선은 너무 크므로 그에 버금가는 창선을 다수 건조할 것을 주장한 바 있다. 『경략복국요편』 3-10 〈議題水戰陸戰疏〉 참고.

(虎船)[14]·다선(茶船)·사잔선(四剗船)·이잔선(二剗船)[15] 등이었습니다.

또한 신이 처음 정벌에 동원했을 때 도사(都司) 계금(季金)[16]으로 하여금 다선 20척을 통솔하여 회안(淮安)·양주(揚州) 항구로부터 바다로 나가도록 하니, 20일이 채 못 되어 곧바로 여순에 도달했습니다. 그러므로 신이 제본을 올리기로 수군은 모두 외양(外洋)을 통하도록 하면 헤아리건대 두 달 사이에 싸우는 곳에 도달할 수 있으며, 혹은 아침저녁 사이에도 전공을 거둘 수 있다고 했습니다.[17] 그러나 장령(將領)들이 바람과 파도가 험한 것을 꺼려서 그 담당 관청에 거짓으로 아뢰어 반드시 내하(內河: 대운하)를 통하려고 했습니다. 한 번 내하를 거치자 철두대선(鐵頭大船)[18]은 모두 갑문 안에서 막혀 버렸고, 또 별도로 상선을 구해서 오도록 하면서 운송을 겸하도록 했으나 군량의 도착이 미루어지고 늦어져 1년 넘게 오지 못했습니다. 때맞춰 전투에 참여한 자는 1만 명에도 차지 못했고, 그 나머지는 한

<hr />

13　사선(沙船): 사선은 당대(唐代)에 장강 하류에서 처음 만들어졌으며, 바닥이 평평한 평저선(平底船)으로서 얕은 바다를 항해하는 데 적합했다. 명대에는 장강 이북의 해양에서 군선으로 활용되었다.

14　호선(虎船): 호선(唬船), 즉 팔라호선(叭喇唬船)과 같은 배를 지칭하는 것으로 보인다. 명·청대 절강과 복건 해안에서 사용된 소형 군선으로, 바닥이 뾰족한 첨저선(尖底船)이다. 주로 신속한 기동이 필요한 정탐이나 추격에 활용되었다.

15　사잔선(四剗船)·이잔선(二剗船): 화선(剗船)을 지칭하는 것으로 추측된다. 화선은 노를 저어 움직이는 소형 보트로서 노가 4개면 사화선, 노가 2개면 이화선으로 불렸다.

16　계금(季金): ?~1598. 명나라 사람이다. 정유재란이 발발하자 흠차통령절직수병유격장군(欽差統領浙直水兵遊擊將軍)으로서 복건(福建)의 수병(水兵)을 이끌고 조선에 왔다. 총병 진린(陳璘)의 휘하에서 활동하면서 그를 도와 노량해전에서 왜군을 물리치는 데 큰 공을 세웠다.

17　또한 …… 했습니다: 2-5〈增調宣大薊遼兵馬覓調閩海商船疏〉에는 형개가 유격 계금에게 명령하여 오송의 병선 10척을 이끌고 회안에서 외양을 거처 여순으로 오도록 했고, 20일도 못 되어 도착하면서 조금도 손실을 입지 않았음을 언급한 부분이 있다.

18　철두대선(鐵頭大船): 배 앞부분을 견고하게 만든 대형 함선을 지칭한다.

갓 헛된 이름만 있었을 뿐 실제 쓰임에 도움이 되지 못했습니다. 신에게는 지금까지 여한이 남아 있으나 여기서는 더 이야기할 필요가 없으니, 다만 배의 양식과 길의 멀고 가까움, 느리고 빠름을 기술하여 뒷날 왜를 방어하는 자가 살피고 경계로 삼도록 할 따름입니다.

무릇 해방이 갖추어지면 근본에 근심이 없게 되고, 해운이 통하면 군수에 의지할 바가 있게 됩니다. 조선의 험하고 평탄함을 살피고 왜노의 정황을 살핀 연후에 수륙으로 협공하여 진격해 빼앗기를 도모했으니, 다행히 황상의 위엄이 진동하고 장사들이 명령을 받들어 비로소 완승을 거둘 수 있었습니다. 지금 바다에 파도가 일지 않은 지 이미 3년이 되었으므로, 해방과 해운은 이야기할 필요가 없을 듯합니다. 다만 신이 지나치게 우려하기로는, 중국은 구변(九邊)의 오랑캐를 방어하고 있으나, 그중 일본은 강하고 사납다고 오래도록 일컬어졌으며, 쇠약하여 떨치지 못한 조선과 이웃해 있고 또 분함과 원한을 품고 있으니, 시종 반역을 꾀하리라 확신합니다. 만일 조금이라도 병란을 일으킨다면 해방이나 해운, 지리나 일본의 정세는 모두 병가에서 폐기해서는 안 되는 것입니다. 그러므로 여러 해 동안의 옛 공문서를 조사하고 예전에 이미 시행해 본 일들을 수집해서 책으로 만들고 문류(門類)로 나누어서 삼가 황상께서 열람하시도록 바칩니다. 더불어 목판으로 새겨서 뒷날 바다의 일을 담당할 자가 상고하기를 기다리겠습니다.

그리고 신이 또 드릴 말씀이 있습니다. 산동·천진에는 아직 남아서 방어하는 병력이 있어서 불측한 사태에 대비하고 있습니다. 요동의 진강성(鎭江城)은 중화와 오랑캐를 나누는 경계이며, 여순구는 천진·등주의 목구멍입니다. 왜가 침범하지 않으면 그만이지만, 침범하면 제일 먼저 병란을 입을 것입니다. 하물며 요동 전역은 곳곳이 모두 오랑캐인데 장애가 될 산천도 없고 막아 줄 장성도 없으며 성보(城堡)는 공허하고 병사와 말은 피폐하니, 잔약한 오랑캐의 침입도 이미 버티지 못하는데 또 어떻게 다시 힘을 나누어 왜를 방어하겠습니까. 그러므로 전년에 각 도에서 비록 오랑캐를 방어하던 병력을 뽑아서 파견하여 왜를 막도록 했으나, 다행히 왜가 이르지 않았을 뿐입니다. 왜가 이르렀다면 이쪽을 돌아보다 저쪽을 잃었을 것이니, 필시 요행을 바랄 수 없었을 것입니다.

그러므로 신의 생각에는 또한 마땅히 진강성에 지금 있는 유격 1명에게 병력 2000명의 숫자를 채워 주어 육영(陸營)을 삼고, 다시 수병유격(水兵遊擊) 1명을 설치하며, 여순구에는 산동에서 방어를 위해 설치한 수병유격 1명이 있으니 여기에 마땅히 다시 육병유격(陸兵遊擊) 1명을 두되 병사는 각각 2000명을 기준으로 삼아야 합니다.[19] 배는 수군이 남겨 둔 것과 군량을 운반하던 옛 배가 있으며, 이곳은 목재를 구하기 편하니 한 번 수리하여 고치면 또한 쓰기에 충분할 것입니다. 장비[器械]는 동쪽을 정벌하던 군대가 남겨 둔 것이 요양에 비축되어 있으니, 한 번 늘려서 장만하는 데 또한 비용이 많이 들지 않을 것입니다. 요동순무·요동총병이 동협(東協)[20]과 함께 통제하게 하십시오.

또 관전(寬奠)에서는 동로협수(東路協守: 동로협수부총병)로 삼아

....

19 그러므로 …… 합니다: 진강과 여순에 각각 육군과 수군 유격 1명씩과 육군과 수군 2000
    명씩, 총 유격 2명과 병력 4000명을 배치하자는 의미이다.
20 동협(東協): 동로협수부총병(東路協守副總兵)을 의미한다. 요동총병 아래에서 동로의
    방어를 담당하는 부총병이다.

주기를 바라니,[21] 마땅히 그 직장(職掌: 직무 내용)을 명확히 규정해서 그에게 책임을 지워야 하며, 또한 계요(薊遼: 계요총독)에서 왜를 알고 오랑캐를 알며 오랫동안 변방의 직임을 역임한 노련한 장수를 골라 보임해서 여기에 있도록 해야 합니다. 표하(標下: 직할부대)로는 마땅히 수군 1000명·보병 1000명을 헤아려 더해서 유사시에는 통솔하여 응원하도록 하며, 관전에는 수비(守備) 1명을 더해 지키는 일을 오로지 책임 지워야 합니다.

여순의 수군은 남쪽으로 등주·내주와 더불어 왕래하면서 함께 초탐하고, 북쪽으로는 진강과 더불어 서로 돕도록 하며, 육군은 피차 호응하면서 서로 성원하는 형세를 이루게 해야 합니다. 왜가 오면 전력으로 방어하고, 오지 않으면 병력을 보태 주어 오랑캐를 막게 하며, 조선에 급한 일이 있으면 이 병력으로 곧바로 우리의 외번(外藩)을 보호하도록 합니다. 지금 왜도 전쟁에 지쳐 곧바로 온다고 확언할 수 없으나, 요동은 공허하여 매번 논의할 때마다 병력을 모집하고 방비를 세우면 이로써 오랑캐도 방어할 수 있다는 의견이 나오고 있으니, 이는 일거양득의 계책입니다. 신은 사후 대책에 관한

....

21 또 …… 바라니: 관전에는 원래 지휘관으로 참장(參將)이 설치되어 있었으나, 만력 22년 (1594) 마동(馬棟)을 요동관전부총병(遼東寬奠副總兵)으로 삼으면서 협수요진관전등처비왜부총병(協守遼鎭寬奠等處備倭副總兵)의 관방(關防: 관인)을 주조해 지급하여 정식으로 협수부총병을 배치했다. 그러나 만력 28년(1600) 무렵에는 이미 지휘관의 직임이 참장으로 낮아진 상태였고, 이로 인해 정식으로 관전에 동로협수부총병을 설치해 달라고 요청한 것으로 보인다. 그러나 이후에도 관전의 수비군 지휘관은 참장이었던 것으로 보아, 이때의 요청은 실현되지 않았던 것으로 보인다. 『명신종실록』 권245, 만력 20년 2월 13일(갑진), 권271, 만력 22년 3월 24일(임인), 권273, 만력 22년 5월 10일(정해), 권389, 만력 31년 10월 20일(임인); 『吏文謄錄』 8책, 「朝鮮國王咨遼東都指揮使司, 欽差分守遼海東寧道兼理邊備屯田河南布政使司右參政張、欽差分守遼東寬奠等處地方參將張、欽差鎭江遊擊將軍俆」, 만력 28년 11월 1일, 38a-39a.

상소에서도 내지에 대한 방비를 마땅히 논의해야 한다고 여러 차례 말했으나, 다만 재력이 부족하여 어찌할 수 없는 일로 돌려 버렸습니다.[22] 그러나 환란의 방비는 미연에 막는 것을 귀하게 여기며, 유비무환이니, 작은 것을 아끼다가 큰 것을 잊어서는 안 될 듯합니다.

엎드려 바라건대, 병부에 명령을 내려서 다시 조사하고 헤아려 병력을 더 설치하도록 하고, 또한 계주(薊州)·요동·천진·산동 순무에게 두루 공문을 보내 하나하나 조사하고 논의하여 방비를 설치하도록 하소서. 복리(腹裏: 변경보다 안쪽의 내지)의 관병은 오래도록 전쟁에 익숙하지 않아 왜에 대해 말해 보면 꿈 이야기하는 것과 같으니, 갑자기 적을 한 번 보면 놀라서 달아나지 않는 자가 없습니다. 그러므로 복리에는 비록 군대를 두더라도 영중(營中)에서 물색해서 각각 임무를 맡겨 그들로 하여금 앞서 달려나가도록 훈련시킴으로써 신경(神京: 북경)의 대문과 집안에 바다 도적의 근심이 없도록 하소서.

성지를 받들었는데, "상주한 바를 살펴보았다. 심모원려가 장성(長城)과 같이 의지할 만함을 알겠다. 병부는 알아 두어라."라고 하셨습니다.

....

22 신은 …… 버렸습니다: 형개는 10-4 〈會議東師撤留疏〉에서 내지 방어를 미리 강구하지 않을 수 없으니 진강·여순·등주·내주·회안·양주·천진 등지에 2~3년 동안 방어 병력을 주둔시킬 필요성을 언급했으나, 재정이 부족하여 함부로 논의할 수 없다는 점도 함께 지적했다.

經略禦倭奏議

『경략어왜주의』 권1 (결)

권1 결권 해제

『경략어왜주의』 권1은 형개가 만력 25년(1597) 3월 병부상서 겸 계요총독(薊遼總督)으로서 일본의 침입을 방어하는 일을 경략(經略)하는 임무를 맡은 시점 전후부터 권2가 시작되는 7월 이전까지, 즉 3~6월의 문서들을 수록했을 것으로 추측된다. 『명신종실록』을 중심으로 이 기간 형개가 만력제에게 올렸을 것으로 보이는 상주, 다시 말해 『경략어왜주의』에도 수록되었을 것으로 보이는 상주 7건을 추적하여 나열하고, 그 내용을 소개하면 다음과 같다.

1) 병부좌시랑으로서 조선의 형세를 개관하고 병력 동원 및 군량 마련을 요청하는 상주

조선 사신 권협(權悏)의 『석당공연행록(石塘公燕行錄)』에 따르면 형개는 만력 25년 3월 13일 즈음에 북경에 들어오면서 병부좌시랑(兵部左侍郎) 이정(李禎)을 대신하여 병부의 상급자가 되었고, 3월 16일부터 병부의 업무를 보기 시작한 것으로 보인다.[1] 조선의 대명 외교문서집 『사대문궤(事大文軌)』 및 『선조실록』에는 3월 25일 병부에

....

1 『石塘公燕行錄』(연행록전집 5) 3월 13일, "[李]侍郎言 …… 明日邢侍郎入來, 則我不能主張. …… 邢玠 …… 位在李侍郎之右故也.", 3월 16일, "副使鄭惟美言, 兵部邢老爺招朝鮮通事甚急." 만력 25년 전후 병부상서직의 향방과 그 배경에 대해서는 陳尙勝·張洋洋, 「萬曆二十五年春明朝兵部尙書調整硏究」, 『山東大學學報(哲學社會科學版)』 2020-3 참조.

서 조선국왕에게 보낸 자문이 실려 있는데, 여기에는 형개가 올린 상주가 전재되어 있다.[2] 아직 정식으로 형개가 경략의 직함을 띠고 있지는 않지만, 일본의 재침을 눈앞에 둔 조선의 상황에 대하여 논의한 상주이므로『경략어왜주의』권1에 수록되었을 가능성이 있다.

해당 상주는 자신이 조선 사신 권협 일행을 불러 지도를 조사하면서 하나하나 물어 파악한 조선의 형세를 바탕으로 일차적으로는 전라도의 입구인 남원과 경상도의 대문인 경주·팔거(八莒)·고령을 수비하고, 물러나게 되면 전주 및 죽령·조령·추풍령을 지켜야 한다고 제안했다. 만약 이들 지역을 지탱하지 못 한다면 서울을 지켜야 하며, 그러지 못 할 경우에는 평양에서 수비해야 한다는 방책을 제시했다. 형개는 이러한 대전략 하에 필요한 병력과 군량을 급히 마련하여 보내 줄 것을 요청했다.

만력제는 형개의 요청을 윤허했으며, 형개가 계요총독으로 임명된 3월 29일의『명신종실록』기사에는 만력제의 명령을 받은 병부에서 총독(總督)·경리(經理)에게 필요한 병력을 참작하여 논의하도록 할 것을 다시 요청하는 기사가 실려 있다.[3]

2) 계요총독 임명에 사은하는 상주

만력제는 만력 25년 3월 29일 형개를 정식으로 병부상서 겸 계

....

2 『事大文軌』卷19,「兵部咨朝鮮國王[兵部直陳防禦以保屬國]」, 만력 25년 3월 25일, 43a-50a;『선조실록』권87, 선조 30년 4월 21일(신사).

3 『명신종실록』권308, 만력 25년 3월 29일(기미), "兵部左侍郎邢玠奏防禦朝鮮機宜. 上以用兵進止, 聽督經便宜, 催發兵餉, 責戶兵二部, 同心共濟, 勅各督·撫·鎭·道, 仍令朝鮮整頓備辦, 以待大兵. 時督臣孫鑛所徵南北官兵, 止一萬九千餘名. 部議以其數比先臣經略宋應昌往援兵馬, 未及三分之一, 應聽督·經酌議. 得旨, 允行."

요총독에 임명하여 일본군 방어의 직무를 경략하게 했다.[4] 이후 형개가 만력제의 포상에 사은하는 상주, 만력제로부터 수여받은 영검(令劍)을 반납하는 상주 및 총독·경략 직임을 사직하는 상주를 『경략어왜주의』에 실은 것을 감안하면,[5] 병부상서 겸 계요총독·어왜경략 임명에 대해서도 사은하는 상주가 수록되어 있었을 것이다.

3) 선부(宣府)·대동(大同)의 병력 중 계주(薊州)·연수(延綏)에 입위(入衛)하는 병력 4000명을 우선 선발하고, 요동의 군량을 조선으로 운반할 방안을 논의하는 상주

『명신종실록』 만력 25년 4월 7일에는 형개가 상주를 올려 선부·대동의 병력은 아직 뽑아 보내기 전이지만 전에 요청한 병력도 오히려 부족한 상황이므로, 선부·대동의 병력 중 각각 계주·연수의 방어를 돕기 위해 파견된 2개 영(營)에서 우선 4000명을 뽑아 조선으로 보낼 것을 요청했다는 기사가 있다. 형개는 또한 현재 요동에 쌓여 있는 군량을 요동순무가 조선으로 보내면 경리가 조선에서 운반하도록 하며, 요동순무가 추가로 군량을 수매하여 마련할 방도를 참작하여 논의해 달라고 요청했다. 이에 만력제는 형개의 지시에 따라 호부와 병부, 요동순무와 경리에게 논의와 실행을 독려하는 성지를 내렸다.[6]

....

4   『명신종실록』 권308, 만력 25년 3월 29일(기미), "陞兵部左侍郞邢玠, 爲兵部尙書兼都察院右副都御史總督薊遼保定軍務兼理粮餉, 經略禦倭."

5   4-8〈恭謝欽賞疏〉, 9-1〈謝東功恩廕疏〉, 9-4〈繳令劍疏〉, 9-7〈四懇歸養疏〉, 9-8〈五懇送母還鄕疏〉, 9-12〈六懇歸養疏〉, 10-3〈七懇歸養疏〉.

6   『명신종실록』 권309, 만력 25년 4월 7일(정묘), "總督薊遼兵部尙書邢玠言, 原調宣、大兵馬, 尙未選發, 宜責成鎭、道挑選, 至于前請兵馬, 尙不足用, 宜將薊、延入衛二營, 先選四千,

이 가운데 요동순무 및 경리에게 군량을 운송하도록 한 부분의 상세한 내용은 『사대문궤』에 수록된 4월 15일자 분수도(分守道) 장등운(張登雲)의 자문에 인용되어 있다. 해당 부분에 따르면 형개는 요동순무로 하여금 비왜마가은(備倭馬價銀) 1만 냥으로 노새 1000마리와 무명 자루 1000개를 사서 각 지역에 분배하고 보군(步軍) 300~500명을 동원하여 비축된 군량을 조선 경계까지 운반해 두도록 했으며, 이를 다시 경리가 조선에 공문을 보내 운반해 가도록 했다.[7]

4) 전임 계요총독 손광과 교대했음을 보고하고, 병력의 추가 동원 및 형부상서 소대형(蕭大亨)[8]의 병부상서 임명을 요청하는 상주

『양조평양록(兩朝平攘錄)』에 따르면 형개는 만력 25년 4월 22일

前往朝鮮, 把守門戶. 遼東見貯糧餉, 該撫設法運至鮮界, 聽鮮撫自行輓運. 其召買事務, 各撫臣或委該道、或設專官, 酌議接濟. 得旨: 兵馬糧餉及設官專理事宜, 戶、兵二部, 速議處應用, 仍行各該撫臣, 協力共濟, 遲悞者, 部、科及總督參治."

7 『事大文軌』卷19,「整飭金復海蓋兵備帶管分守道事張(登雲)咨朝鮮國王[布政運送軍糧]」, 만력 25년 4월 15일, 40a-42a, "遼東苦於運輸, 行遼東撫臣, 即勅備倭馬價銀一萬兩, 買騾一千頭, 綿口袋一千條, 再於各衛或營, 撥步軍五百名或三百名, 委遼東能幹經歷三四員, 將督臣孫先報遼東見貯糧餉, 用前騾, 馱至朝鮮界上屯放. 如該國糧餉不給, 聽朝鮮都御史, 行該國輸運前去, 分發接濟在逡之糧. 遼東撫臣, 經理界上之糧, 朝鮮撫臣, 經理各輓運. 其一切委官, 收放督運之法, 俱聽各撫臣便益施行, 以備目前之急. 如無馬價, 暫於別項借支, 具題, 照數補還."

8 소대형(蕭大亨): 1532~1612. 명나라 사람이다. 가정 41년(1562) 진사가 되었고, 변경에서 몽골족의 침입을 막아내고 화의를 통해 몽골과의 관계를 안정시키는 데 공헌했다. 만력 20년(1592) 영하에서 보바이의 난을 진압하는 데 기여했다. 이후 형부상서, 병부상서를 장기간 역임했으며 몽골에 대처한 실무 경험을 토대로 『북로풍속(北虜風俗)』을 저술했다.

밀운(密雲)에 도착하여 전임 계요총독 손광과 임무를 교대했다.[9] 따라서 마땅히 자신이 임무를 인계 받았음을 알리고, 이와 함께 필요한 사항을 요청하는 상주를 올렸을 것으로 추측된다. 『명신종실록』 만력 25년 5월 3일 기사에 요약되어 수록된 형개의 상주가 그것일 가능성이 있다.

형개는 전년 송응창이 7만여 명의 병력을 통솔했고 지금 일본군이 10만 명 이상인데 전 총독 손광이 동원한 병력은 총 3만 명에 미치지 못하니, 사천(四川)·호광(湖廣)의 토사(土司)들이 이끄는 토병(土兵) 1만 명을 동원하여 임조총병(臨洮總兵) 유정(劉綎)이 이들을 통솔하도록 해 줄 것을 요청했다고 상주했다. 또한 형부상서 소대형을 병부상서로 임명하여 동원 수행을 편리하게 해 줄 것도 함께 요청했다.[10] 또한 2-5〈增調宣大薊遼兵馬覓調閩海商船疏〉에서 형개는 자신이 5월에 전년의 사례 및 전 총독 손광이 제본을 올려 논의한 바에 따라 선부·대동·산서(山西)에서 1만 2000명의 병력을 선발하고, 이미 출발시킨 6000명에 더해 재차 추가로 동원해 오도록 했다고 언급했는데,[11] 이 역시 해당 상주에 함께 포함된 내용으로 보

....

9 諸葛元聲, 『兩朝平攘錄』(일본공문서관 내각문고 소장, 史047-0003) 卷4, 日本 下, 3a, "二十五年四月念二日, 抵密雲交代."

10 『명신종실록』卷310, 만력 25년 5월 3일(계사), "總督邢玠言, 往歲救援朝鮮, 經略宋應昌, 督兵七萬有奇, 今倭兵不下十餘萬, 而前督臣抽調各兵總計, 不及三萬, 欲再行召募, 恐烏合之衆, 敎習爲難, 事定之後, 解散不易. 議選調川東施州衛八司酉陽石砫土司, 邑梅平茶二長官司, 湖廣永順保靖土司兵一萬名. 不足, 再于敍馬瀘道屬土司, 土婦奢世續下選補, 分爲三營, 令參遊吳文傑等三員, 各領一枝, 而以臨洮大將劉綎統之, 以川東副使王士琦監之, 并用府佐吳良璽, 李培, 汪京三員, 隨營查督. 然土兵必須土官隨行, 如無土官, 必不可入選, 行分作三截, 將官專管約束, 文官稽查虛冒, 更請將刑部尙書蕭大亨, 速補本兵, 以便調度. 章下所司."

11 2-5〈增調宣大薊遼兵馬覓調閩海商船疏〉, "臣五月間, 曾照先年幷前督臣孫題議, 宣、大、山

인다.

형개의 요청에 대해 병부는 검토를 거쳐 일단 토병 6000명의 동원을 요청했고, 만력제 역시 이를 윤허했다.[12] 반면 선부·대동·산서의 병력 동원에 대해서는 상황이 긴급해진 이후에 별도로 병력을 추가해야 한다는 부정적 견해를 보였던 것으로 추정된다.[13]

5) 경영참장(京營參將) 진인(陳寅)[14]·천총(千總) 사용재(謝用梓)[15]를 표하(標下) 남병(南兵) 훈련 담당관으로 삼아 줄 것을 요청하는 상주

『명신종실록』 만력 25년 5월 6일에는 형개의 상주에 따라 경영참장 진인·천총 사용재를 계요군문(薊遼軍門)의 표하 훈련남병장관(訓領南兵將官)으로 삼았다는 기사가 있다.[16] 따라서 형개는 이 시점

西挑選一萬二千之數, 除已發六千, 再求添調前來."

12 『명신종실록』卷310, 만력 25년 5월 20일(경술), "兵部覆總督邢玠調兵事宜言, 督臣議增調川·湖土兵一萬, 誠爲得計. 但査, 川夷叛服靡常, 應量選六千員名, 所調用文武各官, 及分營定限, 一切事宜, 皆請如議. 得旨: 劉綎以原官, 充提督土漢官兵禦倭總兵官, 王士琦加參政監軍, 將官吳士傑等, 俱准調用, 同知吳良璽·通判李培根·長史汪京, 准加銜, 及改原官用, 該部差官守催, 不許推托稽延, 以惧戰守."

13 2-5〈增調宣大薊遼兵馬覓調閩海商船疏〉, "部覆謂, 俟倭情緊急, 另行添處."

14 진인(陳寅): ?~1621. 명나라 사람이다. 절강 온주부(溫州府) 금향위(金鄉衛) 출신으로 만력 25년(1597)에 흠차통령계진영평첨방남북관병유격장군(欽差統領薊鎭永平添防南北官兵遊擊將軍)으로 보병 3850명을 이끌고 조선에 와서 도산(島山) 전투에 참여했다. 만력 27년(1599) 명나라로 돌아간 직후 양응룡(楊應龍)의 난 진압에 투입되었다.

15 사용재(謝用梓): ?~?. 명나라 사람이다. 만력 21년(1593) 심유경(沈惟敬)이 고니시 유키나가와 강화 협상을 진행할 때, 서일관(徐一貫)과 함께 일본에 사신으로 파견되었다. 일본에 잡혀 있던 임해군(臨海君)·순화군(順和君)과 함께 조선에 들어왔다. 후에 강화 협상에서 공문을 위조한 사실이 발각되어 서일관과 함께 유배되었다.

16 『명신종실록』卷310, 만력 25년 5월 6일(병신), "以京營參將陳寅·千總謝用梓, 爲薊遼軍門標下訓領南兵將官. 從邢玠請也."

이전에 이들의 임용을 별도로 요청하는 상주를 올린 것으로 보인다.

6) 첩보 보고·병력 동원·지휘관 간의 협조·유언비어 통제 요청 상주

『명신종실록』만력 25년 5월 24일 기사에는 형개의 상주가 장문으로 인용되어 있는데, 그 요지는 다음의 네 가지이다.[17]

첫째, 근래 일본군이 움직이지 않는다는 보고가 자주 올라와 명 조정에서 조선의 상황을 오판하는 결과가 초래되고 있음을 경계하고, 5일 기한에 구애받지 않고 상황에 따라 보고를 올리도록 해 줄 것을 요청했다.

둘째, 병력과 군량을 3년의 계획으로 마련해야지 요행을 바라고 절약하려고 해서는 현재와 같은 병력 부족 사태를 초래함을 강조하면서, 보병 중심의 남병(南兵)과 기병 중심의 북병(北兵)이 모두 필요하므로 절강(浙江)에서 남병 4000명을, 계주도(薊州道)·밀운도(密雲道)·영평도(永平道)가 북병 6000명을 동원해 총 1만 명을 남장(南將)

17 『명신종실록』卷310, 만력 25년 5월 24일(갑인), "總督邢玠疏陳倭情言, 今日傳報者, 見倭不動, 輒曰安靜, 不知其動以嚇朝鮮, 不動以愚中國, 正狡倭變幻之術. 世豈有賊兵雲集, 稍一按兵, 卽謂之安靜乎. 倘憑紙上之言, 而奸細又從中假捏傳播, 皇上一疑, 則各部必然掣肘, 部堂一疑, 則督撫必然掣肘. 請今後倭情, 容臣小者類報, 大者日報, 不動則不必報, 果撤兵返斾, 巨細卽報, 不拘五日之期. 總之, 今日當嚴整兵、糧, 爲三年計, 萬不可希僥倖, 圖節省, 如先年議撤川兵南兵, 致今日倉皇無措也. 至所調邊兵, 皆騎兵, 而朝鮮之地, 利于步, 不利于騎. 步兵惟南人可用, 宜南、北兼募, 行浙江撫、按, 委道將各一員, 召南兵四千, 行順天撫、按、委薊、密、永三道, 召北兵之有武藝者各二千, 共足萬人, 用南將總領分練. 而議者于南、北募兵, 慮其難散, 川、湖土兵, 慮其易擾, 則天下無可用之兵. 惟恃邊兵耳, 邊兵可多調乎. 至如大將、劉綎, 一時并用, 臣亦慮其兩不相下. 然不用川兵則已, 用川兵, 非綎不可. 請勑令同心共濟, 毋容參差. 其有兵將造謗, 及山人、墨客, 星相罷閑諸人, 求書引用, 糜費錢糧者, 乞嚴行禁絹, 仍望廟堂, 以兵事責督、撫, 以耳目寄巡按, 而私揭悉屛不聽, 使東征文武將吏, 精神氣力, 不分于毀譽是非之場, 又臣等任事者之幸."

이 통솔하도록 해 줄 것을 요청했다. 여기서 3년의 계획으로 병력과 군량을 마련해야 한다는 구절은 이후 2-2 〈申明進止機宜疏〉에서도 인용된 바 있다.[18]

셋째, 사천 병력을 통솔하는 유정과 비왜총병관 마귀(麻貴)가 상호 협조하도록 칙서를 내려 줄 것을 요청했다.

넷째, 산인(山人)[19]·묵객(墨客) 등 국외자들이 쓸데없는 말을 지어내어 군사행동을 방해하지 않도록 해 줄 것을 요청했다.

이에 만력제는 동쪽의 일을 형개에게 일임했으니 결코 안에서 제어하거나 헛소문에 미혹되지 않을 것임을 천명하고, 각 아문(衙門)들에 협심할 것을 촉구했다. 첩보 보고는 기한에 구애받지 않고 정확할 것을 강조했으며, 병력과 군량에 관한 일은 병부와 호부에 서둘러 검토할 것을 명령했다. 아울러 유객(遊客) 등이 군사행동을 혼란에 빠뜨리면 단속하여 체포하도록 지시했다.[20]

7) 사천·호광의 토병 동원을 재차 요청하는 상주

『명신종실록』 만력 25년 6월 15일 기사에 장문으로 인용된 상주로서, 토병과 수군의 동원, 군사의 기율 유지를 요청하는 내용이다.

먼저 형개는 현재 동원된 병력이 3만 8000여 명에 불과하며, 기

---

18 2-2 〈申明進止機宜疏〉, "臣前疏所謂且爲三年之備, 正防此遲著也."

19 만력 연간 산인(山人)의 활동에 대해서는 金文京, 「明代萬曆年間の山人の活動」, 『東洋史研究』 61-2, 2002가 자세하다.

20 『명신종실록』 卷310, 만력 25년 5월 24일(갑인), "得旨: '朕以東事, 嵩付于卿, 決不中制, 亦不爲浮言所惑. 中外各該衙門, 都要協心共濟, 以圖成功, 探報俱求的確, 不必拘定日期. 一應兵、糧事宜, 上緊題覆, 無得輕聽曉言, 致令掣肘悞事.' 部覆, 俱如議, 上命南、北兵如數召募, 將官務要同心共濟, 不得分彼此異同. 遊客諸人, 假託談兵, 惑亂軍事, 在京者, 廠衛、巡城緝拏, 在外者, 各該御史及管關主事訪察, 不許潛蹤出入."

병은 이미 충분하나 보병 1만 명을 사천·호광의 토병에 기대했음
에도 불구하고 병부에서 너무 많다고 줄인 데 불만을 표시했다. 그
는 사천·귀주(貴州)에서의 경험을 토대로 토사가 이끄는 토병은 북
방 오랑캐를 방어하는 병력이 아니므로 동원한다고 기존의 방어에
문제가 생기지도 않으며, 전공을 세우면 해산시키기도 쉬우므로 신
규 병력을 모집하는 것보다 장점이 많음을 강조했으며, 장강 수로를
활용하면 먼 거리를 이동하는 데도 문제가 없음을 지적했다. 따라서
형개는 이미 동원한 6000명에 더해 3300명을 더 선발하여 보낼 것
을 요청했다.

이어서 형개는 현재 동원한 명의 수군이 절강의 3000명뿐이고,
조선의 수군 역시 5000~6000명에 불과하므로 2000명의 추가 동원
이 필요하다고 지적했다. 이를 위해 복건이나 남직례(南直隸)에서
2000명을 선발하거나 모집해서 보내 줄 것을 요청했다.

마지막으로 형개는 임진왜란 당시 명군이 조선에서 민폐를 많이
끼쳤음을 상기시키고, 재차 성지를 내려 군사들을 엄히 절제할 수
있게 해 줄 것을 요청했다.[21]

....

21 『명신종실록』卷311, 만력 25년 6월 15일(갑술), "總督邢玠復疏陳調兵事宜言, 先年經略
宋應昌東征, 馬、步官兵七萬餘, 今總計前後募調土、漢官兵, 止三萬八千餘耳. 此時騎兵已足,
惟步兵一萬, 臣滿望于川、湖, 而該部恐調發〔太〕多, 多顧此失彼. 顧臣所議調者, 夷司之土兵
也, 該省所用以防虜者, 民間之軍兵也. 軍兵勢不可調, 臣亦未敢輕議, 土兵則土司所以自衛,
其人以兵爲業, 以戰爲事, 以立功報朝廷爲榮. 先年調征九絲、膩乃、黃中等處, 累立戰功, 卽
征倭、征虜, 亦皆調之. 及其〔戰〕勝凱旋, 各歸其業, 非若四方無籍之徒, 原無歸著者比. 臣在
川、貴時, 知之甚悉, 而或者謂其悍而難制, 是在馭之耳. 夔州水路至荊州, 只三、四日程耳, 由
襄陽而河南而南隸, 與浙兵赴遼, 地里亦不甚相遠也. 請將已准發六千員名, 分爲二營, 先後
進發, 續選三千三百名, 爲一營, 挨次起行. 文武將吏, 以各兵之擾不擾, 爲功罪. 至于倭奴, 水
陸皆有備, 而我水兵, 止浙之三千, 及朝鮮水兵壹枝, 共止五、六千耳. 須再得二千, 稍可分布.
水兵惟浙、直、閩、廣爲寇, 但浙兵調發已多, 廣東道里甚遠. 于福建南日等寨, 或直隸吳淞等

이에 만력제는 형개가 요청한 병력을 숫자대로 동원할 것을 지시했고, 병부는 검토 결과 복건과 남직례에 각각 1000명씩의 수군을 동원할 것을 제시하여 윤허를 받았다. 또한 만력제는 형개의 지시에 따라 군율 위반자를 참수하여 효시할 것을 군령으로 삼게 했다.[22]

....

處, 抽募精兵二千, 隨與器械, 兼程前來, 以爲夹攻之用. 又先年官兵東征, 朝鮮苦之, 甚于苦倭. 今已行經理, 鎮, 道, 各官嚴禁部軍, 不許秋毫擾害, 乞再頒明旨, 著爲軍令, 庶節制之師稱矣."

22 『명신종실록』 卷311, 만력 25년 6월 15일(갑술), "得旨: '川兵水兵, 如數調發, 餘下部議.' 部言: '水兵一節, 督臣原議, 未有定属. 切謂, 吳, 閩皆防倭要區, 若二千之衆, 取足一方, 不免以撤防爲解. 若强以不堪應命, 有名無實. 不若各抽取一千, 兩地簡發爲便.' 上是其言, 各兵依議調發, 總督, 經理約束將士, 不許纖毫騷擾, 犯者, 卽行斬首示衆, 仍著爲令."

經略禦倭奏議

권2

2-1

심유경을 구속했다는 상주

拘執沈惟敬疏 | 권2, 3a-12b

날짜 만력 25년(1597) 7월 27일

내용 형개가 총병 마귀(麻貴)에게 심유경의 체포를 명령했고, 부총병 양원(楊元)이 그 명령을 수행하여 의령에서 심유경을 체포했음을 보고하는 상주이다.

심유경은 일본에 가서 도요토미 히데요시(豊臣秀吉)를 일본국왕으로 책봉하고 돌아온 뒤 조선과 일본 사이를 조율하고 일본군의 철퇴를 요구하기 위해 조선에 남아 있었다.[1] 그러나 형개는 이미 5월부터 심유경을 체포할 것을 은밀히 마귀에게 지시했으며, 심유경이 의령에서 야나가와 시게노부(柳川調信)와 일본군의 철병을 교섭했으나 실패한 뒤 경주에 가서 가토 기요마사(加藤淸正)와 추가 교섭을 진행하겠다는 의향을 밝히자 마귀의 명령을 받은 양원은 그가 일본으로 도주하려 한다고 판단하고 6

....

1   심유경은 …… 있었다: 심유경은 조선으로 돌아와 조선과 일본 사이를 조율하라는 명조정의 명령을 받고 만력 25년 2월 8일 서울을 떠나 남쪽으로 내려갔다. 이후 남원으로 내려가서 의령 등지를 왕래하며 고니시 유키나가(小西行長)·야나가와 시게노부 등과 교섭했다.『선조실록』권84, 선조 30년 정월 25일(병진), 권85, 선조 30년 2월 25일(병술), 권86, 선조 30년 3월 6일(병신), 3월 9일(무술), 30일(경신), 권88, 선조 30년 5월 11일(신축), 23일(계축); 趙慶男,『亂中雜錄』(民族文化推進會, 1997) 3, 丁酉(1597) 2월 15일, 22일, 3월 22일, 61b, 62b-63b. 체포 이전까지 심유경의 대일 교섭에 대해서는 김영진,『임진왜란: 2년 전쟁 12년 논쟁』, 성균관대학교 출판부, 2021, 624~627쪽을 참고.

월 28일 그를 즉시 체포하여 서울로 압송했다.

형개는 일찍부터 심유경이 일본과 내통하여 책봉하는 일을 구실로 명 조정의 판단을 그르쳤다고 여겼으며, 이에 그를 안심시켰다가 체포했다고 자신의 행동을 설명했다. 또한 그가 거느리던 부하들 및 북경에 있는 당여들에 대한 사후 조치도 건의했다. 만력제는 형개의 상주대로 심유경을 북경으로 압송했다가 이후에 심문하여 죄를 정하도록 하는 성지를 내렸다.

본 문서는 당시 심유경의 처리 방안에 대한 명 조정의 최종 판단이 내려지기 전 형개의 판단으로 심유경의 체포가 전격적으로 이루어진 정황을 구체적으로 보여주는 사료로서 중요한 가치가 있다.[2]

관련자료 『명신종실록』 만력 25년 7월 27일 기사에 본문의 내용이 매우 짧게 요약되어 있고, 만력제의 성지도 간략히 함께 실려 있다.[3] 『사대문궤(事大文軌)』에는 본문의 후속 조치로 심유경의 단순 수행원은 처벌하지 않을 것이니 이들 중 조선에 숨은 자들을 체포하여 돌려보낼 것을 알리는 경리 양호(楊鎬)의 자문과 그에 대한 조선의 회답이 실려 있다.[4] 『양조평양록(兩朝平攘錄)』은 심유경이 일본으로 도주할 의사가 있었으며 고니시 유키나가도 그를 맞이하려고 했다는 전제 하에 본문과 비슷한 내용을 전하고 있다.[5]

2 본 …… 있다: 심유경의 체포가 명 조정의 명령이 아니라 형개-마귀 차원에서 이루어졌음은 선조가 양원에게 심유경 체포가 마귀의 명령인지, 조정의 명령인지 묻자 조정의 명령은 없었고 마귀의 명령에 따른 것이라고 대답한 것으로도 확인된다. 『선조실록』 권90, 선조 30년 7월 9일(무술).

3 『명신종실록』 권312, 만력 25년 7월 27일(병진).

4 『事大文軌』 卷22, 「經理朝鮮軍務楊(鎬)咨朝鮮國王[楊經理咨沈惟敬被罪不治脅從諸人]」, 만력 25년 8월 8일, 38b-40a, 「朝鮮國王咨經理楊(鎬)[回咨]」, 만력 25년 8월 15일, 40a-41a.

5 諸葛元聲, 『兩朝平攘錄』(일본공문서관 내각문고 소장, 史047-0003) 卷4, 日本 下, 6a-

교활한 왜는 철병하려 하지 않고 나라의 간적(奸賊)은 이미 체포되었으니 삼가 성지(聖旨)를 청하여 논의하고 처리해서 화의 근본을 제거하고자 하는 일로 올리는 제본(題本).

올해 7월 18일, 비왜총병관(備倭總兵官) 서도독동지(署都督同知) 마귀(麻貴)의 품보(稟報)를 받았는데, 그 내용은 다음과 같았습니다.

심유경(沈惟敬)[6]이 의령에 가서 야나가와 시게노부(柳川調信)[7]와 이야기를 나눈 사정은 이미 여러 차례 갖추어 보고한 외에, 이에 더하여 7월 2일 벽제관(碧蹄館)에 이르러[8] 원래 보낸 차관(差官) 왕국강(王國綱)이 가져온 부총병 양원의 품첩(稟帖)을 받았는데, 그 내용은 다음과 같았습니다.

저[本官: 양원]는 두 차례 총병[本職: 마귀]께서 받은 부원(部院: 형개)의 헌패(憲牌)[9]·밀차(密箚)를 받고, 심유경이 남원으로 돌

8b.

6 심유경(沈惟敬): ?~1599. 명나라 사람으로 절강성 가흥현(嘉興縣) 출신이다. 상인으로 활동하다가 임진왜란 때 조승훈(祖承訓)이 이끄는 명나라 군대를 따라 조선에 들어왔다. 평양성 전투 이후 일본과 평화 교섭을 추진하는 임무를 맡았다. 훗날 일본과의 평화 교섭이 실패한 뒤 일본으로 망명을 꾀하다가 붙잡혀 처형되었다.

7 야나가와 시게노부(柳川調信): ?~1605. 일본 사람이다. 쓰시마(對馬島) 소(宗) 가문의 가신으로서 조선의 수직왜인(受職倭人)이기도 했으며, 도요토미 히데요시 및 도쿠가와 이에야스에게도 신임을 받았다. 소 요시토시(宗義智)를 보좌하여 임진왜란 전후의 대조선 교섭에서 중요한 역할을 수행했으며, 전후 강화 교섭에도 깊게 관여했다.

8 7월 …… 이르러: 마귀는 만력 25년(1597) 2월 15일에 비왜총병관(備倭總兵官)으로 임명되었으며, 그가 서울에 도착한 날짜는 7월 3일이었다. 『명신종실록』권307, 만력 25년 2월 15일(병자); 『선조실록』권90, 선조 30년 7월 3일(임진).

9 헌패(憲牌): 명대에는 명령을 하얗게 분칠한 나무 패에 새겨서 신표(信標)로 삼았는데 이를 백패(白牌) 혹은 신패(信牌)라고 불렀으며, 백패를 종이에 인쇄한 것을 지패(紙牌) 혹은 표(票)라고 했다. 백패는 공무의 독촉, 죄인의 체포, 군령의 전달, 역체(驛遞)의 이용 등 광범한 목적을 위해 발급된 하행문서로서, 명 중기 이후에는 종이로 된 지패가 주로 사용되었다. 그 가운데 도찰원(都察院)의 관함(官銜)을 띠고 지방에 파견된 총독(總

아오기를 기다렸다가 그를 유인하여 함께 왕경(王京)으로 와서 보기로 했습니다. 심유경은 처음에 며칠이면 돌아오겠다고 했으나 예상 밖으로 시일을 미루면서 지체했습니다. 심부름꾼이 와서 말하기를, "경주로 가서 가토 기요마사와 일을 논의하고자 합니다."라고 했습니다. 이로 인하여 전후로 일을 자꾸 번복하는 것을 보고는 제[楊副將: 양원]가 총병[本職: 마귀]께서 파견한 원역(員役)과 함께 속히 의령으로 가 보니 심유경이 반드시 경주로 가려고 하는 것을 보았습니다. 그 말하는 것이 미친 듯하여 사체가 불편해질까 염려되었기에 어쩔 수 없이 붙잡아 왔습니다. 심유경의 짐은 그대로 수행원에게 맡겼고, 원래 태인(泰仁)에 맡겨둔 짐은 티 내지 않고 그대로 맡겨 두었습니다.

제[마귀]가 생각하기에 심유경은 이미 붙잡혀 돌아왔고 일의 낌새도 이미 드러났으므로 그가 반드시 놀라고 당황할 것입니다. 왕경에 도착하기를 기다려 제가 반드시 가두고 제어하되 그의 마음을 크게 잃지 않도록 하겠습니다. 전에 올린 품첩에 말씀드리기를, "우선 책봉하는 일을 그에게 맡겨서 조정하도록 하되, 만약 책봉하는 일이 이루어지지 않으면 방비하고 토벌하는 방도를 계획하여 논의해야 합니다. 두 가지가 다 이루어지지 않는다면 그가 뒷날 왜를 위하여 간첩의 우두머리가 되어 크게 불편해지는 일이 없도록 해야 합니다."라고 한 바와 같습니다. 우선 이렇게 갖추어 보고드리고, 또한 심유경이 6일이나 7일 왕경에 도

督)·순무(巡撫)·순안어사(巡按御使) 및 포정사(布政使)·안찰사(按察使) 등이 발급하는 신패는 헌패(憲牌)·헌표(憲票)로 불렸다. 阿風,「明代的"白牌"」,『安徽史學』2018-4.

착하기를 기다려 다시 품첩으로 보고드리겠습니다.

양원의 원래 품첩의 내용은 다음과 같았습니다.

제가 누차 총병[本鎭]의 밀차·패표(牌票)를 받았는데, "심유경을 구속하여 왕경으로 보내라."라고 했습니다. 마침 왜추(倭酋) 야나가와 시게노부가 배 9척을 타고 왜병 500명을 대동하여 해변에 이르러서는 왜사(倭使) 2명을 보내 의령의 심유경이 있는 곳에 도착하여 대화를 나누게 했습니다. 야나가와 시게노부는 26일 미시(未時: 오후 1~3시)에 곧바로 배를 출발시켜 부산으로 돌아갔습니다. 두 왜사는 28일에 육로로 심유경의 심부름꾼 장륭(張隆)[10]과 함께 왜영(倭營)으로 돌아갔습니다.[11]

살피건대, 왜추 야나가와 시게노부는 이미 심유경과 만나서 이야기를 나누고 싶다고 했다가 앞서 18일에 "조선 군사가 막아서 돌아간다."라고 말했습니다. 이번 25일에는 누국안(婁國安)[12]과 함께 다시 와서 의령 해변에 이르렀다가 대화하기를 기다리지

----

10 장륭(張隆): 『양조평양록』은 그의 이름을 장룡(張龍)으로 기재했다.

11 마침 …… 돌아갔습니다: 『선조실록』에 따르면 야나가와 시게노부는 6월 2일 일본에서 와서 부산에 도착했다. 이때 요시라(要時羅)가 의령으로 나와 김응서(金應瑞)를 만나서 조선이 왕자나 대신(大臣)·세폐(歲幣)를 보내지 않았으므로 도요토미 히데요시가 재침을 결단했다는 소식을 전했고, 고니시 유키나가(小西行長)는 야나가와 시게노부를 심유경에게 보내면서 조선과의 마찰을 이유로 재침이 결행될 것임을 알리는 품첩(禀帖)을 전달했다. 한편 『양조평양록』에도 6월 18일 야나가와 시게노부가 갑자기 배 9척을 타고 왜병 500명을 대동하여 해변에 이르러서는 사람을 의령에 보내 이야기를 나누었으나, 자신은 조선 군대에 가로막혀 돌아갔고 그가 보낸 심부름꾼도 육로로 부산으로 돌아갔다고 하여 본문의 서술과 거의 같은 내용을 전하고 있다. 『선조실록』 권89, 선조 30년 6월 12일(신미), 14일(계유), 18일(정축); 諸葛元聲, 『兩朝平攘錄』 卷4, 日本 下, 7a-7b.

12 누국안(婁國安): ?~?. 명나라 사람이다. 이여송(李如松)의 가정(家丁)으로 임진왜란 때 이여송의 명에 따라 부산에 가서 고니시 유키나가의 군중에 포로로 잡혀 있던 임해군(臨海君)과 순화군(順和君) 두 왕자 및 배신(陪臣)들을 데리고 돌아왔다.

않고 곧바로 돌아갔습니다. 이는 다분히 수륙(水陸)의 지리(地利)와 허실을 엿보려는 것이지 진정 대화하려고 온 것이 아닙니다.

제가 남원에서 출발해 밤낮없이 의령 10리 즈음에 이르니 심유경의 짐바리에 여우·담비 가죽 800여 장을 실은 것을 맞이했습니다. 뒤에 심유경을 만나 저와 차관 6명이 왜의 정세가 어떠한지를 물었습니다. 그는 "성공하지 못했습니다."라고 했습니다. 저는 "성공하지 못했으면 왜 가서 총병을 만나 보고 앞서 한 말을 이행하지 않는가?"라고 했습니다. 그는 "가지 않겠습니다. 저는 내일 경주로 가서 심부름꾼을 보내 가토 기요마사와 이야기를 나누려고 합니다. 한 달 반은 지나야 돌아올 것입니다."라고 말했습니다.[13] 그 말하는 것이 미친 듯하여 저와 총병의 차관 6명은 "어떻게 다시 가도록 할 수 있겠는가." 하고는 총병 및 군문(軍門: 형개)의 패표에 따라 즉시 붙잡아서 28일에 단성(丹城)으로 돌아왔습니다.[14]

....

13 그는 …… 말했습니다: 당시 가토 기요마사는 고니시 유키나가와는 별도로 조선 왕자의 일본 파견을 목표로 조선과 강화 교섭을 추진했고, 3월 18일 사명당(四溟堂) 유정(惟政)과 서생포에서 회담을 가졌다. 사명당과 가토 기요마사의 교섭에 대해서는 김경태, 「임진전쟁기 강화 교섭 연구」, 고려대학교 한국사학과 박사학위논문, 2014, 205~209쪽; 김영진, 앞의 책, 627~632쪽. 심유경은 고니시 유키나가와의 교섭을 우선했지만 사명당과 가토 기요마사의 교섭 결과에도 관심을 보였고, 나아가 자신이 가토 기요마사를 만날 의향도 가지고 있었다. 가토 기요마사 역시 심유경과의 면담을 희망하기도 했다. 김영진, 앞의 책, 631~632쪽 및 미주 44를 참고. 『양조평양록』은 더 나아가 심유경이 사명당을 통해 가토 기요마사에게 서신을 보내 철군을 요구했지만 거부하는 답신을 받았다고 서술했다. 諸葛元聲, 『兩朝平攘錄』 卷4, 日本 下, 6a-6b.
14 제가 …… 돌아왔습니다: 전라도에 거주하던 조경남(趙慶男)의 『난중잡록(亂中雜錄)』에는 양원이 심유경으로 하여금 의령으로 가서 고니시 유키나가와 강화를 논의하고 적정을 탐지하도록 했다가, 손 시랑(孫侍郞: 손광)의 차관이 남원에 도착하자 그와 함께 27일에 의령에 도착하여 심유경을 체포해 돌아왔다고 기록되어 있다. 여기서 손 시랑의

살피건대, 앞서 신(臣) 형개(邢玠)는 5월에 이미 패문(牌文)·밀첩(密帖)을 보낸 바 있으며, 또한 6월 2일에는 마귀에게 패문을 보냈는데, 그 내용은 다음과 같았습니다.

살피건대, 심유경은 사실을 숨겨서 병부상서[本兵]를 속였으니 죄를 용서할 수 없지만, 나는 그가 놀라고 의심하며 죄를 두려워하여 도리어 왜영으로 투신하여 저들의 응견(鷹犬: 사냥매와 사냥개)이 될까 걱정스럽다. 또 생각하건대, 그가 만약 과연 목숨을 버리고 의리를 따르며[15] 충성을 다해서 나라에 보답하려고 한다면[16] 또한 우리를 위하여 간첩으로서 눈과 귀가 되어 줄 수 있으므로, 이미 패문을 보내 안심시키고 위로했으며 아울러 국가를 위해 힘을 다할 것을 요구했다. 그런 뒤에, 다만 그가 매우 교활하고, 근래 밝은 성지로 병부상서의 죄를 꾸짖으심을 보았으므로, 혹여라도 일이 틀어진 것을 보고 다시 다른 마음을 품어 한 번 일본으로 도망가면 다시 잡을 수 없을 것이니, 그렇게 되면 끼치는 해악이 작지 않을 것이 걱정이다.

이 때문에 패문을 보내니, 그대는 곧바로 적당한 원역을 차정

....

차관은 실제로는 마귀의 차관이었던 것으로 판단된다. 趙慶男,『亂中雜錄』3, 丁酉 6월, 66b. 이후 심유경은 양원에 의해 압송되어 7월 9일 서울에 도착했다. 趙慶男,『亂中雜錄』3, 丁酉 7월 7일, 66b;『선조실록』권90, 선조 30년 7월 9일(무술).

15 목숨을 …… 따르며[舍生取義]:『맹자(孟子)』「고자상(告子上)」에 나오는 고사로, 사는 것도 자신이 원하는 바이고 의(義)도 원하는 바이지만 두 가지를 동시에 가질 수 없다면 사는 것을 버리고 의를 취하겠다는 맹자의 말에서 유래한 성어이다. 구차하게 살기보다 는 죽더라도 의로운 길을 가야 한다는 의미이다.

16 충성을 …… 한다면[盡忠報國]: 원래『북사(北史)』「안지의전(顔之儀傳)」에 나오는 표현 이지만, 남송의 충신이자 맹장 악비(岳飛)가 등에 크게 "진충보국(盡忠報國)" 네 글자를 문신으로 새긴 일화[『송사(宋史)』「악비전(岳飛傳)」]를 통해 더욱 유명해졌다. 나라의 은혜에 충성을 다하여 보답한다는 의미이다.

하고 살펴서 먼저 보내 심유경을 상세히 조사하고 기미를 살펴 구슬려라. 그가 쓸 만하면 써서 그로 하여금 공을 세우도록 하여 그의 마음을 안정시키고 아울러 왜의 마음도 편안하게 하며, 또한 저들이 내지로 침범하는 것을 늦추도록 하라. 그가 쓸 만하지 않아서 만약 겉으로는 따르지만 속으로는 거역하거나, 왜노(倭奴)와 결탁하여 도망가기를 꾀하여 우리에게 쓰이지 않으면 마땅히 급히 그를 체포하여 군문으로 보내서 시행할 근거로 삼을 수 있도록 하라. 일체의 계획은 마땅히 더욱 삼가고 은밀하게 하여 누설하지도 지체하지도 말라.

이달 10일, 신 형개가 다시 마귀에게 패문을 보냈는데, 그 내용은 다음과 같았습니다.

살피건대, 심유경이 경사(京師: 북경)로 보낸 사람은 이미 저지되어 돌아왔고, 마총(麻寵)[17]으로 하여금 압송해 가도록 했다. 근래 관문(關門: 산해관)에서 그 붕당(朋黨)을 적발하여 쫓아내어 돌려보냈으니, 그 계획이 이미 드러났다. 살피건대, 우리 군대의 동정을 그가 모르는 것이 없고 왜노에게 보고하지 않는 것이 없으니, 이는 그들의 환심을 사서 나중에 의탁할 바탕으로 삼으려는 것이다. 자세히 살피건대, 빨리 붙잡으려 하면 왜노가 놀라고 의심하며, 호사자(好事者)[18]는 내가 이미 이루어진 공을 망쳐 버렸다고 여길까 염려된다.[19] 붙잡지 않으면 한편으로는 우리의 군사기

---

17 마총(麻寵): ?~?. 명나라 사람이다. 마귀(麻貴)의 가인이었다.
18 호사자(好事者): 일을 벌이기를 좋아하는 사람.
19 호사자(好事者)는 …… 염려된다: 실제로 형개가 뒷날 정응태(丁應泰)의 탄핵에 대항하여 올린 6-3 〈奏辯東征始末疏〉에 따르면, 수석 내각대학사 조지고(趙志皐)는 형개가 심유경을 체포했다는 소식을 듣고 양호(楊鎬)에게 편지를 보내 "일을 망친 사람에 대해

밀을 누설할까 두렵고, 한편으로는 일이 잘못된 것을 보고 은밀
히 도주할까 걱정되니, 마땅히 헤아려 처리해야 한다.

이 때문에 패문을 보내니, 총병 마귀는 패문이 도착하는 즉시
곧바로 심복(心腹) 가정(家丁)[20]을 파견하여 심유경을 철저히 단
속하여 마음대로 왜영에 출입하지 못하게 하라. 또한 양원에게
책임을 지워 사방에 매복을 설치하여 그가 도주하는 것을 방비
하도록 하라. 데라자와 마사나리(寺澤正成)[21]·야나가와 시게노부
등이 도착하기를 기다려서 그들이 과연 군대를 퇴각시키려고 하
면 곧바로 기한을 정하여 물러나게 하고, 심유경은 잠시 머물러
두어 일을 마무리하게 하라. 물러나려 하지 않으면 곧바로 그를
붙잡아서 군문으로 압송하라. 그의 짐은 그대의 차관이 양원 및
나의 차관과 함께 명백한 장부 하나에 기재하고 해방도(海防道)
참정(參政) 소응궁(蕭應宮)[22]에게 보내 창고에 거두어 두도록 하

한스럽습니다[壞事之人可恨也]."라고 했다고 한다.

20 가정(家丁): 원래는 관원이 집에서 부리는 사람을 지칭하지만, 이 시기에는 장령들이 직
속으로 거느린 병력을 지칭한다. 명대의 군제였던 위소제(衛所制)가 점점 해체되면서
일선 지휘관들은 항복한 비(非) 한족(漢族)이나 변경의 민간인, 위소에 속해 있던 군호
(軍戶) 등을 자기 수하에 거두어 가정으로 삼았다. 명 후기의 장령들은 많은 수의 가정
을 거느리고 있었으며, 이들은 실제 전투에도 참전하여 장령의 수족처럼 활동했다. 대
표적으로 명 후기 요동의 실력자이자 이여송의 부친인 이성량(李成梁)이 거느린 가정은
일족을 합하여 수천 명에 이르렀다고 한다.

21 데라자와 마사나리(寺澤正成): 1563~1633. 일본 사람이다. 데라자와 히로타카(寺澤廣
高)를 말한다. 아버지와 함께 일찍부터 도요토미 히데요시를 섬겼고, 임진왜란 시에는
보급과 병력 수송 임무를 담당했다. 세키가하라 전투에서 동군에 소속되어 히젠 가라쓰
번(唐津藩)의 초대 번주가 되었다.

22 소응궁(蕭應宮): ?~?. 명나라 사람이다. 남직례 소주부(蘇州府) 상숙현(常熟縣) 출신이
다. 만력 25년(1597)에 흠차정칙요양등처해방병비 산동안찰사(欽差整飭遼陽等處海防
兵備山東按察使)로서 감군(監軍)의 역할로 조선에 파견되었다. 당시 심유경(沈惟敬)이
일본군과 내통한다는 혐의로 체포되어 명나라 조정으로 압송되었는데, 소응궁은 심유

라. 그 나머지 왜와 왕복한 서게(書揭)는 공적인 것이든 사적인 것이든 따지지 말고 종이 한 쪽, 글자 하나에 이르기까지 모두 굳게 봉해서 아울러 군문으로 보내라. 또한 각 관원에게 엄히 명령하여 함부로 봉인을 뜯지 못하게 하라.

심유경을 수행하던 경영(京營)·요동(遼東)의 병마는 그들이 심유경의 잘못과 관련이 없음을 타이르고 명백히 점검하여 각지로 압송해 돌려보내라. 전량(錢糧)은 예전대로 지급하되 중복하여 수령하지 못하도록 하라. 무릇 심유경의 좌우에 있는 간당(奸黨)들은 모두 잡아들여라. 내가 이미 장수 한 명을 보내 먼저 가서 잘 지키도록 했다. 패문이 도착하는 대로 즉시 사람을 보내야 하며, 지체하여 문제를 일으켜서는 안 된다. 지극히 은밀하고 지극히 시급히 하라.

또 편지를 보내 부탁했는데, 그 내용은 다음과 같았습니다.

만약 양원과 심유경이 지금 두 곳에 따로 있으면, 방비한다는 사유를 들어 속히 한 부대를 동원해서 같이 있도록 하십시오. 또한 먼저 심유경이 원래 데리고 있던 경영·요동의 관병(官兵)들에게 그들은 심유경의 잘못과 무관함을 몰래 타일러 주고 우선 철수하고 해산시켜 각자 지방으로 돌려보내, 심유경이 군심(軍心)을 어지럽혀 그를 위해 이용하는 것을 방지하십시오. 모름지기 10~20명의 많은 인원을 파견해야 됩니다. 이는 관계되는 바가 극히 중대합니다.

....

경을 통해 일본과 계속 강화 협상을 진행하자고 주장했다가 탄핵을 받아 명나라로 돌아갔다.

또한 앞서 일을 맡은 자가 심유경의 말을 듣고 데라자와 마사나리 등이 일본으로부터 와서 좋은 소식을 전해 주기를 날마다 바라고 있습니다. 지금 심유경을 붙잡으면 나중에 반드시 일이 이미 이루어졌는데 우리가 심유경을 붙잡아서 망쳤다고 말할 것입니다. 하지만 붙잡는 것을 늦추면 또 왜영으로 도망쳐 들어갈까 우려됩니다. 오직 매우 신경을 써서 사람을 보내 잘 지키게 했다가 데라자와 마사나리가 돌아오는 날을 기다려 철병한다는 소식이 없으면 그에게 물어도 할 말이 없을 것이니, 그때 손을 써서 붙잡는 것이 묘책입니다. 이때는 또한 그가 밤을 틈타 혹여라도 죽음을 각오한 병사들을 이끌고서 사람을 죽이고 진영을 탈출하지 않을까 걱정일 뿐입니다. 구실을 찾아서 먼저 원래 거느리던 경영·요동의 관병을 철수시켜 남는 자를 줄이는 것이 지키기에 편할 것입니다.

그런 뒤, 지금 앞의 내용을 받고 신이 경리조선군무 도찰원우첨도어사(經理朝鮮軍務都察院右僉都御史) 양호(楊鎬)와 함께 논의했는데, 그 내용은 다음과 같았습니다.

심유경이 외국에 사신으로 나온 지가 이제 수년이 되었습니다. 평양에서 대첩을 거두었을 때 그가 왜를 늦춘 공을 모두 묻어 버리기는 어려웠습니다. 그 이후로는 이랬다저랬다 종잡을 수 없이 말을 바꾸고 이리저리 꾸며대면서 간사하게 속이는 짓이 해마다 반복되고 달마다 거듭되었습니다. 중국의 이목을 어둡게 만들어 책봉해야 할지 싸워야 할지 판단을 그르치게 했습니다. 갖가지로 군수를 소모하고 위엄을 손상시키며 병부상서에게 진실을 감추고 속임으로써 계책의 결단을 그르치게 한 것은 더욱

심히 한스러운 일입니다.[23]

신 형개는 명령을 받든 이래로 곧 이 도적에 대해 절치부심하여, 즉시 체포해서 가슴과 배의 병환을 제거하지 못하는 것을 한으로 여겼습니다. 다만 지금 조선에는 중국의 한 부대의 응원도 없는 상황에서 심유경이 영병(營兵) 200~300명을 거느리고 부산·의령 일대를 출입하면서 왜노와 섞여 일가(一家)가 되었으니, 잡아들이는 일을 조금이라도 급하게 하면 그가 일이 잘못되는 것을 보고 발을 들어 곧바로 왜영에 들어갈 것입니다. 이 도적은 중국의 허실과 동정을 모르는 바가 없습니다. 한번 왜영에 들어가면 우리의 방비가 없는 것을 알고 필시 대병을 재촉해서 먼저 전라도를 탈취해 점거하고 북을 한 번 울려 조선을 함락시킬 것이며, 이어서 압록강에 주둔하고 왕성한 기세에 의지하여 요좌(遼左: 요동)를 넘볼 것입니다. 무너지는 것이 외번(外藩: 조선)에 그치지 않을 것이며, 화가 장차 중국에까지 이르러 만연할 것입니다.

인하여 헤아리건대, 왜노가 책봉을 받겠다면서 우리를 속였고, 철병한다는 구실로 우리를 속였으며, 조선이 실례를 저질렀다고 꾸짖어 우리를 속였고, 천조(天朝: 명)의 처분을 기다린다고 우리를 속였습니다. 조선이 땔나무를 베는 자들을 죽여도 움

....

23 심유경이 …… 일입니다: 여기서 형개는 평양 전투 이전 명군이 도착할 시간을 벌어 준 심유경의 공적은 인정하나, 그 이후 강화 협상에서 잘못된 정보를 제공함으로써 병부상서 석성 및 명 조정의 판단을 그르친 것을 강하게 비판하고 있다. 조선의 유성룡(柳成龍) 역시 당시 심유경이 김명원(金命元)에게 보낸 편지를 인용하면서 서울을 되찾을 때까지의 공은 분명하지만 그 이후의 행적에 대해서는 회피로 일관하고 있음을 지적한 바 있다. 柳成龍, 『懲毖錄』(16권본, 규장각 奎3277) 錄後雜記, 10b-14a.

직이지 않았고, 그 배에 탄 병사들을 죽여도 움직이지 않은 것은 모두 우리를 속이기 위한 것입니다.[24] 그런데 심유경은 한편이 되어 그 사이에서 미봉하면서 중국이 이미 자신의 농락을 벗어나지 못한다고 여겼습니다. 이로 인해 우리가 군대를 멈추어 두고 움직이지 않는 사이에 왜노는 오늘은 한 주(州)를 점거하여 성과 울타리를 수축하고, 내일은 한 현(縣)을 점거하여 씨를 뿌리고 둔전(屯田)을 개간합니다. 모두 소란을 일으키지 않으면서 앉아서 조선을 넓적다리와 손바닥[25]에 거두어들이며, 겸하여 완만한 술수로 우리 군사들을 늙어 버리게 하는 것입니다. 이 때문에 신 형개 또한 저들의 계략을 알아채고 이를 역이용하여 교대하자마자 먼저 명령 두 통을 발송해서 심유경을 타일러 안심시

....

24 조선이 …… 것입니다: 만력 25년(1597) 3월 김해 등지에 주둔하고 있던 일본군이 거제도에 여러 차례 배를 보내 나무를 베어 오게 했는데, 통제사 원균(元均)이 이끄는 조선 수군이 이를 붙잡아 배를 빼앗고 수십 명을 죽인 사건이 있었다. 원균은 이를 승전으로 보고했으나 실상은 일본군을 속여서 공격하는 동안 조선군도 피해를 입는 등 전과 획득을 위해 무리하게 벌인 사건이었다. 이 가운데 소위 '기문포해전'으로 불리는 3월 9일의 사건에 대해서는 제장명,「정유재란 시기 해전과 조선 수군 운용」, 부산대학교 사학과 박사학위논문, 2014, 67~68쪽을 참고. 고니시 유키나가는 이에 대해 지속적으로 조선 측에 항의했고, 급기야 6월 2일 심유경에게 보낸 품첩에는 이 사건을 도요토미 히데요시의 재침 준비 촉발 원인으로까지 제기했다. 『선조실록』권86, 선조 30년 3월 25일(을묘), 30일(경신), 권87, 선조 30년 4월 19일(기묘), 21일(신사), 권88, 선조 30년 5월 11일(신축), 권89, 선조 30년 6월 18일(정축). 당시 조선에서 명에 보고한 문서에는 통제사 원균·전라우수사 이억기(李億祺) 등이 3월 9일과 26일 거제도 부근에서 각각 적선 3척과 2척을 만나 수급 52급과 40급을 베었다고 기록되어 있다. 『事大文軌』卷19,「朝鮮國王咨備倭副總兵馬[本國探報賊情]」, 만력 25년 4월, 14b-18b.
25 넓적다리와 손바닥[股掌]: 손바닥 위에 놓은 것처럼 상대를 마음대로 조종할 수 있는 범위를 지칭한다. 『국어(國語)』「오어(吳語)」에서 오자서(伍子胥)가 오왕 부차(夫差)에게 "대부 문종(文種)은 용감하고 계책을 잘 세우니, 장차 오나라를 넓적다리와 손바닥 위에 놓고 농락하여 자기 뜻대로 하고자 합니다."라고 경고한 말에서 유래한 고사이다.

키고 아울러 왜의 마음을 편안하게 했습니다. 중간에 있었던 이
야기는 매우 길어서 감히 쓸데없이 말씀드리지 못합니다.

　이후 심유경은 빈번하게 사람을 보내 조선에서 당보(塘報)[26]
를 가지고 왔는데, 신 형개가 열어서 보니 모두 야나가와 시게
노부 등이 오기를 기다려 철병한다는 데 불과했습니다. 야나가
와 시게노부가 와서도 철병하려고 하지 않는 것을 보자 또 말하
기를, "다시 가서 수습하겠습니다."라고 하며 그 공과 능력을 과
시했습니다. 신 형개는 간사하게 속이는 그의 말이 제 귀를 어지
럽혀 그 꾀에 빠지게 될까 염려되어 즉시 그 심부름꾼과 그가 소
지한 경보(京報)[27]를 모두 관문 밖으로 내몰았습니다. 또한 명백
히 지시하기를, 왜가 혹시 철병한다고 해도 와서 보고하고 철병
하지 않아도 와서 보고하며 이럴 수도 있고 저럴 수도 있다면서
어지러운 이야기를 뒤섞은 것이 이제 이미 2년이니, 다시는 오지
말라고 했습니다. 또한 그 심부름꾼에게 상을 헤아려 지급하여
의심하지 않는다는 뜻을 보였습니다. 이는 신 형개가 그 간사함
이 밖에서 들어오는 것을 막은 것입니다.

　그의 붕당 중 북경으로부터 나오는 자는 모두 책봉을 완료하
고 철병함으로써 왜에게 아첨하고 재물을 얻어 내려는 데 불과
합니다. 산해관주사(山海關主事) 장시현(張時顯)[28]이 심유경의 사

26　당보(塘報): 군사정보 보고서 또는 긴급한 군사정보를 알리는 사람을 가리킨다.
27　경보(京報): 명 후기부터 조정의 소식지인 저보(邸報)를 민간에서 초록하여 인쇄한 것을
　　경보(京報)라고 한다.
28　장시현(張時顯): 1556~?. 명나라 사람이다. 자는 인경(仁卿), 호는 신병(新屛)이고 강서
　　건창부(建昌府) 남성현(南城縣) 사람이다. 만력 14년(1586)에 급제하여 진사가 되었다.
　　정유재란 시 산해관주사(山海關主事)에 재직했다.

서(私書)를 수색하여 그 간사한 꾀를 벌하고 또한 그 사람을 내쫓아 의심하지 않는다는 뜻을 보였습니다.[29] 이는 주사 장시현이 그 간사함이 안에서 나가는 것을 막은 것입니다. 이상의 일은 신 등이 모두 감히 자질구레하게 갖추어 보고해서 황상의 보고 들으심을 어지럽게 하지 못했습니다. 말이 너무 깊어지면 심유경과 왜가 의심하여 큰 계책에 방해가 되기 때문입니다.

심유경은 신 등이 의심하지 않는 것을 보고 짐과 가재도구를 점점 남원으로 옮겨오기 시작했습니다. 남원은 부산에서 700리 떨어져 있습니다. 이로 인해 신 등은 총병과 상의하여 급히 문호(門戶)를 방비하기 위해 양원을 남원으로 가게 하고 오유충을 충주에 주둔시켰으며 총병 마귀는 잠시 왕경에 머무르게 했습니다. 신 등의 우려가 비로소 풀렸으며, 심유경이 빠져나갈 수 없음과 왜노가 할 수 있는 일이 없음을 알게 되었습니다.

신 형개는 곧바로 총병 마귀에게 공문을 보내 심유경을 양원에게 소속시키도록 했습니다. 뒤에 심유경이 황상께서 병부상서에게 죄를 주셨음을 전해 듣고[30] 또 야나가와 시게노부가 와도

....

29 의심하지 …… 보였습니다: 앞의 문단에서는 형개가 심유경의 심부름꾼을 쫓아내면서도 상을 지급하여 심유경을 의심하지 않는다는 뜻을 보여주었다고 서술된 것에 반해, 이 문단에서는 심유경의 붕당을 쫓아냈다는 사실만 서술할 뿐 어떻게 해서 심유경에게 그를 의심하지 않는다는 뜻을 보여주어 안심시켰는지가 빠져 있다. 원문에 빠진 부분이 있는 듯하다.

30 뒤에 …… 듣고: 당시 명 조정에서는 도요토미 히데요시에 대한 책봉을 추진한 병부상서 석성에 대한 비난이 빗발쳤고, 만력 25년 3월 19일 만력제는 석성을 파직했다. 5월 21일 연수진(延綏鎭)에서 공을 세운 인원들에 대하여 포상할 때 석성은 왜노에게 아첨하여 임금을 속이고 나라를 욕되게 했다는 이유로 포상이 불허되었고, 본문이 작성된 이후인 9월 4일에는 금의위(錦衣衛)로 하여금 석성을 체포하도록 하는 명령이 내려왔다. 『명신종실록』 권308, 만력 25년 3월 19일(기유), 권310, 만력 25년 5월 21일(신해), 권

철병하지 않음을 보고서는 다시 의령에 가서 고니시 유키나가(小西行長)와 이야기한다는 이야기를 지어내고 심복 장룡 등을 보내 왜사 2~3명과 함께 날마다 몰래 왕래했습니다. 대개 안으로 몰래 약속하고는 틈을 엿보아 달아나려는 것이었습니다. 후에 야나가와 시게노부가 과연 병사 500명을 데리고 맞이하러 왔으나 신 등이 그를 도모한 것이 이미 두세 달이나 되었음을 알지 못했습니다. 양원의 병력이 앞서 이미 사방에 매복하여 나누어 방비하고 있었으니 심유경이 어떻게 갈 수 있겠으며 야나가와 시게노부가 어떻게 돌아가지 않을 수 있겠습니까.

만약 심유경이 이번에 왜영에 가지 못한 것이 아쉽다고 여긴다면, 그가 일찍이 2년 동안 왜영에 있었는데도 지금 일이 어떻게 되었습니까. 양원이 갑자기 이르러 왜노가 어떠하냐고 분명히 물으니, 그가 그저 "성공하지 못했습니다."라고만 말했습니다. 핍박받아 왕경으로 가면서도 또 경주로 가서 가토 기요마사와 일을 논의하겠다는 핑계를 대었습니다. 무릇 가토 기요마사는 종래 주전파였습니다. 수년 동안 심유경은 가토 기요마사의 진영에 한 걸음도 들어간 적이 없습니다. 지금 야나가와 시게노부와도 강화를 성공시키지 못했는데, 가토 기요마사에게 다시 무엇을 바라겠습니까. 대개 명백히 이를 핑계로 몸을 뺴낼 계책을 삼아, 고니시 유키나가에게 가지 않으면 가토 기요마사에게 갈 따름입니다. 신 형개가 이미 앞서서 양원에게 이르기를, "만약 심유경이 빠져나간다면 그대는 마땅히 죽음으로 속죄해야 할

314. 만력 25년 9월 4일(임진).

것이다."라고 했음을 알지 못한 것입니다. 양원이 어떻게 그가 가도록 놓아두려 했겠습니까. 잡혔을 때 심유경이 후회해도 이미 어쩔 수 없는 일입니다.

그가 원래 데리고 있던 요병(遼兵) 200여 명은 이 도적이 길러준 지가 이미 오래되어 충분히 일가가 되었습니다. 신 형개가 앞서 패문을 보내 교체한다는 구실을 빌어 총병 마귀로 하여금 철수시키도록 했습니다. 심유경이 잡혔으니 그를 수행하던 자들도 철수시키면 중국과 조선으로서는 안방에 있는 도적을 이미 제거한 셈이 될 것입니다.

관내(關內)에 있는 패거리들은 원흉이 이미 잡혔으니 나머지는 필시 흩어져 달아날 것입니다. 또한 마땅히 병부로 하여금 명백히 교시를 내어 심유경 무리에게 위협을 받아 따른 자들은 처벌하지 않을 것이니 각자 원적(原籍)으로 돌아가 생업에 종사하라고 타이르도록 해야 합니다. 보름 안에 해산하지 않으면 동창(東廠)·금의위(錦衣衛)[31]가 엄히 잡아들여 무겁게 다스려야 합니다. 관내 무리의 우두머리 진운홍(陳雲鴻)[32]은 이미 죽었으나 아

31 동창(東廠)·금의위(錦衣衛): 동창은 영락 18년(1420)에 설치된 특무기관으로 환관이 그 장관으로 임명되었으며, 정보를 수집하고 여론의 동향을 감시하며 용의자를 체포하고 심문할 수 있는 권한을 부여받은 황제 직속 감찰기관이었다. 금의위는 홍무 15년(1382)에 설치된 명대 황제 직속 친위대로서 황제 곁에서 시위를 담당했으며, 비밀경찰로 기능하기도 했다. 이 두 기관은 명대 중후기 "창위(廠衛)"로 연칭되며 황제의 절대적인 권력을 뒷받침하는 특무기관으로 기능했다.
32 진운홍(陳雲鴻): ?~?. 명나라 사람이다. 흠차선유유격장군(欽差宣諭遊擊將軍)으로 만력 22년(1594) 10월 조선에 왔다. 이듬해 일본과의 강화를 위해 부산의 왜군 진영으로 파견되어 한동안 그곳에 머물렀고 만력 24년(1596)에 양방형(楊邦亨)을 따라 명나라로 돌아갔다.

직 심무시(沈懋時)[33]·왕명화(汪鳴和)가 있으니 마땅히 해당 순성어사(巡城御史)[34]에게 공문을 보내 차례대로 압송해서 원적지로 돌려보내고 확인 후 접수증을 받아 두어야 합니다. 이렇게 하면 차후 선동하고 기밀을 누설하는 우려가 없게 될 것이고, 신 등도 힘을 다하여 왜를 도모할 수 있게 될 것입니다. 다만 아직 잡지 못했는데 체포를 급하게 하면 저들이 의심하여 방비함으로써 뒷날 책봉을 망쳤다는 비방이 생길까 우려됩니다. 느슨하게 하면 저들이 도망쳐서 염려할 것이니, 뒷날 가슴과 배의 근심이 있게 될 것이 우려됩니다.

심유경은 앞서 관백(關白)이 철병하려고 하지 않는다는 것을 보고했고 뒤에는 가서 수습했으나 또한 일을 성공하지 못했다고 했습니다. 또한 야나가와 시게노부가 병사를 거느리고 맞이하러 왔을 때는 두 나라가 마침 접전할 시기였습니다. 천병(天兵)이 이미 그곳에 도착해서는 돌아보고 꺼려야 할 것이 없으니, 마침내 순식간에 사로잡게 되었습니다. 이는 앞서지도 뒤처지지도 않고 딱 그 기회에 맞춘 것입니다. 신 등이 생각하기에 총병 마귀는 고심 끝에 묘하게 운용하여 계획을 세우는 것이 신과 같으며, 양원은 용감하고 과단성이 있어 은밀한 위임을 저버리지 않았습니다. 그 공이 가토 기요마사·고니시 유키나가를 사로잡은 것에 뒤지지 않으므로 일이 마무리되기를 기다려 통틀어 서훈해야 합니다.

....

33 심무시(沈懋時): ?~?. 명나라 사람이다. 일본과의 강화 협상을 주도했던 유격 심유경(沈惟敬)의 조카이다.

34 순성어사(巡城御史): 명대 도찰원(都察院)에 예속되어 북경의 동·서·남·북·중 다섯 구역의 치안과 사법을 맡은 관직이다.

다만 총병 마귀는 아직도 심유경이 왕경에 도착하기를 기다
려 또한 그를 제어해서 쓰고자 합니다.[35] 대개 그를 쓸 수 없음을
명백히 알면서도 뒷날 호사가들의 구설을 막기 위한 것일 따름
입니다.[36] 무릇 심유경을 남겨 두는 것은 왜노를 철병시키기 위
해서입니다. 병력은 철군하지 않았고, 일은 이루어지지 않았다는
두 가지 말은 모두 심유경 자신의 보고와 입에서 나온 것입니다.
이에 이르러 심유경의 계책도 궁해졌습니다. 궁하면 반드시 변
하고, 변하면 반드시 도망칠 것입니다.[37] 여기서 잡지 않고 또 장
차 무엇을 기다리겠습니까.

신 형개는 다시 총병 마귀에게 패문을 보내 즉시 심유경에 대

---

35 다만 …… 합니다: 마귀뿐만 아니라 조선에서도 심유경을 대일 교섭에 활용할 것을 검
토했다. 심유경을 비호하던 해방도 소응궁이 그를 이용해 일본과 강화할 것을 압박하자,
조선 조정에서는 그를 일본 진영에 파견할지 논의했으나 형개 및 양호가 소응궁의 의견
에 반대하고 대신 오종도(吳宗道)를 파견한다는 소식을 접하자 논의를 거두어들였다.
『선조실록』 권92, 선조 30년 9월 2일(기축), 6일(계사), 16일(계묘); 『事大文軌』 卷23,
「經理提督按察三衙門揭」, 9a-9b.

36 대개 …… 따름입니다: 실제 당시 심유경을 두둔하는 여론도 존재하고 있었다. 『재조번
방지(再造藩邦志)』는 당시 해방도 소응궁이 형개와 양호에게 심유경에게는 다른 뜻이
없었다고 해명하고 일본의 강화 조건을 거부한 조선을 비난하는 내용의 편지를 보냈으
나, 형개는 이를 괴이하게 여겨 소응궁의 글을 황제에게 상주했다고 하면서 소응궁의 편
지 내용을 인용해 싣고 있다. 소응궁은 군문찬획(軍門贊畫) 양위(楊位)와 정응태(丁應
泰)를 보내 심유경을 구하려고 했으나, 요동순안(遼東巡按)의 탄핵을 받아 관직을 삭탈
당했다고 한다. 申炅, 『再造藩邦志』[규장각 소장 숙종 19년(1693) 간행본, 奎4494] 卷4,
1b-2a. 『명신종실록』에 따르면 소응궁은 여전히 심유경의 주화론을 써서 즉시 성지(聖
旨)에 따라 심유경을 압송하지 않는다는 이유로 병과우급사중(兵科右給事中) 후경원(侯
慶遠)의 탄핵을 받았고, 심유경과 함께 체포되어 북경으로 보내졌다. 『명신종실록』 권
315, 만력 25년 10월 19일(병자). 또한 『선조실록』 권92, 선조 30년 9월 2일(기축), 21일
(무신), 권93, 10월 4일(신유) 기사도 참조.

37 궁하면 …… 것입니다[窮則必變, 變則必走]: 『주역(周易)』 「계사하전(繫辭下傳)」에 나오
는 "역(易)은 궁하면 변하고 변하면 통하며, 통하면 오래간다[易, 窮則變, 變則通, 通則
久]."는 말을 살짝 비틀어 쓴 것이다.

해 적당한 인원을 선발하여 밤낮으로 엄히 지켜 탈주하거나 자살하지 못하도록 하고, 공문이 오기를 기다려 압송하도록 했습니다. 또한 잘 제어하고 심유경을 은밀히 힐문하여 왜노가 필시 어떻게 움직이려 하는지, 그중에서도 확실한 정황을 사실대로 모두 말하도록 해서, 우리가 후일 군사를 움직이면서 효험이 있으면 또한 심유경을 우등으로 서훈하고 중용해야 합니다.[38] 심유경이 진술한 내용을 속히 은밀하게 보고하되, 결단코 책봉하는 일을 조정한다는 말을 경솔하게 믿어서 경주로 보내 가토 기요마사와 이야기하게 하여 몸을 빼낼 계책을 삼고 화의 근본을 이루도록 해 주어서는 안 됩니다. 그를 수행한 자들은 모두 구금하여 왜영으로 도망쳐 들어가지 못하게 해야 합니다.

형적이 이미 드러났으니 왜노가 우리를 속일 수 없음을 알았는데, 우리 또한 어떻게 저들을 속일 수 있겠습니까. 왜는 음모가 이루어지지 않은 것을 알게 되면 무리를 이끌고 나누어 침범해 오거나 성벽을 견고히 하고 굳게 지킬 것입니다. 해당 총병[마귀]은 제[형개]가 앞서 보낸 공문에 따라 속히 인마를 집결시켜 전진해서 경상도·전라도의 요해처에 나누어 주둔시키고, 깊고 멀리 정탐하여 기미를 살펴서 공격할 만하면 공격하고 수비할 만하면 수비해서 만전을 기하도록 힘써야 합니다. 저는 그를 가운데에서 제어하지 않을 것이며, 후방에 있는 병마는 지금 영기(슈

....

38 또한 …… 합니다: 심유경은 이후 압송되어 요동에 있을 때 일본군이 대거 재침을 개시하자 급히 휘하의 파총(把總)을 악양에 있던 고니시 유키나가의 진영에 보내 물러날 것을 요구했으나, 고니시 유키나가가 도요토미 히데요시의 명령을 근거로 철군을 거부함으로써 그의 시도는 무위로 돌아갔다. 趙慶男, 『亂中雜錄』 3, 丁酉 8월 7일, 69a-69b.

旗)로써 재촉하여 속히 나아가도록 했습니다. 어긋나거나 잘못되어 불편한 일이 생겨서는 안 됩니다.

이로써 싸우든지 지키든지 이미 정해진 계획이 있게 되었습니다. 오직 저들과 우리의 형세를 살펴서 나아가거나 물러날 따름입니다. 다만 저 도적[심유경]이 조선에 있으면 신 등이 한참 군사를 움직이는데 방비하느라 노력이 들까 염려되니 마땅히 요동으로 호송하여 감금하거나 혹은 경사(京師: 북경)로 호송하되 모두 성지를 기다려 출발시키고, 왜노의 일이 평정되기를 기다려 죄를 정하여 시행해야 하겠습니다.

성지를 받들었는데, "심유경은 경사로 호송해 오도록 하여 일단 법사(法司)에 보내 감금시키고 일이 마무리되기를 기다려 심문하여 죄를 정하여라. 심무시 등은 해당 순성어사가 즉시 차례대로 호송하여 원적지로 돌려보내고 각각 해당 현의 접수증을 받아 두어라. 그 나머지 무리들은 동창·금의위·순성어사 아문에서 엄히 쫓아내어라. 만약 경사에 몰래 숨어서 염탐하고 간사한 짓을 하는 자가 있으면 붙잡아서 엄히 다스려야 하고 놓아주어서는 안 된다. 일이 발각되면 똑같이 치죄할 것이다. 병부는 알아 두어라."[39]라고 하셨습니다.

....

39 심유경은 …… 두어라: 심유경의 체포 이후 처형에 이르는 과정에 대한 근래의 연구로는 鄭潔西·楊向艶, 「萬曆二十五年的石星、沈惟敬案: 以蕭大亨《刑部奏議》爲中心」, 『社會科學輯刊』 2014-3 및 鄭潔西, 「沈惟敬的籍貫家世、生卒年日及其早年經歷」, 『寧波大學學報(人文科學版)』 2016-3이 있다.

전진과 정지에 관한 기의를 명확히 알리는 상주

申明進止機宜疏 | 권2, 13a-21b

날짜 만력 25년(1597) 7월 27일

내용 현재 양원·오유충·마귀가 이끄는 1만 2000명의 병력이 겨우 남원·충주·서울에 도착한 상황이라 신속히 진격하여 일본군을 공격하기는 어려운 상황임을 밝히고, 병력과 군량이 다 도착하기를 기다려 남원, 대구 및 진주·의령에 방어 병력을 배치한 뒤 육로와 수로로 동시에 부산·기장을 공격하는 정공법을 채택해야 한다고 건의하는 상주이다. 형개는 이러한 목표 달성을 위해 병력과 군량을 독촉하고, 장기전을 위해서 명 조정 내부의 일시적 여론에 흔들리지 않게 해 줄 것을 요청하고 있다.

건의를 받은 만력제는 형개에게 전략 결정을 전적으로 위임한다는 뜻의 성지를 내렸으며, 호부와 병부는 형개가 요구한 군량 및 병력을 신속히 조선으로 보내도록 독촉하겠다는 검토 의견을 밝혔다.

관련자료 『명신종실록』만력 25년 7월 27일 기사에 본문의 내용 및 만력제의 성지가 요약된 형태로 실려 있다.[40] 또한 형개의 상주 내용 일부는 『양조평양록(兩朝平攘錄)』에도 조금 다른 형태로 나뉘어 수록되어 있다.[41]

....

40 『명신종실록』권312, 만력 25년 7월 27일(병진).

41 諸葛元聲, 『兩朝平攘錄』卷4, 日本 下, 3a-3b 및 20b-21b.

군사기밀은 지극히 중요하고 거사하는 것은 마땅히 잘 살펴야 하
니, 삼가 나아가고 멈추는 방책을 밝혀서 황상의 보고 들으심을 일
관되게 하는 일로 올린 제본.

살피건대, 병사를 쓰는 방도는 만전의 계획으로써 승리를 취하는 것
이니,[42] 기(奇)·정(正)[43] 두 가지를 벗어나지 않습니다. 오늘의 일은
왜노가 의심하지 않고 방비하지 않음을 틈타 정예병을 급히 통솔하
여 소굴을 직접 쳐서 빠른 번개가 칠 때 미처 귀를 막을 수 없게 하
고,[44] 장군이 하늘에서 내려왔다고 여기도록 만드는 것,[45] 이것이 기
착(奇着: 기이한 방책)입니다. 수륙의 군대가 모두 모이고 본색(本色:
현물) 군량이 모두 풍족해지기를 기다려 천시(天時)와 지리(地利)를
마땅히 이용할 만할 때 수륙으로 병진해서 흉포하고 잔학한 무리를
신속히 쓸어버리는 것, 이것이 정도(正道)입니다.

....

42 병사를 …… 것이니: 『한서(漢書)』「조충국전(趙充國傳)」에 "신이 듣기로 제왕의 군대는
    만전의 계책으로 승리를 취해야 하는 것이니, 이 때문에 계략을 귀히 여기고 전투를 천
    히 여기는 것입니다[臣聞帝王之兵, 以全取勝, 是以貴謀而賤戰]."라는 말에서 유래한 것
    으로, 무턱대고 전투를 서두르기보다는 적이 이길 수 없도록 사전에 다방면의 대책을 강
    구해야 한다는 의미이다.
43 기(奇)·정(正): 측면에서 불의에 공격하는 기병(奇兵)과 정면에서 공격하는 정병(正兵),
    또는 상식에서 벗어난 기책(奇策)과 원칙에 따르는 정공법(正攻法)을 지칭한다. 『손자
    병법(孫子兵法)』「병세편(兵勢篇)」에서 비상(非常)을 기(奇)라 하고, 평직(平直)을 정
    (正)이라 칭한 것에서 나온 개념이다.
44 번개가 …… 하고[迅雷不及掩耳]: 형세가 신속하여 상대가 미처 방비하지 못하게 한다
    는 뜻으로, 『육도(六韜)』「군세(軍勢)」의 "빠른 우레가 치면 귀를 막을 수 없고, 빠른 번
    개가 치면 눈을 감을 수 없다[疾雷不及掩耳, 迅電不及瞑目]."는 구절을 변형한 것이다.
45 장군이 …… 것[將軍從天而下]: 적이 생각지도 못한 때에 갑자기 이른다는 뜻으로, 『한
    서』「주아부전(周亞夫傳)」에서 주아부가 오초칠국(吳楚七國)의 난을 진압할 때 조섭(趙
    涉)이 그에게 신속히 진군하여 반란을 일으킨 제후들이 장군이 하늘에서 내려온 것으로
    여기게 만들도록 하라고 진언했다는 고사에서 나온 말이다.

그러나 왜노가 조선에 고통을 안기고 중국을 피폐하게 하여 안팎에서는 분한 마음을 쌓으면서 즉시 고래[鯨鯢]⁴⁶의 머리를 베고 동해의 파도를 잠잠하게 하려고 하지 않는 것을 한스럽게 여기고 있으니, 열 명 중 아홉 명은 이 거사를 마음으로 통쾌하게 여길 것입니다. 신은 몸소 그 일을 담당했으니 더욱 절치부심하고 있습니다. 다만 그 가운데 형세가 틈탈 만한지, 그렇지 않은지를 알지 못하고 위험을 무릅쓰는 것은 스스로 패배를 자초하는 일입니다. 패하면 왜노는 승승장구할 것이고 우리 군대의 기세는 곧바로 진작시키기 어려우니 대사(大事)는 여기에서 끝날 것입니다. 그 이유는 무엇이겠습니까.

대개 한 달 전에 총병관 마귀가 가인(家人) 마총(麻寵)을 보내 병마를 보내오도록 재촉하면서 신에게 은밀히 보고하기를, 선부(宣府)·대동(大同)의 군대가 도착하기를 기다려 왜가 대비하지 않는 틈을 타 우선 부산을 취하고자 한다고 했습니다. 신은 일단 부산을 취하면 고니시 유키나가는 사로잡힐 것이고 가토 기요마사는 필시 도망칠 것이니 큰일은 순식간에 평정될 것이라고 생각하여, 마음으로 통쾌하고 장하게 여겼습니다.⁴⁷ 헤아리건대, 당시에는 마귀가 아직

....

46 고래[鯨鯢]: 고래는 작은 동물을 삼켜서 먹어 치우므로, 약소국을 병탄하는 의롭지 못한 악인을 비유적으로 일컫는 말이다. 바다의 해적을 뜻하기도 한다.

47 대개 …… 여겼습니다: 『양조평양록(兩朝平攘錄)』에도 마귀의 제안이 실려 있으나, 본문과는 약간 맥락이 다르다. 『양조평양록』은 마귀가 부산을 치자는 제안을 올린 시점을 형개가 4월 22일 밀운(密雲)에 도착하여 교대한 지 얼마 되지 않았을 시점으로 기록했으며, "선부(宣府)·대동(大同)의 군대가 도착하기를 기다려 왜가 대비하지 않는 틈을 타 우선 부산을 취하고자 하니, 부산을 취하면 고니시 유키나가는 사로잡힐 것이고 가토 기요마사는 필시 도망칠 것이니 큰일은 순식간에 평정될 것[欲俟宣·大兵到, 乘倭未備, 先取釜山, 釜山取, 則行長就擒, 淸正必走, 大事須臾可定]"이라는 부분은 사실 형개가 아니

평양에 도착하지 못했고 우선 양원·오유충(吳惟忠)의 두 부대를 보내서 그들이 막 왕경에 도착한 상황이었습니다.[48]

신이 앞서 계획하기로는 전라도의 남원과 경상도의 대구·경주에 두 장수를 마땅히 한 곳씩 나누어 주둔시키고, 총병은 왕경에 머물면서 중간에서 조정하도록 했습니다.[49] 이후 양원의 보고를 받았는데, "남원은 성곽이 무너지고 진영과 숙소가 모두 없으며 전량(錢糧)은 반 달 분량도 없습니다."라는 내용이었습니다. 신이 만약 억지로 가게 했다가 왜가 갑자기 이르게 되면 이는 병사들을 적에게 내주는 꼴[50]이 됩니다. 이로 인해 양원에게 군량 운반을 독촉하고 조선

....

라 마귀의 생각이었다고 서술했다. 반면 형개는 "군사는 우선 계획을 정하고 전투를 해야 하는데, 지금 계획이 정해지지 않았고 저들의 형세를 틈타기 어려운데 갑자기 위험한 계책을 행하면 이는 패배를 자초하는 것이다. 한 번 패하면 왜노는 승승장구하고 우리 군대의 기세는 다시 떨치기 어렵다[兵先定謀而後戰, 今計畫未定, 彼中勢無可乘, 而遽行險, 是自取敗. 一敗則倭奴乘勝長驅, 我軍氣難再振矣]."고 대답한 것으로 되어 있다. 諸葛元聲, 『兩朝平攘錄』卷4, 日本 下, 3a.

48 헤아리건대 …… 상황이었습니다: 양원이 서울에 도착한 것은 만력 25년 5월 8일이고, 오유충이 서울에 도착한 것은 6월 14일이었으며, 마귀는 7월 3일 서울에 들어왔다. 『선조실록』권88, 선조 30년 5월 8일(무술), 권89, 선조 30년 6월 14일(계유), 권90, 선조 30년 7월 3일(임진). 따라서 해당 논의가 있었던 것은 6월 중순의 일로 추정된다.

49 신이 …… 했습니다: 형개는 일찍이 3월 하순에 주문사 권협(權悏)을 통해 조선 상황에 대한 정보를 얻고, 이를 근거로 상주를 올려 경상도의 경주와 팔거(八莒), 전라도의 남원을 지켜야 한다고 주장했다. 다만 당시에는 양원과 오유충을 각각 한 곳에 배치한다거나 마귀를 서울에 주둔시키는 등 구체적인 내용까지는 언급하지 않았다. 『선조실록』권87, 선조 30년 4월 21일(신사) 및 『事大文軌』卷19, 「兵部咨朝鮮國王[兵部直陳防禦以保屬國]」, 만력 25년 3월 25일, 43a-50a에 수록된 병부 자문에 형개의 해당 상주가 인용되어 있다. 이상 형개의 전략구상에 대해서는 천상승(陳尙勝), 「정유재란 발발 후 명군의 전략과 남원 전투」, 『처음 읽는 정유재란 1597』, 푸른역사, 2019, 175~179쪽에 자세하다.

50 병사들을 …… 꼴[以卒與敵]: 『한서』「조조전(鼂錯傳)」에 조조가 병법을 인용하여 "기계(器械)가 날카롭지 않으면 그 병사들을 적에게 내주는 꼴이요[器械不利, 以其卒予敵也], 병사들이 쓸 만하지 않으면 그 장수를 적에게 내주는 꼴이며, 장수가 병사를 알지 못하

과 협동하도록 허락하여, 우선 가서 성곽을 수리해서 방어할 수 있게 했습니다. 근래 비로소 두서를 잡고 남원에 주둔했습니다.[51] 경상도는 절반이 왜적의 차지이므로 오유충의 고립된 군사가 경주에 들어가기 어려웠습니다. 만약 억지로 가게 했다가 왜가 갑자기 이르게 되면 이 역시 병사들을 적에게 내주는 꼴이 됩니다. 이로 인해 순무(巡撫)[52] · 총병의 논의에 따라 일단 충주에 주둔시켜 뒷문을 막도록 했습니다.[53] [54]

......

면 그 군주를 적에게 내주는 꼴이요, 임금이 장수를 잘 택하지 못하면 그 나라를 적에게 내주는 꼴이다."라고 한 말에서 나온 표현이다.

51 이로 …… 주둔했습니다: 양원은 남원 주둔을 결정한 직후부터 군량 비축 및 성지 수축 등의 준비를 강력히 추진했으며, 교룡산성(蛟龍山城)에 비축해 둔 식량과 사료 및 주변의 백성들도 남원 본성으로 옮기도록 했다. 『선조실록』 권88, 선조 30년 5월 8일(무술), 권89, 선조 30년 6월 18일(정축), 권90, 선조 30년 7월 9일(무술); 趙慶男, 『亂中雜錄』 3, 丁酉 5월~7월, 66a, 68a-68b; 柳成龍, 『懲毖錄』 卷2, 26a.

52 순무(巡撫): 명청대의 관명(官名)이다. 순무는 홍무(洪武) 24년(1391)에 황태자 주표(朱標)가 섬서(陝西)를 순행하도록 한 기사에서 사료상 처음 보이는데, "천하를 순행하면서 군민(軍民)을 안무한다[巡行天下, 撫軍安民]."의 준말이다. 명초의 순무는 원래 임시로 경관(京官)을 주요 지방에 파견했던 것이지만, 선덕(宣德) 연간 이후 강남 등지의 중요한 지역에 상주하는 것이 점차 제도화하고, 가정(嘉靖) 연간에는 실질적으로 상설화되었다. 이후 순무는 총독(總督)과 함께 지방의 최고장관의 위상을 갖게 되었다. 명대 순무의 관할 범위는 일정하지 않았으나, 명말의 혼란을 거친 뒤 청대에는 성급 지방행정기구의 장관으로서 성 전체의 군사, 형옥, 민정 등을 담당하는 중책을 담당했다. 다만 여기서는 순무에 준하는 경리조선군무 도찰원우첨도어사 양호를 지칭한다.

53 이로 …… 했습니다: 형개가 실무를 맡아 보고 있던 명 병부에서는 3월 19일 양원과 오유충의 병력을 어디에 배치할지 조선의 의견을 물었다. 이에 조선은 양원을 남원에, 오유충을 충주에 배치해 달라고 회답했다. 따라서 양원과 오유충의 배치는 조선의 요청에 따른 것이다. 『선조실록』 권88, 선조 30년 5월 8일(무술); 『事大文軌』 卷19, 「兵部咨朝鮮國王[兵部咨議防倭務要協力固守]」, 만력 25년 3월 19일, 51a-54a, 「朝鮮國王咨兵部[回咨]」, 만력 25년 4월 25일, 54a-59b, 卷20, 「朝鮮國王咨經略孫(鑛)[本國咨請扼守要害]」, 만력 25년 5월 14일, 41b-42b, 「朝鮮國王咨經略邢(玠)[回咨]」, 만력 25년 5월 19일, 57b-59b.

54 신이 …… 했습니다: 본 문단의 내용은 『양조평양록』에 마귀의 부산 급습 제안에 대한

총병 마귀는 연도에서 이어서 도착하는 병력을 정리하고 성곽과 산천의 험함을 조사했습니다. 또한 40~50일 동안 큰비가 쏟아붓듯이 내려 밤낮으로 그치지 않아, 평지에도 파도가 치고 길바닥에 괸 물이 모두 호수가 되었으니 대하(大河)와 삼강(三江)의[55] 지류가 어찌 100개, 200개에 그치겠습니까. 길에서는 군인과 군마를 막론하고 비를 무릅쓰고 나아갈 수가 없었습니다. 설령 행군한다고 해도 강물이 하늘까지 넘치는 것을 바라보는 상황에서 큰 배는 군량을 운반할 수 있지만 작은 배와 다리는 모두 침몰했으니 누가 건널 수 있겠습니까. 각 부대는 연도에서 군량 장부를 만들고 요패(腰牌: 허리에 차는 패)를 지참시켜 조사한 뒤에야 군량을 지급했으며, 행군할 때는 숙소가 있어야 하고 멈출 때는 마을과 점포가 필요하니 또한 날아서 지나갈 수는 없는 것입니다. 이 때문에 총병 마귀는 7월 2일에 비로소 벽제관에 도착할 수 있었고, 선부의 병력은 7월 8일에 비로소 평양에 다다를 수 있었으며, 대동의 병력은 7월 12일에 비로소 압록강을 건널 수 있었습니다.

무릇 양원은 멀리 남원에 있어 부산에서 700리 떨어져 있고, 오유충은 멀리 충주에 주둔하여 부산과 900리 떨어져 있으며, 총병은

....

형개의 대답으로 자구까지 비슷하게 실려 있으나 시점이 7월 이전의 일로 되어 있으며, 양원과 오유충의 남원·충주 주둔을 형개의 의도였던 것으로 서술하고 있다. 해당 원문은 다음과 같다. 諸葛元聲, 『兩朝平攘錄』卷4, 日本 下, 3a-3b, "吾意, 先遣楊元·吳惟忠領兵二枝, 南至王京, 兩將分屯於全羅之南原, 慶尙之大丘·慶州, 而總兵且在王京, 居中調度. 但楊元昨報, '南原城郭坦壞, 營房俱無, 錢糧無半月之積.' 慶尙一道, 又半爲賊有, 吳惟忠孤軍, 亦難入慶州. 故今且使場元催運糧餉, 協同朝鮮, 修理城垣, 以爲捍蔽. 吳惟忠姑令住忠州, 扼賊後門, 俟七月各兵俱齊, 又作區處."

55　대하(大河)와 삼강(三江)의: 원문에는 삼강(三江) 뒤의 두 글자가 찢겨 나가 있다. 따라서 생략하고 번역했다.

왕경 서쪽에 있어 부산에서 약 1300~1400리 떨어져 있었습니다. 이럴 때 양원의 한 부대로 하여금 나아가 공격하도록 하겠습니까, 오유충의 한 부대로 하여금 나아가 공격하도록 하겠습니까. 총병은 병마를 대동하고 있지만 또한 어떻게 1400~1500리를 날아서 넘어가 적을 습격하겠습니까. 설령 양원·오유충·총병의 병력을 모두 한곳에 집결시킨다 해도, 경상도를 통해 진격할 경우 만약 왜노가 정병(正兵)으로 응전하고 기병(奇兵)으로 전라도로 행군한다면 어떻게할 것이며, 전라도를 통해 진격할 경우 만약 왜노가 정병으로 응전하고 기병으로 경상도로 행군한다면 어떻게 하겠습니까. 이는 큰 실책이 아니겠습니까.

왜는 2년 동안 대비했고, 또한 만약 왜가 멀리 산과 언덕에서 병사들이 나타나는 것을 보면 성벽과 장벽을 굳게 지킬 것이니, 올려다보면서 공격하기 어려운 것은 물론이요 돌아가는 것도 쉽지 않습니다. 만약 다시 더위와 비가 더해진다면 며칠 되지 않아 우리의 병력은 피폐해질 것인데, 왜가 갑자기 정예병을 내어 공격하면 어떻게 당해 낼 수 있겠습니까. 하물며 이 1만 2000명의 병력으로 깊이 들어가면 앞에는 군량이 없고 뒤에는 응원부대가 없으니,[56] 이 또한 장

....

56 하물며 …… 없으니: 4월 26일 시점에서 먼저 조선으로 출발한 명군의 선발대는 양원의 요동 병력 3000명, 오유충의 남병(南兵) 3900여 명, 마귀의 선부·대동 병력 1000여명, 우백영(牛伯英)의 밀운우영(密雲右營)·준화좌영(遵化左營) 병력 2000명, 진우충(陳愚衷)의 연수입위병(延綏入衛兵) 2000명 및 밀운도(密雲道)에서 추가로 선발한 남병 2000명으로 도합 1만 4000여 명[원문은 계산 오류로 1만 3000여 명]이었다.『事大文軌』卷20,「總督薊遼保定等處軍務兼理糧餉經略禦倭邢(玠)咨朝鮮國王[刑軍門催送將領軍兵]」, 만력 25년 4월 26일, 56b~57b. 한편 7월 24일 시점에서 조선에 주둔한 명군은 남원의 양원 부대 3000명, 충주의 오유충 부대 4000명, 공주의 진우충 부대 2000명, 서울의 마귀 부대 3000명으로 총 1만 2000여 명이었다.『事大文軌』卷22,「朝鮮國王奏[賊情

수와 병사들을 적에게 내주는 꼴이 아니겠습니까.

이 때문에 신은 7월 초에 양원이 이미 남원에 도착했고 오유충이 이미 충주에 주둔했으며 총병이 곧 왕경에 도착할 것임을 탐지했고, 조선이 우리의 기세를 타고 또 경솔하게 손을 썼음을 알았습니다. 무릇 피차간에 병단(兵端)이 이미 일어났다면 우리로서는 기미를 살펴 조선을 고무시키고 협동하여 그 나라 안에서 일을 처리하지 않을 수 없습니다. 마침내 다시 총병 마귀에게 패문을 보냈는데, 그 내용은 대략 다음과 같았습니다.

내가 오래전에 각 아문(衙門)에 패문을 보내고 조선에도 전달하여 응당 병력을 훈련시키고 굳게 지킬 것이며 작은 분노를 풀다가 왜가 알아채게 하여 큰 거사를 그르치지 말라고 지시했다. 근래 조선의 병사들이 왜선(倭船)이 의령을 지나간다는 이유로 배 2척을 격파하고 왜병(倭兵) 50여 명을 차단하여 죽였다고 들었다.[57] 이것이 사실인지 거짓인지는 모르겠으나 다만 저들을 격발시켜 빨리 움직이게 할까 두렵다. 경상도 일대는 주둔한 병력이 없으니 우리가 먼저 적을 치는 것을 도모하기 어려울 뿐만 아니라 적들이 나아가 점거하려고 도모하기 매우 쉬울까 염려된다. 남원은 이미 양원이 주둔하고 있으니, 본관(本官: 마귀)은 경상도의 상주·성주·대구·경주, 전라도의 팔량치(八良峙)·진주·고성·의령·밀양[58] 일대 가운데 각 부대를 마땅히 어느 곳으로 점차 이

....

奏文]」, 만력 25년 7월 24일, 9b-13a.

57 근래 …… 들었다: 조선 수군이 3월 26일경 거제도 외양에서 적선 2척을 만나 수급 40급을 벤 사건을 지칭하는 것으로 보인다. 『事大文軌』 卷19, 「朝鮮國王咨備倭副總兵馬[本國探報賊情]」, 만력 25년 4월, 14b-18b.

58 팔량치(八良峙) …… 밀양: 형개는 이들 지명을 모두 전라도 아래에 열거하고 있으나, 전

동시켜 나누어 주둔시킬지를 은밀히 조사하라.

그대는 1200리 떨어진 왕경에 있으면 저들의 정세를 일시에 파악하기 어려워 안배하기 불편할까 염려되니, 마땅히 왕경을 본부로 삼되 재차 경상도·전라도의 중간 지점으로 이동하라. 적확하게 정탐하여 형세상 넘볼 만하면 그대가 논의한 바에 따라 정예병을 내어 먼저 공격해서 기첩(奇捷)을 거둘 것이며, 진실로 가만히 앉아서 기회를 놓쳐서는 안 된다. 형세상 틈타기 어려우면 요해지에 나누어 주둔하고 험한 곳을 막아 굳게 지켜 대병(大兵)이 모두 모여 거사하기를 기다릴 것이며, 또한 경솔하게 행동하여 적의 계책에 빠져서는 안 된다. 제일 중요한 것은 적확하게 정탐하여 적을 알고 나를 아는 것이며, 성을 지켜서 본부로 삼고 군량을 운반해 양식으로 삼는 것은 더욱 골똘히 도모하지 않으면 안 되는 일이다. 그대는 신속하고 은밀하게 순무와 함께 진퇴를 참작하여 논의하라. 변경 밖의 조치는 내가 안에서 절제하지 않겠다.

또 자세히 살피건대, 부산은 고니시 유키나가의 진영이다. 부산을 격파하려면 육로로는 반드시 양산(梁山)을 거쳐야 한다. 양산의 서북쪽에는 높은 산과 험준한 고개가 있어서 겨우 말 두 마리가 지나갈 수 있고 길이 심히 험악하며, 남쪽으로는 큰 삼랑강(三郞江)[59]이 있어 곧바로 김해·죽도(竹島)[60]로 통한다. 이 두 곳

라도 남원과 경상도 함양의 경계에 있는 팔량치를 제외한 다른 지명은 실제 모두 경상도 소속이다. 형개가 잘못 적어 놓은 것으로 보인다.

59 큰 삼랑강(三郞江): 원문에는 "三浪大江"이라고 되어 있다.

60 죽도(竹島): 현재 부산광역시 강서구 죽림동에 있는 김해 죽도왜성을 지칭한다. 나베시마 나오시게(鍋島直茂)가 축조한 성으로, 수로로 10km 떨어진 곳에 위치한 구포왜성,

은 모두 목구멍과 같은 지역이다. 왜는 두 곳 모두 강력한 병력한 부대씩을 배치하여 여기서 차단하고 있다. 여기로 가려면 그 복병에 대비하지 않으면 안 된다. 수로로는 반드시 거제도·가덕도·안골포(安骨浦) 일대를 지나야 하니, 세 곳도 목구멍과 같은 곳이다. 가덕도·안골포에는 저들이 이미 왜선을 잇달아 배치했다. 거제도는 듣기로 적들이 아직 부대를 주둔시키지 않았다고 하니, 이곳은 먼저 점거하지 않을 수 없다. 또한 일단 양산·삼랑강을 지나면 왜는 수륙으로 각각 한 부대를 두어 양산 동서쪽 통로에서 막을 것이니, 우리의 후방에 응원하는 대부대가 없으면 빠져나가기 어려울까 우려된다. 또한 더하여 기장 등지의 병력이 동쪽에서 오면 더욱 감당할 수 없을 것이다.

서생포(西生浦)는 가토 기요마사의 진영이다. 가토 기요마사를 격파하려면 육로로 서쪽으로부터 동쪽을 향하여 동래·기장을 거쳐야 하고, 북쪽으로부터 남쪽을 향하여 경주·울산을 거쳐야 한다. 그러나 이 길은 동남쪽에 큰 바다가 있고 서북쪽에 산과 고개, 논이 있다. 소굴에 인접해서는 모두 적대(敵臺)가 있고 험하여 진격하기 어렵고, 설령 진격한다 해도 보병만 활용 가능하다. 수로로는 반드시 동쪽으로부터 서쪽을 향하여 장기(長鬐)·감포(甘浦)·개운포(開雲浦)를 거쳐야 한다. 장기에는 수병(水兵) 500명과 배 4척이 있을 뿐으로 병력이 극히 빈약하다.[61] 여기에

....

낙동강 강가에 있는 양산왜성과 함께 삼각형을 이루어 김해 북쪽에서 내려오는 군대를 차단하고 낙동강 지류를 통해 선박을 정박하고 다른 왜성과 연락할 수 있는 요지였다.

61 장기에는 …… 빈약하다: 당시 장기에는 경상좌수사의 본영이 주둔하고 있었는데, 경상 우도와 거리가 멀어 연계가 잘 이루어지지 않았다. 『선조실록』 권82, 선조 29년 11월 9일(신축). 조선에서 5월 19일 보낸 자문에 따르면 장기에는 수군 500명이 있었다고 하

병선(兵船)을 더하지 않으면 수륙으로 동시에 군사를 일으켜도 가볍게 진격할 수 없다. 이상은 내가 탐문한 내용으로, 이처럼 아울러 나열해서 계획을 짜는 데 도움이 되도록 한다. 또한 진격하여 주둔할 지역과 나아갈지 멈출지 논의한 내용을 속히 은밀하게 보고해서 조사하고 상고할 수 있도록 하라.

절강(浙江)의 수륙 관병은 내가 서너 차례 사람을 보내 재촉하여, 수병은 6월 21일에 천진(天津)에서 출항했고 육병은 밀운(密雲)에서 앞서 소집한 남병(南兵) 1000명과 함께 이달 중순에 산해관(山海關)에 도착할 것이며, 대략 8월 중 조선에 들어갈 것이다. 또한 계주진(薊州鎭)에서 이어서 출발한 마병(馬兵) 1000명은 이미 산해관을 나섰다. 보정(保定)의 마병 1000명과 보병 4000명은 사람을 보내 재촉했으니 월말에는 산해관에 도착할 것이다.

이는 신이 기착(奇着)은 사람의 기분을 상쾌하게는 해도 형세상 실행하기 어렵다고 여기는 까닭입니다. 듣기로 신이 총병 마귀와 더불어 정예를 이끌고 진격하지 않는다고 비판하는 자가 있다고 하는데, 이는 내부의 상황을 알지 못하는 것입니다.

왜가 의지하고 있는 것은 물이지만 수전(水戰)은 도리어 능하지 못합니다. 정병을 활용하려면 반드시 동쪽과 서쪽으로 각각 수병 한 부대가 따로 활동하여 저들을 견제해서 뒤를 돌아보도록 해

....

지만, 전선의 숫자는 언급하지 않았다. 『事大文軌』 卷20, 「朝鮮國王咨都司劉[回咨]」, 만력 25년 5월 19일, 61a-64a. 임진왜란기 경상좌수영의 이동과 정유재란 초기의 활동에 대해서는 제장명, 「임진왜란 시기 경상좌수군의 위상과 활동」, 『軍史』 109, 2018, 299~309쪽을 참고.

야 육병이 비로소 적과 충돌할 수 있습니다. 또한 한 부대가 남원에 주둔하여 전라도를 방어하고, 한 부대가 대구에 주둔하여 경상도를 방어하며, 한 부대가 경상도·전라도의 가운데인 진주·의령 등지에 주둔하여 가운데를 굳게 해야 합니다. 그런 연후에 나뉘어 부산·기장으로 향하면서 양쪽 육로와 동쪽과 서쪽의 수병이 사면에서 동시에 출발해야 하니, 그것이 정착(正着)입니다. 하지만 병력·군량이 정비되지 않은 상황에서는 경솔히 움직여서는 안 됩니다. 만약 왜가 산과 물에 의지하고 보루를 높이 쌓고 해자를 깊이 파며 공격해도 움직이지 않는다면, 또한 물러나서 견고한 성을 지키며 수륙에서 별도로 저들이 대비하지 않을 때 나가 적을 움직이게 만들어야 합니다. 결국에[盡頭之着] 왜는 다만 우리를 지연시키고 지치게 만드는 것밖에 할 수 없을 것입니다. 시세가 이에 이르면 이른바 형세가 극에 달하면 변하고, 변하면 통한다는 것이니,[62] 어찌 대응할 방책이 없겠습니까.

무릇 일본 66도(島)[63]는 아무리 많다고 해도 중국의 일개 성(省)에 해당할 뿐입니다. 책봉사를 수행해 일본에 다녀온 원역에게 자세히 물어보니 우리 중국에서 바다를 건너간 사람과 말을 왜가 반년 동안 접대하느라 물력이 버티지 못했다고 합니다. 각 섬의 백성들에

....

62 형세가 …… 것이니[勢極則變, 變則通]: 『주역(周易)』「계사하전(繫辭下傳)」에 나오는 "역(易)은 궁하면 변하고 변하면 통하며, 통하면 오래간다[易, 窮則變, 變則通, 通則久]."는 말을 살짝 바꾼 것이다.

63 66도(島): 일본 고대에서 근세까지의 행정구역인 66국(國) 혹은 66주(州)를 의미한다. 일본은 헤이안(平安) 시대에 율령제(律令制)의 시행과 함께 전국 각지의 지방행정단위로 국(國)-군(郡)을 두었으며, 율령제가 무너진 이후에도 이는 지역을 구분하는 단위로 에도(江戶) 시대까지 지속되었다. 실제로 국의 수는 총 68개지만, 쓰시마(對馬)·잇키(壹岐)를 도(島)로 취급하여 일본 전체를 66국이나 66주라고 호칭하는 경우가 많았다.

게 물에 빠지고 불에 타는 것처럼 가혹한 형벌을 써서 군량을 억지로 뜯어내니, 징수하고 수송하는 것이 극히 어려워 사람들의 마음이 극히 원통해 하고 한스러워 한다고 합니다. 이는 우리가 군량 때문에 고생하는 만큼 왜도 군량으로 인해 곤란을 겪고 있으며, 우리가 병력을 동원하느라 고생하는 것처럼 왜 역시 병력으로 인해 곤란해 하고 있다는 것입니다. 우리가 멀리 이역(異域)으로 나왔다고는 하지만 왜도 멀리 이역으로 나와 있습니다. 왜가 부산·대마도를 의지하여 본부로 삼고 있지만 우리 역시 조선·요동을 의지하여 본부로 삼고 있습니다. 왜가 부산에서 경작할 수 있다면 우리도 조선에서 경작할 수 있습니다. 다만 왜는 배로 움직이므로 우리가 육지로 움직이는 것에 비해 조금 편할 따름입니다. 그러나 풍향이 순하고 거스르는 것에는 일정한 때가 없으며, 파도가 험하고 평탄한 것도 헤아리기 어렵습니다. 왜가 지연책으로 우리 군사들을 지치게 한다면 우리 또한 지연책으로 왜의 군사들을 지치게 할 수 있습니다. 그러나 우리의 육병을 점차 훈련시켜 수병으로 삼아 저들의 군량 수송로를 끊고 저들의 왕래를 단절시키면 왜가 곤란해 하지 않을 수 없을 것입니다. 신이 전에 올린 상주에서 이른바 장차 3년의 대비를 해야 한다고 한 것이 바로 이러한 지연책에 대비한 것입니다.[64] 당당한 천조가 섬오랑캐를 상대하는 데 무슨 문제가 있겠습니까.

....

64 신이 …… 것입니다: 여기서 언급된 전에 올린 상주는 현재는 실전(失傳)된 『경략어왜주의』권1에 실려 있었던 것으로 추측된다. 『명신종실록』권310, 만력 25년 5월 24일(갑인) 기사에는 형개가 왜정(倭情)에 관하여 올린 상주를 축약하여 인용한 부분에 "지금 마땅히 병량(兵糧)을 엄히 정비하여 3년의 계책을 삼아야지, 절대 요행을 바라서는 안 됩니다[今日當嚴整兵糧, 爲三年計, 萬不可希僥倖]."라는 문장이 있는데, 본문의 "장차 3년의 대비를 해야 한다[且爲三年之備]."는 말은 이를 가리키는 것으로 판단된다.

다만 왜의 인정(人情)은 하나이지만 우리의 인정은 둘입니다. 하나이면 처음부터 끝까지 흔들리지 않고 오래갈 수 있지만, 둘이면 안에서 서로 공격하니 흔들리지 않을 수 있겠습니까. 오랫동안 싸우지 못하면 시끄럽게 여러 논의가 일어나 병사가 지친다고 하거나 재력이 고갈된다고 할 것이고, 나아가는 것이 늦다고 하거나 물러나는 것이 빠르다고 할 것입니다. 혹여라도 꺼리고 질투하는 말이 또 뒤따르며 근거 없는 말과 비방이 그 사이에 섞이면 인정이 비방을 근심하고 죄를 두려워하는 데 여념이 없을 것이니, 어떻게 진정하고 성공을 기다리기를 바랄 수 있겠습니까. 이것이 우리가 왜만큼 오래 버티지 못하는 까닭입니다.

신은 순무·총병 등 여러 신하와 함께 몸소 이해(利害)를 짊어지고서 싸우고 지키는 방책을 날마다 마음을 다해 계획하고 있으니, 때가 되면 결코 지연시키려 하지 않을 것입니다. 다만 신이 최후의 방책[盡頭之著]을 추측한 것이 이와 같을 따름입니다. 왜를 평정하지 못할 것이 없음을 알았으니, 신은 바라건대, 나아가고 머무르는 것을 천천히 하는 방책과 신속히 하는 방책을 변경 밖에 전해 주어서, 동쪽을 정벌하는 문무 관원들이 빠르게 하라는 시론(時論)에 영합하다가 급해져서 패배를 자초하지 않도록 하고, 천천히 하라는 시론에 영합하다가 느릿하여 일을 뒤로 미루지 않도록 했으면 합니다. 다만 필요함에도 모으지 못한 군량에 대해서는 황상께 엎드려 청하건대, 호부·병부에 명하시어 시급히 조정하고 조처하여 각각 공문을 보내 독촉하도록 해 주소서. 이는 신이 날마다 목이 빠지게 기다리는 바입니다. 황상께서 동쪽의 일에 뜻을 기울이고 계심을 알지만 논의가 통일되지 않아 황상의 마음을 번거롭게 하고 있을까 염려되므로 특별히 그 대략을 이처럼 진달하오니, 안팎의 보고 듣는 것이 뒤섞이지 않고 신 등도 조용한 마음으로 왜를 도모할 수 있게 되기를 바랍니다.

성지를 받들었는데, "군사를 운용하는 방책을 어찌 무관한 사람이 멀리서 헤아릴 수 있겠는가. 경은 이미 위임을 받았으니 마땅히 경리·총병과 함께 은밀히 나아가고 멈추는 일을 도모하라. 다만 마땅히 정성으로 나라에 보답할 것이며, 마음을 분산시켜 돌아보면서 꺼려서는 안 된다. 조정에서 스스로 결정하도록 신임했으니 오로지 전승(全勝)하기를 구해야 하거늘 어찌 늦고 빠름을 따지겠는가. 호부·병부는 알아 두어라."라고 하셨습니다.

호부에서 검토하여 논의한 내용은 다음과 같았습니다.

살피건대, 산동에서 관은(官銀)을 지출하여 사들인 쌀과 콩, 그리고 요동진(遼東鎭)에 보관 중인 둔(屯)과 염(鹽)을 통해[65] 확보한 쌀, 콩을 모두 저희 호부에서 엄히 재촉하여 수륙으로 동시에 운반하게 했습니다. 그런 뒤에, 지금 총독(總督)[66] 형개가 여전히 공급이 이어지지 못하고 부족한 것을 염려하여 각각 공문을 보내

....

65 둔(屯)과 염(鹽)을 통해: 둔(屯)으로 얻은 곡물은 군인들이 경작한 둔전의 소출을, 염(鹽)으로 얻은 곡물은 상인들이 소금 매매권을 얻기 위해 납부한 군량을 지칭한다. 명대에는 홍무 3년(1370)부터 개중법(開中法)이라 하여 상인을 모집해 그들로 하여금 곡물을 북변(北邊)의 지정된 장소로 운송시키고, 그 대가로 소금의 운송과 판매 권한을 보증하는 염인(鹽引)을 지급하는 방식으로 변진의 군량을 조달했다.

66 총독(總督): 명·청대의 관명(官名)이다. 명 초에는 성(省)의 행정, 감찰, 군사 업무를 포정사(布政司)·안찰사(按察司)·도지휘사사(都指揮使司)가 나누어 관장했다. 하지만 점차 그 위에 다시 중앙에서 군무를 감찰하는 총독·순무 등 고관을 파견하게 되었고, 나중에는 이들로 하여금 군사·재정 문제를 총괄하도록 했다. 총독과 순무는 원칙적으로 통속관계가 없는 대등한 벼슬이었으나, 실질적으로는 총독의 위상이 순무보다 높았다.

독촉하도록 요청했으니, 군수(軍需)에 관계된 것이므로 형세상 늦출 수 없는 일입니다. 마땅히 논의한 대로 검토하여 청하여야 하므로, 삼가 명령이 내려오기를 기다려 저희 호부에서 산동순무에게 자문을 보내 원래 관은을 지출하여 사들인 쌀과 콩에 더하여, 응당 임청창(臨淸倉)[67]·덕주창(德州倉)[68]으로 운송해야 할 2만 석에 대한 절색(折色: 은) 은량(銀兩)을 이번 추수 때 나누어 보내 곡물을 사들여서 함께 배에 실어 운송하도록 하십시오. 또한 요동순무에게 자문을 보내고 동시에 요동진의 관량낭중(管糧郎中)과 관리비왜양향낭중(管理備倭糧餉郎中)에게도 공문을 보내서 요동진 부근 항구에 남겨둔 둔과 염을 통해 확보한 쌀, 콩 및 원래 비왜은(備倭銀)을 지출하여 구입한 곡물을 각각 속히 조선 경계로 운송하여 의주나 광량진(廣梁鎭)에 하역하도록 하십시오. 저희 호부에서는 또한 경리조선순무(經理朝鮮巡撫: 양호)에게 자문을 보내 조선의 유능한 관원을 선발하여 부근 지역에 나누어 머물게 해서 병마의 지출에 대비하도록 하겠습니다. 각각 운송한 수량은 하나하나 상주하여 상고하시기에 편하도록 하겠습니다.

성지를 받들었는데, "알겠다."라고 하셨습니다.

....

67 임청창(臨淸倉): 명 초 회통하(會通河)가 크게 정비된 후 회통하와 위하(衛河)가 만나는 지점인 임청(臨淸)은 교통의 요지이자 물화가 집중되는 상업의 중심지가 되었다. 임청에 세워진 조창(漕倉)에는 하남(河南), 산동 등지의 곡식이 저장되었는데 약 300만 석의 양식을 저장할 수 있었다고 한다. 金亨洌, 2010「明淸時期 山東의 水利環境과 沿岸都市의 經濟的 變遷」『中國史硏究』64, 83~86쪽.

68 덕주창(德州倉): 덕주(德州)는 위하(衛河)에 연접한 지역으로 명 초에는 군호(軍戶)만이 거주하던 도시였으나 운하가 개통된 후 교통의 요지가 되어 상업이 발전하게 되었다. 또한 조창(漕倉), 상풍창(常豊倉) 등의 창이 설치되었다. 金亨洌, 2010「明淸時期 山東의 水利環境과 沿岸都市의 經濟的 變遷」『中國史硏究』64, 88~89쪽.

또한 병부에서 검토하여 논의한 내용은 다음과 같았습니다.

살피건대, 동쪽을 정벌하는 일의 진퇴·완급에 관한 방책은 여러 차례 밝은 성지를 받들어 총독에게 위임하여 그가 편의대로 처리하도록 허락했습니다. 군량에 대해서는 호부에 자문을 보내 확실하게 논의해서 모두 황상의 명령에 따라 공문을 보냈습니다. 군사를 다루는 중책을 위임하는 것은 군대를 운용하는 근본입니다. 근래 이미 간절히 상주하여 속히 병부에 명령을 내려 추천하도록 하고, 여러 사람 중에 적절한 인재를 선발하여 등용함으로써 잘 감독하고 관리하여 일을 수행할 수 있도록 했습니다. 다만 이어서 동원한 사천성(四川省)의 토병(土兵) 1만 명과 남직례(南直隸)·복건(福建)의 수병 2000명 및 새로 모집한 절강의 병력 4000명은 비록 이미 황상의 재가를 받들어 기간을 정해 두루 공문을 보내서 동원했습니다만, 그 이후 일이 긴급하게 되어 진실로 지체하기 어려우므로, 마땅히 다시 엄히 독촉해야겠습니다. 마땅히 명령이 내려오기를 기다려 저희 병부에서 곧바로 사천·절강·남직례·복건의 순무에게 공문을 보내 모집하고 동원한 관병을 각각 원래 숫자에 맞게 기한에 맞춰 긴급히 독촉하여 출발시켜서 요동으로 보내 쓸 수 있도록 하겠습니다. 속히 출발한 날짜를 상주하여 조사하고 상고할 근거로 삼도록 하겠습니다.

성지를 받들었는데, "알겠다."라고 하셨습니다.

노새를 추가로 구입하여 신속히 운반할 것을 요청하는 상주

添買騾頭以速輓運疏 | 권2, 22a-25b

날짜 만력 25년(1597) 7~8월

내용 요동의 군량 수송 능력이 부족하므로, 진정(眞定)·순덕(順德)·광평(廣平)·대명(大名)·보정(保定)·하간(河間) 등지에서 노새 총 1200마리를 구입하여 요동에 보내서 육로 수송 능력을 보강해 달라고 요청하는 상주이다. 건의를 받은 만력제는 노새 구입을 허가하는 동시에, 예전에 요동에서 보낸 낙타를 노새와 함께 육운에 활용할 의도로 낙타의 현재 소재를 물었다. 병부에서는 형개의 제안에 실행 방안을 덧붙여 올리고, 요동에서 보낸 낙타는 계주·선부에 보냈으니 다시 받아서 요동의 운송에 활용하도록 하자는 검토 의견을 올려 만력제의 재가를 받았다.

관련문서 본문에 언급된 해운 관련 논의는 아래의 2-4 〈酌定海運疏〉에 자세하다.

전쟁에 군량 수급이 시급한데 요동에서 수레로 운반하는 것이 진전되지 못하니, 노새를 추가 매입할 것을 논의하여 운송을 빠르게 하고 군수를 도울 일로 올리는 제본.

살펴건대, 군대가 이동할 때 양식이 따라야 한다는 것은 예로부터 기록되어 있습니다. 신이 명을 받들어 왜를 정벌하기로 하면서 전후로 동원하여 결집한 관병이 모두 5만 명 남짓입니다. 해마다 그 양식이 50만여 석이 드는데, 말먹이도 그 정도 될 것입니다. 조선은 파괴되어 황폐해진 후여서 모두 공급하라고 책임 지울 수 없습니다. 그리고 저 임금과 신하가 의기소침하고 부진한 시기인지라 수레로 군량을 운반하는 것 또한 기대하기 어렵습니다.

의지할 것은 산동과 요동뿐입니다. 산동에 대해 말하자면, 회선(淮船)[69]을 고용하면 비록 멀리 풍랑을 건너는 위험이 있지만, 산동성의 처음 의논에 따르면 쓸 수 있는 배가 있고, 비용으로 활용할 운반비가 있으니, 다시 조금씩이라도 진척시키면 그런대로 지탱할 수 있을 것입니다.[70]

요동에 대해 말하자면, 해선(海船)이 원래 적어서 도합 40여 척에 불과하며, 그중에서도 또한 10척은 회선이 손상되었을 때 자재를 지원하기 위해 예비해 둔 배의 수이므로, 오로지 운반에 사용할 수 있는 배는 30척에 그칩니다. 더구나 지금은 오랑캐의 군마가 가득하고 왜적의 우환이 인근에 진동하여, 요동 한 진(鎭)에서 두 곳의 식량을 운반하고 아울러 돌보는 것은 진실로 어렵습니다. 제가 앞서 해당 도(道)로 하여금 조사 논의하게 했더니, 비왜은을 써서 노새 1000마리를 구매하면 바다로부터 먼 지역의 식량은 모두 육로로 운

---

69 회선(淮船): 회안(淮安) 지역의 선박을 지칭한다. 회선은 "해조(海雕)"라고도 불렸는데, 이는 매우 빨랐기 때문에 붙은 별칭이었다. 명대 회선은 평시에 민간에서 건조되었다가 회안의 상인들이 정부와 계약을 맺고 조운할 곡식을 수송할 때 사용되었다. 劉明鑫, 「明代會試考生應考旅費考察」, 『中國史研究』 2022-4, 167쪽.

70 산동에 …… 것입니다: 본문에 언급된 산동성의 처음 의논에 대해서는 2-4 〈酌定海運疏〉에 인용된 산동순무의 자문을 참조.

송하고 또한 수운(水運)의 부족함을 조금이나마 보충할 수 있을 뿐만 아니라 배가 손상되는 근심도 면할 수 있다고 합니다.

다만 요동진은 동쪽 구석에 치우쳐 있어, 일시에 그 노새를 구매하려고 한다면 부족할 것입니다. 지금 식량 수요가 매우 급하지만 운송하는 일은 더욱 괴로우니 요동에 속히 운반할 것을 엄하게 꾸짖는다면 요동 지역은 병들 것입니다. 그렇다고 그 일이 오래 걸릴지 빨리 끝날지, 많을지 적을지를 서서히 기다리기만 하고 조치하지 않는다면[71] 동쪽으로 정벌하러 간 군사가 병들게 될 것입니다. 지금 해야 할 계책으로 배는 늘리려고 해도 갑자기 건조하기 어려우나, 노새로 육운(陸運)하는 일은 급한 대로 조치할 수 있으니, 서둘러 노새를 사들일 것을 마땅히 논의해야 합니다.

그러나 요동진은 원래 노새가 나는 지역이 아닙니다. 조사해 보니 진정(眞定)·순덕(順德)·광평(廣平)·대명(大名)·보정(保定)·하간(河間) 등 6개 부(府)에서 산출되는 노새가 매우 많습니다. 만약 요동진으로 하여금 관원을 보내서 은을 가지고 가서 매입하게 하면, 사람들이 다투고 흥정하느라 시간을 지연시킬 것입니다. 마땅히 보정순무가 각 부에 문서를 보내, 즉시 해당 부가 쓸 수 있는 은량을 동원하여 소속 주현에 분배하게 하고, 각 10~20마리씩 살찌고 굳센 노새를 속히 매입하게 하면 한 부당 200마리가 될 것인즉, 가벼운 짐은 많아도 쉽게 들 수 있는 것처럼 열흘이면 마련할 수 있습니다. 또한 40일 기한 내에 요동순무에게 그 노새를 보내고, 요동순무가

....

71 그렇다고 …… 않는다면[欲徐俟其遲速多寡, 而不爲之所]: 소식(蘇軾)의 「조조론(鼂錯論)」에 나오는 "그 변화를 좌시하기만 하고 처리하지 않으면 구제하지 못할 지경에 이를까 두렵다[坐觀其變而不爲之所, 則恐至于不可救]."는 구절을 살짝 바꾼 것이다.

각 도(道)에 나누어 보내 군량을 운반하게 합니다.

사용한 은량은 응당 지출 처리할지 상환 처리할지 해당 부가 보정순무에게 보고하고, 보정순무가 아울러 사들인 노새의 숫자와 보낸 날짜들까지 한꺼번에 상주로 보고하여 시행한다면 요동은 조금이나마 힘에 여유가 생길 것이고, 동쪽으로 정벌하러 간 군사와 말은 힘입는 바가 있을 것입니다.

이번에 해운(海運)에 대해서는 먼저 산동순무가 제본을 올렸고, 이어서 조선에 파견된 순무 양호[72]가 제본을 올렸으며, 지금 요동순무 또한 제본을 올렸으니, 호부가 지금 이미 적절하게 분석 판단했을 줄로 압니다.[73] 제가 지금 급히 요양을 지나가고 있으니 중도에 감히 다시 덧붙이지 않겠습니다.

엎드려 바라건대, 병부에 명령을 내려 검토 논의하고 보정순무에게 공문을 보내도록 하며, 보정순무가 각 부에 명령하여 빨리 액수대로 사 모아서 기한에 따라 요동진으로 보내 이어서 운송할 수 있도록 해야 합니다. 세 곳[산동·조선·요동]의 해운에 대해서는, 만약 호부의 의논이 이미 정해졌다면 각 순무에게 공문을 보내 마음을 합쳐 협력하여 위난을 극복하도록 해야 할 터이니, 다시 아뢰어 청해서 일을 더욱 지체시킬 필요는 없을 것입니다. 총괄하여 성상께서 결단하여 시행하소서.

성지를 받들었는데, "상주한바 군량을 운반할 노새는 각 부로 문서

....

72 조선에 파견된 순무 양호: 원문은 "朝鮮撫臣"으로, 여기서는 순무에 준하는 관함을 가진 경리조선군무 도찰원우첨도어사 양호를 지칭한다.
73 이번에 …… 압니다: 다음 문서인 2-4 〈酌定海運疏〉에 산동순무·경리·요동순무 각각의 의견이 발췌 인용되어 있다.

를 보내 액수대로 구입하도록 허가한다. 예전에 요동에서 보내온 낙타는 지금 어디에 있는가.[74] 조사하여 군대에 보내서 응당 쓰도록 하라. 병부에 알려라."라고 하셨습니다.

병부에서 검토하여 논의한 내용은 다음과 같았습니다.

살피건대, 병사의 군량과 말의 사료는 형세상 본래 육운에 의지하여 수운의 부족함을 구제해야 하니, 노새로 짐을 실어 나르는 것은 형세상 그만두기 어려운 일입니다. 총독 형개가 보정순무에게 공문을 보내 먼저 노새 1200마리를 구입하여 군량을 실어 나르려고 했으니, 응당 윤허하여 따라야 합니다. 마땅히 명령이 내려오기를 기다려, 보정순무에게 자문을 보내 진정·순덕·광평·대명·보정·하간 등 6개 부에 갖추어 공문을 보내도록 해서, 논의한 바에 따라 지출 가능한 여러 해 동안의 죄속은(罪贖銀)[75]·고적은(庫積銀)[76] 등을 청렴한 관원에게 지급하고 위임하여 액수에 따라 충분히 구매하도록 해야 합니다. 모두 건장하여 쓸 만해야 하고, 간사한 장사꾼이 속여서 파는 늙고 야윈 노새로 대강 임무를 해치워서 실제로 쓰는 데 도움이 되지 못하는 일이 없어야 하니, 그럴 경우 책임은 해당 부에서 지게 될 것입니다.

....

74 예전에 …… 있는가: 만력 22년(1594) 11월 몽골의 초화(炒花)가 무리를 이끌고 쳐들어오자, 요동총병 동일원(董一元)은 이들을 격파하여 500여 명을 참수하고 수천 마리의 낙타와 말을 노획했다. 이때 노획한 낙타 중 500마리를 북경으로 올려보냈고, 만력제는 20마리만 내어(內廐)에 남겨 두고 나머지는 경영(京營)과 각 변진에 나눠주어 운송에 쓰도록 했다. 『명신종실록』 권279, 만력 22년 11월 25일(기해), 권281, 만력 23년 정월 26일(기해).

75 죄속은(罪贖銀): 죄를 범했을 때 형벌을 받는 대신 속죄를 위해 바친 은을 모아둔 것을 말한다.

76 고적은(庫積銀): 비상시의 예비용으로 창고에 쌓아둔 은을 지칭한다.

각 부가 노새를 사들이는 대로 보정순무에게 보내면 보정순무는 낙인을 찍어 증험으로 삼고, 5마리마다 체운소(遞運所)[77]로 하여금 마부 1명을 뽑아 끌도록 합니다. 100~200마리를 채우는 데 구애받지 말고 먼저 사들이는 만큼 먼저 보내되, 관원을 차정하여 요동순무 아문으로 노새를 호송하고, 그곳에서 다시 각 도로 보내도록 합니다. 문서 도착 후 40일 내에 모두 완료해야 합니다. 이는 군부대가 군량을 간절히 기다리는 중대한 임무인지라, 각 도·부 등의 관원은 지체하지 말아야 할 것입니다.

일이 완료되면 사용한 노새 값, 연로에서 지출한 사료와 여비를 책으로 만들어 상주하고, 장부를 병부로 보내, 지출분을 계산하고 상환합니다. 군대가 철수하는 날 위 항목의 노새 중 아직 살아남아 있는 것은 각 변진(邊鎭)의 차영(車營)이 사용할 수 있도록 넘겨주고, 연례 마가(馬價) 내에서 공제합니다.

해운의 일에 대해서는 신 등이 즉시 호부에 자문을 보내, 산동·요동·조선 세 곳의 논의를 타당하게 종합해서 속히 시행할 것입니다.[78] 각각 화합하고 공사에 협력해야 하며, 이견을 내어 시간을 허비하고 불편해지는 일이 없도록 해야 합니다. 예전에 요동에서 보내온 낙타는 앞서 병부가 제본을 올려 계주·선부 두 진(鎭)에 보내 쓰도록 했습니다. 또한 낙타는 무거운 짐을 짊어지는 데 매우 능하여 짐을 실어 나르는 것이 노새보다 나으니, 진실로 성유(聖諭)와 같이 신 등이 즉시 해당 진으로 공문을 보내

---

77 체운소(遞運所): 명대 외방 각지에 설치되어 곡물의 운송을 담당했던 기관이다. 홍무(洪武) 9년(1376)에 처음 설치되었으며, 대사(大使)와 부사(副使) 각 1명씩을 두었다.

78 해운 …… 것입니다: 이어지는 2-4 〈酌定海運疏〉의 논의를 참고.

고 자문으로 인계받아 곧바로 요동에 보내서 짐을 실어 나르는 용도에 대비하도록 허락해 주십시오. 이것 또한 병사에게 군량을 지급하는 데 큰 도움이 될 것입니다.

성지를 받들었는데, "알겠다."라고 하셨습니다.

해운을 적절히 정할 것을 요청하는 상주

酌定海運疏 | 권2, 26a-35b

날짜 만력 25년(1597) 8월

내용 일본군의 재침이 시작되는 시점에서 조선에 파견될 명군의 군량을 수송하는 방안에 관하여 논의하는 상주이다. 형개는 우선 현재 조선에 있는 군량과 은이 각각 2개월치에 불과하며 요동에 있던 비왜은도 소진되었으므로 조선에 군량을 보내야 함을 지적했다. 아울러 조선까지의 해운 노선에 관한 산동·조선·요동의 입장을 각각 설명한 뒤, 등주에서 여순까지의 노선은 이전대로 유지하되 여순에서 광량진(廣粱鎭)으로 직접 운송하는 해로가 의주·평양으로 운송하는 기존 우회로에 비해 형세 및 거리 측면에서 훨씬 편리함을 논한 뒤 이에 맞는 군량 운송 조치를 제안했다.[79] 아울러 추가로 은을 지출하여 산동·요동·조선에서 군량을 마련할 수 있도록 해 줄 것을 요청했다. 이에 만력제는 형개의 건의를 받아들여 호부에 산동·요동·조선 관할 순무들에게 공문을 보내 시행하도록 했다. 본 문서의 정확한 작성 시점은 불분명하지만, "지금 때가 이미 8월이라[今時已秋仲]"라는 구절이 있어 8월에 작성되었음을 알 수 있다.

....

79 아울러 …… 제안했다: 최근 류징(劉晶)은 본 문서를 활용하여 정유재란 초기 형개의 등주-조선 해운 계획과 노선, 관련 논의 내용을 구체적으로 소개한 바 있다. Jing Liu(劉晶), *Beyond the Land: Maritime Interactions, Border Control, and Regional Powers between China and Korea, 1500-1637*, Syracuse University Ph.D. dissertation, 2019, pp. 160-168.

관련문서 노새의 구입을 통해 육운(陸運) 능력의 확충을 꾀하는 위의 2-3
〈添買騾頭以速輓運疏〉와 내용상으로 연관되며, 상호 참조 관계에 있다.

왜정(倭情)이 이미 변하여 사료와 군량이 가장 급하니, 삼가 해로
의 돌아가는 길과 곧바로 가는 길을 참작하여 운송 노선을 결정하
고 군수를 지원할 일로 올리는 제본.

살피건대, 왜노(倭奴)의 원래 계획은 가을에 곡식이 익을 때 조선의
양곡을 얻어서 군사를 거느리고 내지(內地)를 침범하려 한 것이었습
니다. 지금 때가 이미 8월이라 올벼가 이미 익었고, 왜가 이미 가덕
도(加德島) 등의 포구에 병력을 정박시키고 피차 접전하고 있는 형
세가 이미 드러났습니다. 이제 대군이 계속 와서 이미 집결했으니
군량은 한시라도 늦출 수 없습니다. 만약 서둘러 재촉하여 준비하지
않으면 그때가 되어서는 반드시 일을 그르치게 될 것입니다. 신이
앞서 조선에 자문(咨文)을 보내 조선의 호조 배신(陪臣: 제후국의 신
하)에게 곧바로 남북 관병(官兵)이 지나가는 곳에 사료와 군량을 마
련해 두어 지출하여 쓰기를 기다리도록 했고, 수비하거나 교전할 곳
에는 더욱 많이 준비하도록 책임을 지웠습니다.[80]

....

80 신이 …… 지웠습니다: 이 문장은 『事大文軌』卷20,「總督薊遼保定等處軍務兼理糧餉經
略禦倭孫(鑛)咨朝鮮國王[孫軍門軍餉咨]」, 만력 25년 3월 26일, 40a에도 그대로 실려 있
다. 따라서 형개가 전임 경략이었던 손광(孫鑛)의 자문을 참고하여 비슷한 내용의 자문
을 작성해 조선에 보낸 것으로 보인다. 다만 형개가 자문을 보낸 시기는 알 수 없다.

지금 조선의 회자(回咨)를 받았는데, 그 내용은 다음과 같았습니다.[81]

호조의 장계(狀啓)를 받았는데, 그 내용은 다음과 같았습니다.

우리나라에서 왜적의 화를 혹심하게 입은 지역은 완전히 황폐해졌습니다. 게다가 충청·전라의 조금 온전한 곳도 여러 해 징발하여 수송했으므로 모두 지극히 피폐해졌습니다. 비록 수년 이래로 곡식이 조금 풍년이 들어 쌀값이 꽤 저렴해졌으나, 농사짓는 장정들이 모두 죽어 버렸기 때문에 경작하는 땅이 많지 않습니다. 비유하자면 근원이 없는 물은 아침저녁으로 쉽게 고갈되는 것과 마찬가지입니다. 하물며 우리나라 땅은 올해 봄여름에 일찍 가물어 파종할 시기를 놓쳤고, 이삭이 필 때가 되어서는 찬바람이 연이어 불고 싸락눈과 우박이 때때로 내렸으며, 더하여 또 황해도·강원도에는 메뚜기의 재해가 크게 일어났습니다.[82] 이러한 상황이 그치지 않으면 보통의 수확도 점치기 어려운데, 하물며 큰 풍년을 바라겠습니까.

앞 항목의 연로에 거두어 쌓아 둔 쌀 11만 8800석·콩 12만 3900석은 실제 만력 22·23·24년에 각 도의 세량(稅量)을

....

81 지금 …… 같았습니다: 이하 인용된 조선의 자문은 손광에게 보낸 회자(『事大文軌』卷20, 「朝鮮國王咨經略孫(鑛)[回咨]」, 만력 25년 5월, 40a-41b)와 같은 숫자를 제시하고 있으나, 내용이 다르므로 별개의 자문이었던 것으로 추정된다. 다만 이 자문이 어느 시점에 작성되었는지는 불분명하다.

82 하물며 …… 일어났습니다: 실제 이해 조선에는 가뭄이 들고 찬바람만 연이어 불어 조정에서 여러 차례 기우제를 지냈으며[『선조실록』권87, 선조 30년 4월 15일(을해), 20일(경진), 권90, 선조 30년 7월 14일(계묘)], 우박 피해도 각지에서 여러 차례 보고되었고[『선조실록』권88, 선조 30년 5월 5일(을미), 10일(경자), 17일(정미), 26일(병진)], 황해도와 함경도에서는 메뚜기 피해를 보고했다[『선조실록』권89, 선조 30년 6월 13일(임신), 권90, 선조 30년 7월 21일(경술), 25일(갑인)].

운반해 둔 숫자입니다.[83] 지금 비록 쓸데없는 관원을 도태시키고 헛되이 나가는 비용을 절감하여 최대한 절약한다고 해도 겨우 각 군영의 행량(行糧)[84] 및 주량(住糧)[85] 1~2개월 지출분을 감당하는 데 불과합니다. 하물며 대군이 경내에 주둔하면 경비가 배로 증가할 것이고 더구나 추수를 기약하기 어려우니, 비록 다시 세량을 수합하더라도 진실로 그 숫자가 충분하지 못할 것이며 더 마련할 길은 아무리 헤아려 보아도 없습니다.

또한 살피건대, 각 왜적들이 연해의 요해처에 나누어 웅거하면서 성을 수축하고 목책을 세우며 널리 농사를 지으면서 오래 머물 계획으로 삼고 있습니다. 만일 관군이 저들과 대치하면서 시간을 보내면 앞으로의 군량을 계속 댈 수가 없습니다. 산동(山東) 등지에서 본색(本色: 곡물)을 운송해 오려면 만리를 수송하면서 산을 오르고 물을 건너는 어려움이 있다는 것을 모르는 것은 아니지만, 큰 계획에 관계되는 바이므로 명백하게 다시 아뢰어서 별도로 처치하기를 기다리지 않을 수

....
83 앞 …… 숫자입니다: 해당 수치는 만력 25년 3월 19일 병부의 문의에 대해 조선에서 4월 25일에 답변한 자문에 최초로 등장한다. 병부에서는 오유충·양원의 병력 활용처, 조선의 병력 상황 및 군량 비축 현황 등을 질의했고, 조선은 평안도·황해도·경기도·한양·충청도·전라도·경상도 각 지역에 비축된 군량으로 대미(大米)·소미(小米) 합 11만 8800석과 콩 12만 3900석이 있지만 이는 3만 명의 대군이 지나가는 동안의 소요분에 불과하며, 그 외에는 비축이 없으니 추가적 군량 운송이 필요함을 피력했다. 『事大文軌』卷19, 「兵部咨朝鮮國王[兵部咨議防倭務要協力固守]」, 만력 25년 3월 19일, 51a-54a 및 「朝鮮國王咨兵部[回咨]」, 만력 25년 4월 25일, 54a-59b. 해당 수치는 58a-58b에 수록되어 있다. 따라서 이는 만력 25년 4월 25일 현재 조선에 비축된 군량의 현황이다.
84 행량(行糧): 병정이 출정할 때 진영에 지급되는 양식(糧食)이다.
85 주량(住糧): 주둔하고 있는 병사들에게 지급되는 군량을 지칭한다.

없습니다. 마땅히 이상의 내용을 갖추어 총독군문(總督軍門: 형개)에 자문으로 회답하니 우리나라의 사정을 헤아려 좋은 쪽으로 선처하여 군량을 이어갈 계책을 세워야 합니다. 마땅히 갖추어 아룁니다.

마땅히 자문으로 전달해야 합니다.

또 관리비왜(管理備倭) 서낭중사(署郎中事) 주사(主事) 동한유(董漢儒)[86]의 정문(呈文)을 받았는데, 그 내용은 다음과 같았습니다.

비왜은(備倭銀)을 지출하기를 청하는 일.

호부의 차부(箚付)를 받았는데, 그 내용은 다음과 같았습니다.

문서를 조사해 보니 앞서 전 군문(軍門) 손광(孫鑛)이 제본을 올려 의논하기를, "각 지역에서 동원한 병마가 써야 할 군량을 충당하기 위해 호부에서 은 30만 냥을 지출해야 합니다." 라고 했다. 본부에서 조사한 결과, 먼저 제본을 올려 지출한 비왜은을 쓰고 남은 것과 쌀·콩을 구입할 은 도합 13만 8000 냥이 지금 요동진(遼東鎭)에 있으니, 모두 군량을 사는 데 쓰도록 허가한다는 내용이 문건에 기록되어 있다.

이상의 내용으로 저에게 차부를 내렸습니다. 즉시 요동관량낭중(遼東管糧郎中) 한자렴(韓子廉)에게[87] 공문을 보내고 함께 조사하는 동안 다시 회답 공문을 받았습니다.

장부를 열어 보니 이미 앞에 언급된 은을 연속해서 각 도에

---

86 동한유(董漢儒): 1562~1628. 명나라 사람이다. 만력 25년(1597) 정유재란이 발발하자 흠차관리비왜양향 호부산동청리사낭중(欽差管理備倭糧餉戶部山東淸吏司郎中)으로 조선에 와서 원정군의 군량을 관장했다. 만력 27년(1599) 명나라로 돌아갔다.

87 요동관량낭중(遼東管糧郎中) 한자렴(韓子廉)에게: 원문에는 "遼東管糧韓郎中"이라고만 되어 있으나, 『선조실록』 권80, 선조 29년 9월 8일(신축) 기사를 토대로 보충했다.

나누어 보내 곡물을 구입하고, 아울러 동원한 관병이 지나가는 지역에서 지출한 항목들이 각각 명백한 근거와 함께 실려 있었습니다.

낭중 한자렴에게 공문을 보내고 곧바로 호부에 보고하는 외에, 지금 경리도어사(經理都御史) 양호(楊鎬)의 제본에 다음과 같은 내용이 있었습니다.

현재 있는 관군 2만 1900명의 1개월 비용은 절색(折色: 은) 2만 5700냥입니다. 또한 사천(四川)·절강(浙江)에서 새로 모집한 병력 2만 명이 아직 도착하지 않았습니다. 총독 병부상서 형개(邢玠)가 지금 나누어준 칙례(則例)에 따라 계산하면 단사관(斷事官) 혜우(惠虞)[88]가 운송해 온 은 8만 냥으로는 2개월 비용에도 부족합니다.

호부에도 쓸 수 있는 은이 따로 없으니 당관(堂官: 상서·시랑)에게 정문을 올려 제본으로 요청하도록 건의하는 외에, 속히 내탕(內帑)의 은을 지출하여 계속 대도록 하는 일도 함께 요청해 주시기 바랍니다.

이를 통해 보면 조선에는 양미(糧米)가 이미 없는 데다 천조(天朝: 명)에서 지출한 은도 또한 고갈되었습니다.

또한 경리(經理: 양호)가 누차 저에게 서신을 보내 이르기를, "수륙(水陸)으로 군량을 운송하는 것이 하나하나 숫자대로 기한에 맞춰 온다고 해도 한 달 동안 운반하는 것이 도리어 며칠 동안의 식량도

....

88 혜우(惠虞): ?~?. 명나라 사람이다. 어사 진효(陳效) 표하의 단사관(斷事官)으로 조선을 방문했다.

감당하지 못하니, 가장 우려되는 바입니다."라고 했습니다.

살피건대, 지금 수륙으로 군량을 저쪽에 운송해 둔 것이 당장 부족한 마당에 어떻게 오래 버티기를 바라겠습니까. 이렇게 군사를 부려야 할 긴급한 시기에 군량 사정이 이러하니 신은 밤낮으로 불이 마음을 태우는 듯합니다. 또한 해운(海運)의 일은 아직 강구하여 논의하는 중이니, 신이 따라야 할 바를 결정하도록 신이 한마디 올리지 않을 수 없겠습니다.

앞서 산동순무의 자문을 받았는데, 그 내용은 다음과 같았습니다.[89]

살피건대, 등주(登州)의 해운 노선은 등주에서 여순구(旅順口)까지 바다 가운데 한 줄기 노정입니다. 비왜성(備倭城)[90] 신하구(新河口)에서 배를 출발하여 북쪽으로 장산도(長山島)를 바라보고 서쪽으로 사문도(沙門島) 만(灣)에 들어가 정박하기까지 약 60리가 첫날 일정입니다. 사문도에서 타기도(鼉磯島)까지 약 130리가 이튿날 일정입니다. 타기도에서 황성도(皇城島)까지 약 140리가 셋째 날 일정입니다. 황성도에서 동북쪽으로 멀리 여순구를 바라보면 곧 요동 지역이니, 약 230리가 넷째 날 일정입니다. 총계 560여 리입니다. 중간에 섬이 서로 연이어 있어 모두 바람을 피해 정박하여 머물 수 있고 뱃사공들이[91] 훼방을 놓을 일이 전혀

───────

89 앞서 …… 같았습니다: 당시 산동순무였던 만상춘(萬象春)이 비슷한 시점에 조선으로의 해운에 관해 올린 것으로 추정되는 상주가 『황명경세문편(皇明經世文編)』에 수록되어 있으나, 본문에 인용된 자문과는 달리 산동에서 조선까지 직접 해운으로 군량을 운송하는 것이 어려움을 토로하고 있어 대조된다. 陳子龍 編, 『皇明經世文編』卷410, 萬中丞奏疏[萬象春], 「題爲運糧業有成議事(朝鮮糧運)」; Jing Liu, op.cit., p.163.

90 비왜성(備倭城): 비왜성은 홍무 9년(1376) 산동 등주(登州) 단애산(丹崖山)에 건축된 봉래수성(蓬萊水城)의 별칭이다. 영락 6년(1408) 봉래수성 내에 산동총독비왜도사부(山東總督備倭都司府)가 설치되어 왜구 방어의 일을 관장하였다.

없으며, 순풍을 만나면 4~5일이면 도착할 수 있습니다. 그러나 바닷물은 넓고 넓어 끝이 없으니 비록 섬이 있어 피해 숨을 수 있다고 하더라도 중류에 바람이 변하면 파도의 위험을 헤아릴 수 없습니다. 그러므로 전년에 미곡을 운반하는 여러 배가 일시에 다 같이 출발해도 온전한 것과 침몰한 것이 판이하게 다른 까닭은 오로지 지리(地利)의 영향이라기보다는 사실 천시(天時)에 좌우되는 부분이 많습니다.

무릇 운송하는 일은 바람과 날씨에 익숙한 사람을 뽑는 것이 제일 중요합니다. 만약 주유경(周惟慶)·주소조(周紹祖) 등이 운송을 이끌고 간행된 편람(便覽)을 참조하여 일정대로 나아가면 절로 다른 우려가 없으리라 보장할 수 있을 것입니다. 하지만 운하에서도 갑자기 일어나는 변고가 있는데 하물며 해운은 어떻겠습니까. 큰일을 이루려는 자는 작은 것을 아까워하지 않으니, 이 또한 염려하기에 부족합니다.

지금 회안(淮安)의 500석 이상을 실을 수 있는 대선(大船) 30여 척을 수배하고 운임은 평상시보다 조금 후하게 쳐서 매 1석을 여순구까지 운반하는 데 1전 5푼으로 하며, 압록강 등지까지 운반하는 데 1석당 8푼을 더 쳐줄 것입니다. 평양까지 운송한다면 거리에 따라 운송비를 추가하겠습니다. 인부들의 임금은 모두 그 안에 포함됩니다. 한 번 무사히 운송하면 그때 다시 포상을 논의하겠습니다. 각각의 배에는 요동에서 물의 형세를 평소

....

91 뱃사공들이: 원문에는 "哨徒"로 되어 있으나 의미가 통하지 않으므로, 뱃사공 무리를 뜻하는 "梢徒"의 오자로 간주하고 번역했다.

에 잘 아는 사람 1명씩을 뽑도록 하여 운송에 동승해서 길 안내를 하도록 하겠습니다. 각자 날마다 노비(路費) 은 5푼을 지급하여 그 노고를 보상할 것입니다.

또한 마땅히 은 5~6만 냥을 지출하여 등주부(登州府)·내주부(萊州府) 창고에 절반씩 쌓아 두었다가 편의에 따라 각 주현(州縣)에 나눠 보내서 청렴하고 유능한 관원을 선임하여 시가에 따라 쌀·콩을 사들이게 해야 합니다. 명확히 고시해서 백성들이 두루 알게 하여 반드시 백성들이 놀라지 않고 시장에 변고가 없도록 하는 것이 상책입니다. 사들이기를 마치면 거리의 원근에 따라 공평한 가격으로 말과 노새, 수레와 수레꾼을 고용하여 각기 가까운 항구 등으로 운송했다가 배가 도착하기를 기다려 곧바로 보내도록 하고, 오랫동안 기다리다가 쓸데없는 비용을 쓰지 않도록 해야 합니다. 앞서 보낸 은을 다 쓰면 분명히 계산하여 장부를 만들어서 보고하고 다시 지출해 주기를 요구함으로써 군량 운송이 계속되도록 유지하고, 모자라서 단절되는 사태가 없게 해야 합니다. 매해 연말에는 각 도(道)[92]에게 일에 참여한 각 관원에 대해 개별적으로 등급을 매기고 표창과 벌칙을 논의해 정하도록 해서 징계하고 권면하는 뜻을 밝혀야 합니다. 왜노가 소

─────

92 도(道): 도원(道員)을 말한다. 명대 성 단위의 특별 행정업무를 전담하게 하거나 포정사(布政使)·안찰사(按察使)의 업무를 보좌하기 위해 설치한 관원이다. 예를 들어 명초의 포정사가 관할하는 지역이 너무 광활하여, 포정사의 보좌관으로 좌우(左右) 참정(參政)·참의(參議)가 각 도(道)의 전곡(錢穀)을 나누어 관장했는데 이를 분수도(分守道)라 했다. 독량도(督糧道)·병비도(兵備道)·해관도(海關道)·순경도(巡警道)·권업도(勸業道)·분수도·분순도(分巡道) 등이 그 일례이다. 특히 포정사·안찰사를 보좌하는 분수도·분순도는 성 아래에 속한 2~3개의 부(府)나 주(州)를 나누어 관할하고, 관할하는 지역의 이름을 따서 "분수요해도(分守遼海道)"와 같이 불린다.

굴로 돌아가고 조선에서 병력이 철군하기를 기다려 곧바로 운송을 정지할 것입니다. 혹여라도 회안에서 모집한 배가 손상되면 요동에서 배를 수배하고, 등주·내주의 곡식이 떨어지면 다른 곳에서 사들여도 불가할 것이 없습니다.

이는 산동에서 처음 논의한 것으로서, 정연하게 조리가 있으며 급한 어려움에 마음을 같이하여 자임하는 것이 이와 같습니다.

또한 조선경리순무(朝鮮經理巡撫: 양호)의 자문을 받았는데, 그 내용은 다음과 같았습니다.

조선국왕의 자문을 받았는데, 그 내용은 다음과 같았습니다.[93]

산동에서 해운으로 보내는 군량은 우리나라 삼화현(三和縣) 관할 광량진(廣梁鎭)이 평양강(平壤江: 대동강)이 바다로 들어가는 곳이니 마땅히 그곳에 하역해야 합니다.

자문을 보내왔기에, 번거롭겠지만 요동진에서 수륙으로 운반해야 할 군량을 광량진으로 독촉하여 운송하도록 하는 것이 편리하겠습니다.

이는 조선의 입장으로서, 가까운 곳으로 정하여 편리하게 하고자 함이 이와 같습니다.

또한 요동순무의 제본에 대한 게첩(揭帖)[94]을 보았는데, 그 내용은 다음과 같았습니다.

살피건대, 해운으로 여순구에서 의주진(義州鎭)까지는 770리이

....

93 조선국왕의 …… 같았습니다: 문장이 정확하게 일치하지는 않지만, 조선에서 양호에게 광량진을 해운 하역 장소로 제안하는 자문은 『선조실록』 권89, 선조 30년 6월 13일(임신)에 실려 있다.

94 게첩(揭帖): 게첩이라는 말은 다양한 종류의 문서를 지칭하지만, 여기서는 제본을 올릴 때 함께 작성되어 관계기관에 전달된 부본(副本)을 지칭하는 것으로 보인다.

며 삼강(三江)[95]을 통과합니다. 순풍이 불어 막힘이 없으면 도합 보름 남짓하여 한 번 왕복할 수 있습니다. 의주에서 평양까지는 해로로 600리이며, 거기에 강으로 240리 길을 가야 하니 합쳐서 840리이므로, 여순에서 평양까지는 총계 1610리입니다. 순풍이 불어 막힘이 없으면 도합 한 달 남짓하여 한 번 왕복할 수 있습니다. 광량진이 비록 조선 삼화현 지역에 있고 평양강이 바다로 들어가는 곳에 있다고는 하나, 종래 그곳에 실제로 가본 적이 없어 먼지 가까운지, 험한지 평탄한지 모두 알 수 없습니다. 다만 물의 형세가 물결이 세차서 중선(中船)은 그래도 혹여 항행할 수 있어도 소선(小船)은 건너가기 어려울지 모릅니다. 또한 의주에서 평양까지는 수로가 매우 험합니다. 전년에 일찍이 이곳의 위관(委官) 학계종(郝繼宗)과 선원 3명이 물에 빠져 죽었고 배와 쌀도 손실을 입었습니다. 조선의 수로는 필시 조선 사람이 익숙하게 알 것이고 또한 조선의 연강(沿江)과 연해에는 배가 매우 많으니, 예전대로 의주까지 운반하고 조선에서 이어서 운송하도록 하는 것이 편리합니다.

이는 요동의 입장으로서, 지방이 피폐하고 민력(民力)이 감당하지 못하며 배가 원래 적으므로 산동의 힘을 빌려 멀리 운송하도록 하기를 바라는 것이 이와 같습니다.

이상 세 가지 논의 중 산동에서는 등주·내주에서 여순까지 이미 항행할 수 있다고 자임했으며 여순에서 평양까지는 운송비를 증액

....

95 삼강(三江): 압록강의 별칭이다. 압록강이 의주 부근에 이르면 강 가운데의 섬들 때문에 세 갈래로 갈라져 흐르기 때문에 붙은 이름이다.

할 것을 논의하는 데 불과하니, 이미 정해진 계획이 있는 듯합니다. 조선에서는 여순에서 의주까지, 의주에서 평양까지의 길이 구불구불하고 멀기 때문에 여순에서 곧바로 광량으로 도착하게 하는 편리함만 못하다고 여기고 있습니다. 요동에서는 그 지역에 배가 없음을 괴롭게 여기고, 또한 여순에서 의주까지, 의주에서 다시 평양까지는 거리가 가장 멀고 힘도 유독 고되게 들어가며, 여순에서 평양까지는 또한 일찍이 가본 적이 없기 때문에 길의 험하고 평탄함을 알 수 없다고 했습니다. 이는 피차가 각자 자기의 편리한 점과 어려운 점을 진술한 것이나, 해운을 담당하는 각 관원이 관망하면서 미루기만 하면 일을 그르칠 위험이 있을까 두렵습니다.

신이 여러 차례 각 지역에 자문과 패문을 보내 상세하게 조사하게 한 결과, 등주에서 여순까지는 이미 성과가 있었으니 논할 필요가 없습니다. 여순에서 의주까지 갈지, 평양까지 갈지, 광량진까지 갈지에 관한 논의는 여러 사람의 논의를 상고하고 도설(圖說)을 참조하여 세 가지 측면에서 말씀드리겠습니다.

바다를 가운데 두고 서쪽은 등주이고, 서북쪽은 여순이며, 북쪽은 요동의 금주성(金州城)·진강성(鎭江城)이고, 동북쪽은 압록강과 의주이며, 동쪽은 조선의 광량·평양이고, 동남쪽은 조선의 강화·개성입니다. 여순에서 압록강을 거쳐 평양까지 가는 길은 형세로 말하자면 반드시 서쪽으로부터 북쪽으로 갔다가 동북쪽으로 가고 또 꺾어서 남쪽으로 가야 하니 그 행로가 매우 구불구불합니다. 거리로 말하자면 여순에서 의주까지 770리이고, 압록강의 길 600리를 지나며, 또 강으로 240리를 가야 하니 모두 1610리이므로 그 길이 매우 멉니다.

여순에서 바다로 나가 곧바로 광량에 이르는 길은 형세로 말하자면 서쪽으로부터 동쪽으로 가는 데 불과하니 그 행로가 매우 똑바릅니다. 거리로 말하자면 여순에서 삼산도(三山島)까지 250여 리이고 삼산도에서 광록도(廣鹿島)까지 100리이며 광록도에서 대장산도(大長山島)·소장산도(小長山島)까지 총 100여 리이고 소장산도에서 석성도(石城島)까지 200여 리이며 석성도에서 조선의 저도(猪島)·납도(臘島)·광량까지는 총 300리이니, 총합이 1000리를 넘지 않으므로 그 길이 꽤 가깝습니다. 만약 양자를 비교하면 여순에서 곧바로 광량진으로 가는 것이 곧바르고 가까우며 편리합니다.

다만 요동순무의 자문에는 "여순에서 평양까지는 일찍이 곧바로 가본 적이 없어 풍랑과 파도의 위험을 헤아리기 어려우니, 또한 의주에서 육운(陸運)하는 편리함만 못합니다."라고 했습니다.
지금 다시 조선순무[양호]의 자문을 받았는데, 그 내용은 다음과 같았습니다.

조선에서 보낸 배신과 진강유격(鎭江遊擊) 동기봉(佟起鳳)[96]·원임수비(原任守備) 이융음(李隆廕) 등이 함께 조사한 결과는 다음과 같았습니다.[97]

여순에서 석성도까지는 총 650여 리이며, 석성도는 길을 나

....

96 동기봉(佟起鳳): ?~?. 명나라 사람이다. 만력 25년(1597) 당시 진강유격(鎭江遊擊)이었으며, 선조 34년(1601) 군대에서 도망친 병사들을 잡자다 동기봉에게 처리하게 하자는 건의가 있었던 것으로 보아 그때도 재임 중이었던 것으로 보인다.
97 조선에서 …… 같았습니다: 정확히 이때의 일인지는 불분명하나, 형개는 무술년(1598) 사이에 이산(理山) 출신(出身) 박훈(朴薰)에게 분부하여 해로를 살피기 위해 해랑도(海浪島) 등을 왕래하도록 한 일이 있다고 한다. 『선조실록』 권209, 선조 40년 3월 14일(정축), 권211, 선조 40년 5월 2일(갑자).

누는 경계가 됩니다. 여기서 북쪽으로 가면 압록강이고 의주이며, 다시 꺾어서 남쪽으로 가면 정주·안주를 지나 비로소 평양에 다다릅니다. 석성도에서 의주까지의 거리는 400여 리이고, 의주에서 평양·광량까지는 또 340여 리입니다. 합해서 말하자면 도합 740여 리입니다. 만약 석성도에서 곧바로 동남쪽으로 저도·납도를 거쳐 똑바로 광량에 이르면 300여 리에 불과합니다. 대개 압록강 의주로부터 평양·광량에 이르는 것과 비교하면 길이 절반 이하로 가까워지니 진실로 편리합니다. 이에 관하여 도설을 그려서 보고를 올립니다.

살피건대, 전년에 각각의 구원군이 모두 평양에 모였으므로 군량은 의주·평양까지만 수송했으나, 산동·요동의 압운관(押運官) 장연덕(張延德)·김정색(金正色)은 군량 만여 석을 운반하여 모두 여순구로부터 곧바로 평양강 하구에 이르러 하역했고 의주진을 거치지 않았습니다. 조사해 보니 여순구에서 의주까지는 서남쪽으로부터 동북쪽으로 향하여 빙 돌아가게 되지만, 평양은 의주의 동남쪽에 있으며 여순에 대해서는 자못 똑바른 직로에 있습니다. 지금 광량진은 바로 바다 어귀가 대동강으로 들어가는 곳에 있고 또한 평양의 조금 서쪽에 있으니, 그때 곧바로 평양까지 들어갔던 것과 비교하면 더욱 일이 줄고 간편할 듯합니다.

신이 살피건대, 자문 안에 있는 길의 멀고 가까움은 모두 섬마다 몇 리인지가 적혀 있어 믿을 만하니 애초에 아무렇게나 하는 말이 아닙니다. 다만 요동 지역은 피폐하고 배가 적어 수륙으로 아울러 운송하면 지탱해 내기가 매우 어렵습니다. 육운의 경우 요양 등의 창고에 있는 것은 예전대로 의주까지 운송하도록 하는 외에, 이에 더하여 신이 근래 또 제본을 올리고 보정부(保定府) 등에 공문을 보내서 노새 1200마리를 사들여 이전의 노새와 겸하여 쓰도록 했으니,[98] 이는 여유 있게 마련해 놓은 것입니다. 산동의 곡물 및 요동의 금주·복주(復州)·해주(海州)·개주(蓋州)의 곡물은 모두 여순으로부터 곧바로 광량으로 운송해 갈 수 있습니다. 요동에 있는 배는 이미 많지 않다고 하니 다만 그 지역의 곡물만 운반하도록 책임 지우고, 산동의 곡물은 그 논의한 바에 따라 배는 그대로 산동·회안의 배를 쓰고 운송비는 요동의 비왜은에서 지출하도록 하는 것이 일거에 세 곳의 논의를 모두 정하는 방책이 될 듯합니다.

지금 조선의 군량은 2개월 소비량에도 미치지 못한다고 하며 이어서 보낸 비왜은 8만 냥은 2개월 쓰기에도 부족하다고 합니다. 일의 기미가 이 지경에 이르렀으니 진실로 한심합니다. 그러나 속히 산동·요동의 곡물을 운송하고 내탕의 은을 요청하여 눈앞의 급함에 대비하지 않으면 배고픈 사졸들에게 적진으로 돌격하여 적을 격파하도록 명령하기 어려울 뿐만 아니라, 하루에 두 번 식사를 하지 않으면 굶주리는 것이니,[99] 내부에서 변란이 장차 일어날까 두려운데 바깥의 위협은 말해 무엇하겠습니까. 이는 신이 밤낮으로 불안해하며 잠시도 스스로 편안하지 못한 까닭입니다.

....

98 이에 …… 했으니: 형개의 제본은 본 문서의 앞에 있는 2-3 〈添買騾頭以速輓運疏〉를 지칭한다.

99 하루에 …… 것이니[一日不再食則饑]: 한대 조조(鼂錯)가 올린 「논귀속소(論貴粟疏)」에 나오는 구절이다. 조조는 문제(文帝)에게 글을 올려 사람은 하루에 두 번 식사를 하지 않으면 굶주리고 한 해가 끝나도록 옷을 만들지 않으면 추위를 느끼니, 굶주렸는데도 먹지 못하고 추운데도 입지 못하는 사태가 벌어지면 부모는 자식을 보존할 수 없고 군주는 백성을 보존할 수 없음을 강조했다. 즉 굶주린 병사들이 병란을 일으킬 수 있음을 시사한 것이다. 『한서(漢書)』 「식화지(食貨志)」에 나오는 내용이다.

이제 마땅히 산동의 처음 논의에 따라 은 5~6만 냥을 마련하되 산동에서 경사(京師)로 올려보내는 정식 항목의 은에서 지출하거나 내탕에서 급히 지출하여 이번 가을 수확기에 등주부·내주부 소속 주현에 나누어 보내 곡물을 구입하도록 하고, 수레와 노새로 가까운 항구로 운송한 뒤 회안의 대선(大船)을 많이 빌려 10~20척에 곡물을 실어서 여순에서 광량으로 곧바로 운송하여 하역해야 합니다. 등주부·내주부에서 일시에 구입한 곡물이 많지 않으면 임청창(臨淸倉)·덕주창(德州倉)의 곡물 가운데 십수만 석을 빌려 수레와 노새로 항구에 보낸 뒤 배로 연이어 운송하는 것이 매우 편리할 것입니다. 또한 다시 은 10~20만 냥을 지출해서 요동·비왜 두 낭중[100]에게 보내고 요동·조선의 순무가 관리하여 본색을 구입하거나 절색으로 활용함으로써 눈앞의 급함을 구하도록 해야 합니다.

외국에서 군사를 일으키는 데는 군량이 가장 중요합니다. 이 때문에 혐의와 원망을 피하지 않고 다만 절충하여 처분할 따름입니다. 총괄하여 황상께 바라건대, 왜변이 지극히 시급하고 군량이 부족한 것을 헤아려 주셔서, 호부에 명령하여 요동·산동·조선의 순무에게 공문을 보내도록 해서 제가 논의한 바에 따라 하나하나 속히 처리하고 독촉하여 운송하게 해 주소서. 그럼으로써 눈앞의 다급함을 해결하고 장래에도 일을 그르치는 사태를 면하며, 삼군(三軍)이 듣고서 또한 절로 마음이 뛰고 기세가 웅장해지도록 해 주소서.

....

100 요동·비왜 두 낭중[遼東備倭兩郎中]: 요동관량낭중 한자렴과 관리비왜낭중 동한유를 지칭한다.

성지를 받들었는데, "이번 왜를 정벌하는 군량이 긴급하니 즉시 처리하여 그에게 주도록 하라. 또한 각 해당 순무에게 공문을 보내 속히 처리하고 독촉하여 운송하도록 하라. 호부는 알아 두어라."라고 하셨습니다.

권
2

선부·대동·계주·요동의 병마를 추가로 동원하고 복건의 상선을 구하겠다는 상주

增調宣大薊遼兵馬覓調閩海商船疏 | 권2, 36a-44b

날짜 만력 25년(1597) 8월 8일 이전

내용 일본군의 재침이 분명해진 상황에서 현재 동원한 병력으로는 대처하기에 부족하므로 육군과 수군을 추가로 조선에 파견하고 필요한 군마를 마련해 달라고 요청하는 상주이다. 육군은 우선 계주에서 4000명, 선부·대동에서 2000명, 요동에서 1500명을 급히 조선으로 보내고, 계주의 방위를 위해 선부·대동에서 4000명을 계주로 파견하여 조선으로 보낸 병력의 빈틈을 메우게 했다. 수군은 오송(吳淞)과 복건의 수군을 외양(外洋)을 통하여 신속히 여순(旅順)으로 이동시키고, 복건 해징(海澄)의 상선들을 모집하며, 수군을 총괄하여 통솔할 부총병(副總兵) 1명을 둘 것을 건의했다. 또한 조선으로 이동하면서 군마가 많이 죽어 나가고 있으니 말 1000필을 추가로 지급해야 하고, 절강의 수륙 병력도 기한에 맞게 도착하도록 독촉해 달라고 요청했다.

만력제는 형개의 요구사항을 모두 들어줄 것을 지시했고, 병부 역시 그에 따라 각 지역에 지시를 내리기로 결정했다. 수군을 통솔할 부총병의 인선으로는 양문(楊文)[101]과 진린(陳璘)이 물망에 올랐으나 병부는 양문을 우선 추천했고, 만력제 역시 그에 따라 양문을 통령수병부총병(統領水兵副總兵)에 임명했다.

....

101 양문(楊文): ?~?. 명나라 사람이다. 만력 25년(1597)에 형개의 건의에 따라 통령수병부총병(統領水兵副總兵)에 임명되었다.

관련문서 본문의 작성 일자는 정확히 알 수 없으나, 『사대문궤』에 수록된 경리 양호의 8월 8일자 조선국왕 앞 자문에는 형개가 이미 연로에서 병력에게 말을 지급하도록 했고, 계주·요동·보정·선부·대동·산서의 병력을 동원하여 기한을 정해 구원하도록 했다는 내용이 실려 있다.[102] 이를 감안하면 8월 8일 이전에 본 문서가 작성되었던 것으로 보인다.

왜정이 지극히 급하니 삼가 동원이 미진한 사항을 논의하여 급난(急難)을 구제할 일로 올린 제본.

살피건대, 근래 보고에 왜병이 일본으로부터 오는 숫자가 매우 많으며, 현재 부산·기장의 병력과 진영을 합쳐서 점차 양산·웅천 일대를 핍박하고 있다고 하니,[103] 전라도·경상도 사이의 형세가 매우 불안합니다. 신이 앞뒤로 동원한 병력은 5만이지만 사천의 병력 1만 명과 절강에서 뒤에 모집한 병력 4000명은 일시에 도착하기 어려울 듯합니다. 영평도(永平道)·계주도·밀운도에서 모집하는 병력 6000명은 아직 모병이 완료되지 못했습니다. 그 나머지 앞서 동원한 계주·요동·보정·선부·대동 및 절강의 수륙 병력을 독촉하여 모두 집결시킨다 해도 3만 명이 못 됩니다. 형세의 수고롭고 편안함이 이미

⋯⋯⋯

102 『事大文軌』 卷22, 「經理朝鮮軍務楊(鎬)咨朝鮮國王[楊經理催調天兵整飭本國軍伍]」, 만력 25년 8월 8일, 41a-42b. 해당 부분은 41b.

103 근래 ⋯⋯ 하니: 가장 가까운 시기에 이루어진 조선의 보고에서는 일본으로부터 대규모 선단이 조선으로 건너왔으며, 일본군이 웅천 및 양산 등지로 진입했다고 했다. 『事大文軌』 卷22, 「朝鮮國王奏[賊情奏文]」, 만력 25년 7월 24일, 9b-13a, 「朝鮮國王咨經理楊(鎬)[本國咨請各軍火器]」, 만력 25년 7월 29일, 21a-22a.

다른데 숫자의 많고 적음은 또한 더욱 현격히 차이가 납니다.

저 경상도·전라도는 지역이 광활해서 나누어 지키자니 병력이 더욱 적어지고, 합쳐서 지키자니 나누어서 침범해 올 것이 우려됩니다. 신은 5월에 일찍이 전년에 전 총독 손광과 더불어 제본으로 논의한 내용에 따라 선부·대동·산서(山西)에서 1만 2000명의 병력을 선발하고, 이미 출발시킨 6000명에 더해 재차 추가로 동원해 오도록 했습니다. 병부에서 검토하여 논의하기를, "왜의 정세가 긴급해진 뒤에 별도로 병력을 추가해야 합니다."라고 했습니다. 지금 일이 눈썹에 불이 붙은 것처럼 위급하며 형세가 물에 빠진 사람을 구하는 듯하니, 지금이야말로 긴급한 때입니다. 하물며 저들은 강화한 지 몇 년이 되어 별다른 일 없이 편안하지 않았습니까.

살피건대, 전년에 순의왕(順義王)[104]에 대한 상사(賞賜)를 중지하고 사이관(史二官)이 함부로 날뛰었을 때[105] 신은 대동순무(大同巡撫)

....

104 순의왕(順義王): 순의왕(順義王)은 몽골 투메드의 알탄 칸[俺答汗]이 융경 5년(1571) 명 조정에 의해 책봉된 이후로 그 자손들이 이어받았던 작위로, 당시에는 알탄 칸의 장손인 제3대 순의왕 출루게[撦力克]가 재위(1587~1607)하고 있었다.

105 전년에 …… 때: 만력 17년(1589)에서 만력 20년(1592)에 걸쳐 명과 몽골 세력들 사이에 벌어진 일련의 사건을 지칭한다. 만력 16년(1588) 투메트의 거점 귀화성(歸化城)에 머물고 있던 소남 갸초(달라이라마 3세)가 입적하자, 제3대 순의왕 출루게는 그의 유해를 티베트로 전송하기 위해 만력 17년 5월 청해를 향하여 서쪽으로 원정을 떠났다. 그의 청해 체류는 청해 몽골과 명의 충돌을 격화시켰으므로, 명은 출루게에 대한 공시(貢市)와 상사(賞賜)를 중지시켜 경제적으로 압박을 가하는 한편 그가 귀화성으로 돌아가도록 하기 위해 많은 노력을 기울였다. 한편 사이관(史二官)은 우량하이(兀良哈) 삼위(三衛)에 속한 몽골의 유력자로서 출루게의 형 항렬에 해당하는 안토(安兔)의 사위였는데, 가정(嘉靖) 연간부터 명에 귀순하여 용문소(龍門所) 부근에서 유목하면서 몽골에 관한 정보를 명에 제공하여 무상(撫賞)을 받아왔으나, 만력 18년(1590) 무상 지급 등의 문제로 명과 마찰이 생겨 장인 안토에게로 도망친 뒤 명과 대립했다. 이후 만력 19년(1591) 출루게는 명과의 관계를 회복하기 위해 귀화성으로 돌아갔고, 공시와 상사의 회복을 요구할 명분으로 만력 20년 사이관 등을 명에 인도하는 성의를 보였다. 이에 명은 출루게에

로 재임하고 있었는데,[106] 마침 경략 송응창(宋應昌)이 동쪽을 정벌하기 위해 선부·대동·산서의 병력 총 1만 2000명을 동원했습니다.[107] 지금 서쪽 변진(邊鎭) 부근 오랑캐의 정세는 전년에 비해 꽤 안정되어 있으니, 속히 조사하여 재차 6000명을 동원해야 합니다. 다만 길이 멀어서 늦어져 일에 미치지 못할까 걱정되니, 신이 우선 계주진의 마병과 보병 가운데 4000명을 뽑게 해 주십시오.

그 가운데 마병 1000명은 응당 동협(東協)·서협(西協) 두 군영에 각각 마병 3000명이 있으니 거기서 각 500명씩을 뽑겠습니다. 보병 3000명은 조사해 보니 준화우영(遵化右營)에 원래 병력 2700명이 있으므로 거기서 1000명을 뽑겠습니다. 준화치중영(遵化輜重營)에

....

대한 공시와 상사를 회복시켰다. 이상에 대해서는 다음의 연구와 사료를 참고. 萩原淳平, 『明代蒙古史研究』, 京都: 同朋舍, 1980, 371-388쪽; 李文君, 『明代西海蒙古史研究』, 北京: 中央民族大學出版社, 2008, 171-175쪽; 曉克, 「扯力克汗西行靑海芻議」, 『西部蒙古論壇』 2010-2; 『명신종실록』 권226, 만력 18년 8월 4일(계유), 권247, 만력 20년 4월 25일(갑인), 권248, 만력 20년 5월 13일(임신), 권249, 만력 20년 6월 8일(병신); 瞿九思, 『萬曆武功錄』 卷1, 宣大鎭, 「史二車達雞列傳」, 卷8, 中三邊, 「扯力克列傳」.

106 신은 …… 있었는데: 원문은 "臣待罪雲中"이고, "雲中"은 대동(大同)의 별칭이다. 형개는 만력 18년(1590) 9월에 대동순무로 임명되었으며, 만력 21년(1593) 8월에 남경병부우시랑으로 승진했다. 『명신종실록』 권227, 만력 18년 9월 4일(계묘), 권263, 만력 21년 8월 11일(임진). 섭향고(葉向高)가 지은 형개의 묘지명(墓誌銘)에는 그가 대동순무로서 순의왕 출루게에게 사이관 등을 잡아 보낼 것을 권유하여 성사시켰다는 기록이 있다. 葉向高, 『蒼霞續草』(四庫禁燬書叢刊 集部 125) 卷11, 「光祿大夫柱國少保兼太子太保南京兵部尙書參贊機務崑田邢公墓志銘」, 31a-31b.

107 마침 …… 동원했습니다: 원래 송응창은 선부·대동에서 각각 8000명, 산서에서 2000명을 동원하여 총 1만 8000명을 동원하려 했으나, 병부에서 선부·대동의 병력을 각 5000명으로 줄여 총 1만 2000명을 동원하게 되었다. 宋應昌, 『經略復國要編』[구범진·김슬기·김창수·박민수·서은혜·이재경·정동훈·薛戈 역주, 『명나라의 임진전쟁 1: 출정 전야』(송응창의 『경략복국요편』 역주), 사회평론아카데미, 2020] 「2-29 移宣府大同二撫院咨 권2, 26b」, 「2-33 檄保定倪總兵 권2, 28a-29a」, 「2-38 檄遼東楊總兵 권2, 32a-33a」, 「3-9 議處海防戰守事宜疏 권3, 5a-8a」, 「4-10 檄李提督 권4, 6a-11b」 참고.

원래 병력 2200여 명이 있으므로 거기서 500명을 뽑겠습니다. 삼둔
차전영(三屯車前營)·삼둔차후영(三屯車後營) 병력 총 5000명이 있으
므로 거기서 1000명을 뽑겠습니다. 건창차영(建昌車營)에 원래 병력
2200여 명이 있으므로 거기서 500명을 뽑겠습니다.

이상의 관병은 신이 따로 상주를 올려 지모와 용기가 있는 장관
(將官)을 선임해서 통솔하도록 하겠습니다. 마땅히 지출해야 할 안
가은(安家銀)[108]·호상(犒賞)[109] 등의 항목은 순천순무가 3도에 공문을
보내 전례에 따라 빌려서 지출하고 상주를 올려 지출·상환 처리하
도록 하겠습니다. 공문이 도착한 지 1개월 내에 압록강을 건너 신의
지시를 받도록 하겠습니다.

다만 계주진은 능경(陵京: 능침과 경사)의 중지(重地)인데 앞뒤로
동원한 숫자가 이미 많으니 변경과 관문을 오랫동안 비워 둘 수 없
으므로, 선부·대동의 총독·순무에게 급히 공문을 보내 응당 왜를
정벌하기 위해 동원해야 할 병마 6000명 중에서 4000명은 신속히
숫자대로 동원하여 8월 하순까지 계주진으로 보내 변경 수비를 대
신하도록 하고, 2000명은 9월 말까지 속히 조선으로 보내 정벌하
도록 하겠습니다. 마땅히 지출할 행량(行糧)·월량(月糧: 월급) 및 안
가은 등의 항목은 계주로 가는 병력의 경우 입위반군(入衛班軍)[110]의
사례에 따르고, 조선으로 가는 병력의 경우 동쪽을 정벌하는 사례에

....

108 안가은(安家銀): 규정된 급여 이외에 추가로 지급하는 비용으로 액수가 정해져 있지 않
    았던 것으로 보인다.
109 호상(犒賞): 전쟁의 주요 지휘관들이 상으로 지급하는 물품을 말한다.
110 입위반군(入衛班軍): 반군(班軍)이란 명대에 군호(軍戶) 중 일부가 자기 근무지로부터
    떠나서 북경이나 변경 지역에 주기적으로 파견되는 병력을 지칭하며, 그중에서도 입위
    반군은 북방의 변진(邊鎭)으로 파견되는 병력을 가리킨다.

따라 저들 총독·순무가 해당 도(道)에 공문을 전달하여 숫자대로 빌려서 지급하도록 하며, 곧바로 상주하여 해당 부(部)에서 지출·상환 처리하도록 하겠습니다. 또한 각 도로 하여금 속히 독촉하여 출발시켜 중대한 변경의 방어 및 동쪽을 정벌할 때의 병력 활용을 그르치지 않도록 하겠습니다.

요동진에서 왜를 정벌하는 데 보낼 원병(援兵)은 앞서 제본을 올려 7000명을 동원하기로 했는데, 지금 이미 동원한 3000명과 경리순무(經理巡撫: 양호)가 동원한 표병(標兵: 직할부대) 1500명을 합쳐도 아직 앞의 숫자에 미치지 못합니다. 다만 해당 진은 홀로 떨어져 있고 오랑캐 기병이 불시에 침입해 오므로 숫자대로 뽑아 쓰기는 어렵습니다. 마땅히 헤아려 영전도(寧前道)에서 200명, 분순도(分巡道)에서 400명, 해개도(海蓋道)에서 400명, 분수도(分守道)에서 500명, 총 1500명을 동원해서 또한 신이 별도로 상주하여 지모와 용기가 있는 장관을 뽑아 통솔하도록 하고, 전례에 따라 안가은·호상을 지급하며, 공문이 도착한 지 반달 내에 압록강을 건너 신의 지시를 받도록 하겠습니다.

두 곳의 병마는 관계된 바가 매우 긴급하므로 시일을 늦출 수 없으며 조금이라도 숫자가 적어서는 안 됩니다. 각 해당 총독·순무가 같은 마음으로 함께 일을 처리하여 피차를 구분하지 말 것을 기약해야 하며, 기한에 맞춰 각 총병 및 선부의 분수구북도(分守口北道), 대동의 분순기북도(分巡冀北道), 산서의 안평도(雁平道), 계요(薊遼)의 밀운도·계주도·영평도·영전도·분수도·분순도·해개도를 엄히 독촉해서 모두 책임지고 선발해 보내야 합니다. 각 순무는 또한 출발한 날짜를 상주하여 장차 공을 이룰 수 있게 해야 합니다.

왜노는 대부분 물에 의지하고 있으므로, 한산도(閑山島)는 전라·
등주(登州)·내주(萊州)·천진(天津)의 목구멍, 울타리와 같은 지역입
니다. 여기의 조선 수병은 자못 강하다고 칭해지지만, 근래 경리순
무가 그 숫자를 조사해 보니 비록 1만 명이 있다고는 하나 싸움을
감당할 수 있는 숫자는 겨우 5000명이었습니다.[111] 신은 이미 그들
이 필시 쓰기에 부족할 것임을 미리 알았으므로 절강 수병 3000명
외에 복건·오송(吳淞)의 수병[112] 각 1000명씩을 더할 것을 논의했습
니다. 오송의 병선은 신이 두 차례 응천순무(應天巡撫)에게 자문을
보내 회안(淮安)에서 출항해서 외양(外洋)을 거쳐 곧바로 여순(旅順)
에 도착해 신의 지시를 듣도록 했습니다. 대개 이 바닷길은 근래 유
격 계금(季金)이 오송의 병선 10척을 이끌고 20일도 못 되어 이미

111 비록 …… 5000명이었습니다: 이는 조선에서 명 조정 및 지휘부에 알린 숫자와 일치한
다. 조선은 4월 25일자 자문에서 한산도의 궁수(弓手)·수수(水手) 등 5000여 명이 가용
하다고 보고했고, 5월 19일자 자문에서는 한산도의 관병(官兵)을 4500명으로 기록했다.
『事大文軌』 卷19, 「朝鮮國王咨兵部[回咨]」, 만력 25년 4월 25일, 54a-59b, 卷20, 「朝鮮
國王咨都司劉[回咨]」, 만력 25년 5월 19일, 61a-64a. 한편 5월 초 한산도에 결집한 조선
수군은 전선 134척, 격군 1만 3200여 명이었는데[『선조실록』 권88, 선조 30년 5월 12일
(임인), 13일(계묘)], 박현규는 이를 근거로 양호가 보고한 조선 수군 1만 명은 격군을
제외한 전투 병력만을 지칭하며 그 중 정병이 5000명이었던 것으로 해석했다[朴現圭,
「明 邢玠 『經略御倭奏議』의 丁酉再亂 史料 考察」, 『中國史研究』 113, 2018, 48~49쪽],
『사대문궤』의 기록을 통해 보면 조선에서는 애초에 격군을 포함한 조선 수군 가용 병력
을 명에 5000명으로 보고한 것으로 보인다. 이후에도 양호 등은 지속적으로 조선 수군
의 숫자를 자세하게 보고해 달라고 요청했고[『선조실록』 권89, 선조 30년 6월 26일(을
유)], 조선에서는 형개에게 전선 130여 척을 보유하고 있다고 재차 보고한 것으로 보인
다. 형개는 명 각지의 수군을 동원하고 있으나 130여 척으로는 부족하므로 전선을 더 건
조할 것을 조선에 요구했다. 『事大文軌』 卷22, 「總督薊遼保定等處軍務兼理糧餉經略禦倭
邢(玠)咨朝鮮國王[邢軍門催造戰船]」, 만력 25년 7월 14일, 22a-23a.
112 수병: 원문에는 "兵船"으로 되어 있으나, 각각 1000씩을 동원한다는 서술을 볼 때 "船
兵", 즉 수병의 오기로 보인다.

여순에 도착하면서 조금도 손실을 입지 않은 바 있습니다.[113] 이 해로는 분명히 항행할 수 있는 길입니다.

다만 복건의 수병은 와야 할 바닷길이 꽤 멉니다. 하지만 왜를 정벌하는 용도로는 복선(福船)[114]의 크고 견고함이 아니면 적의 배에 부딪혀 격파하는 공을 거두기에 부족하고, 복선의 가볍고 빠름이 아니면 추격하는 효험을 거두기에 부족합니다. 이는 반드시 쓰지 않을 수 없는 것이며 반드시 불러오지 않을 수 없는 것입니다. 또한 그 바닷길을 조사해 보니 소정채(小埕寨) 등에서부터 선하위(仙霞衛)·금향위(金鄕衛)를 거쳐 정해(定海)에 이르고, 정해에서부터 오송과 낭산(狼山)을 거치며, 또한 회안으로부터 바다로 나가서 곧바로 여순에 이르니, 한 달 남짓이 못 되어 도착할 수 있습니다. 이는 또한 따라갈 만한 옛길이 있으니 오기에 어렵지 않습니다. 만약 시일이 촉박하여 미치지 못한다 하더라도 왜와 서로 대치하는 것이 이번 겨울일지 내년 봄일지 전혀 알 수 없으니, 가을에 쓰기는 늦을 수 있어도 겨울이나 봄에 쓰려면 아직 늦지 않습니다. 응당 서둘러 복건

....

113 대개 …… 있습니다: 형개는 정유재란이 끝난 이후 『어왜도설(禦倭圖說)』을 바치면서 함께 올린 상주에서도 자신이 처음 군대를 동원했을 때 도사(都司) 계금으로 하여금 다선(茶船) 20척을 거느리고 회안·양주(揚州)에서 출항하도록 하여 20일도 되지 않아 여순에 도착했음을 지적하고, 이를 근거로 자신이 제본을 올려 수군은 모두 외양으로 2개월 사이에 전장에 도착하도록 요청했으나 장령들이 바람과 파도를 꺼려 대운하를 이용하게 되었으며, 그 결과 전쟁 당시 부족한 병력이 1만 명이나 되었다고 한탄했다. 해당 상주는 王圻, 『續文獻通考』(와세다대학 도서관 소장본) 卷234, 四裔考, 東夷. 「日本」, 50a~53b 및 王在晉, 『海防纂要』(북경대학 도서관 소장본) 卷3, 「經略朝鮮」, 31a~35a에 수록되어 있다. 해당 상주는 申炅, 『再造藩邦志』 卷4, 89b~93a에도 수록되어 있으나 계금에 대한 언급은 빠져 있고, 대신 상주를 읽어 보고 만력제가 내린 성지가 함께 실려 있다.

114 복선(福船): 복건 지역의 선박을 말한다. 명 후기 척계광(戚繼光)의 『기효신서(紀效新書)』 등에서는 복선이 성과 같이 높고 커서 큰 바다에 적합함을 강조했다.

순무에게 공문을 보내 신속히 숫자대로 반드시 동원해 보내서 급한 용도에 쓸 수 있도록 해야 합니다.

또 조사해 보니 복건 해징현(海澄縣)에서 서양(西洋)[115]으로 나가 장사하는 상선은 그 배가 극히 견고하고 편리하며 그 군화(軍火: 화약무기)·장비[器械]가 극히 정밀하고 날카롭습니다. 그 배를 타는 사람들은 수전(水戰)에 익숙하고 일본의 정세와 지형을 익숙하게 알고 있으니, 병사로서 쓸 수 있을 뿐만 아니라 간첩으로도 활용할 수 있습니다. 전년에 총병 척계광(戚繼光)[116]이 일찍이 왜를 방어하는 데 활용하여 끝내 기첩(奇捷: 뜻밖의 승리)을 거두었으니, 마땅히 아울러 복건순무에게 공문을 보내서 그 무리에게 호소하고 그 충성과 용기를 고무시키면 필시 감복하여 의를 쫓는 자들이 나타날 것입니다. 많으면 100척을 모집하고, 그렇지 않으면 50척을 모집하면 됩니다.

이상의 각 병력은 순무가 수전에 익숙한 장관을 선발하여 통솔

....

115 서양(西洋): 명대의 서양은 유럽을 지칭하는 것이 아니라, 대략 광주(廣州)-보르네오 섬을 잇는 선을 기준으로 그 동쪽 해역을 동양(東洋), 서쪽 해역을 서양(西洋)으로 칭했다. 송미령, 「明 洪熙·宣德연간(1424~1435) '西洋'에 대한 정책 변화와 實相」, 『역사와 경계』 100, 2016, 306~310쪽. 실제 만력 17년(1589) 복건순무 주채(周寀)가 제안하여 정해진 출항 선박 숫자 제한 규정에 따르면, 당시 해징을 통해 "서양"으로 출항할 수 있는 배는 연간 40~44척이었으며 그들의 목적지는 대부분 동남아시아 지역이었다. 가장 많은 중국 상인들의 목적지이자 스페인 세력의 본거지였던 필리핀의 마닐라는 동양으로 분류되었다. 蔡暻洙, 「海澄 개항과 새로운 교역망의 형성」, 『明清史硏究』 54, 2020, 56쪽의 〈표 2〉를 참고. 박현규는 이 구절을 복건 해징현에서 판매되는 포르투갈 등 유럽 상선을 활용하려는 방안으로 이해했는데[朴現圭, 앞의 글, 49쪽], 이는 오류이다.

116 척계광(戚繼光): 1528~1588. 명나라 사람이다. 가정 23년(1544) 부친의 직위를 승습하여 산동등주위지휘첨사(山東登州衛指揮僉事)가 되었다. 가정 29년(1550) 무과 회시를 치르기 위해 북경에 왔다가 몽골 침입에 맞서 방어하는 공을 세워 여러 사람의 천거를 받게 되었다. 이후 십수년 간 산동, 절강, 복건 등의 지역을 방어했다. 직접 모집하여 훈련시킨 척가군(戚家軍)을 이끌고 왜구에 맞서 큰 전과를 세우기도 했다.

하도록 합니다. 배는 빌리는 값을 헤아려 지급하고, 사람은 수병의 예에 따라 관에서 급여 및 일체의 안가은·노비(路費: 노자)·행량을 지급합니다. 해당 성에서는 가용한 은을 일체로 지출하여 지급하고 기한을 정해서 출발시켜 오게 하여 신이 동원하고 파견할 수 있도록 합니다. 사용한 은은 지출 처리하든 상환 처리하든 모두 상주하여 시행하도록 합니다.

복건·절강·오송·조선의 병력을 모으고 상선의 병력을 더한다면 풍향·수세(水勢)·왜정·전법(戰法)은 그들이 모두 잘 알고 쉽게 처리할 수 있을 것입니다. 외양에서 차단하여 죽이든 직접 소굴을 습격하는 병력을 나누어 배치해서 실효를 거둘 수 있습니다. 다만 각 장수가 각기 한 부대를 통솔하고 한 곳을 지킨다면 피차 서로 연결되지 않을 것이니 급할 때 어떻게 명령을 따를 수 있겠습니까. 마땅히 통령수병부총병(統領水兵副總兵) 1명을 특별히 설치하여 그 무리를 전체적으로 통솔하도록 하고, 일체 토벌하는 방책을 모두 협력하고 제어하여 안배하도록 해서, 지체하면서 나아가지 않으며 관망하는 일이 없도록 해야 합니다. 다만 장수감을 얻기가 어려우며, 특히 수전을 지휘할 장수감을 찾기는 더욱 어렵습니다. 바라건대, 병부에 명령해서 조정에 있는 여러 신하에게 널리 물어, 오랫동안 광동·복건·오송 일대에 있으면서 일찍이 수병을 관할한 적이 있고 오랫동안 바람과 파도에 익숙하며 왜의 정세를 잘 알고 있는 장관을 현임이든 현재 직임이 없고 명부에만 있든 상관없이 한 명을 선발해서 이 임무를 맡기십시오. 마땅히 필요한 칙서·기패(旗牌)는 전례에 따라 청하여 지급해야 합니다.

앞서 추가로 모집한 절강 병력 4000명은 그곳의 순무가 지나간

일을 보고 올 일을 알며 평소 의를 좋아한다는 평판이 있으니 필시 마음을 다해 처리할 것입니다.[117] 다만 일이 지극히 급한데 저쪽에서 모르고 있을까 염려되니, 또한 공문으로 재촉해서 속히 출발하도록 독촉하여 9월 하순에는 반드시 조선에 도착하도록 기약하여야 쓸 수가 있을 것입니다.

살피건대, 신이 이번에 왜를 정벌할 때 마병과 보병을 함께 쓰는데, 이제 곧 겨울이 깊어지면 또한 마군(馬軍)이 말을 달릴 수 있는 시기입니다. 다만 마병이 멀리 이역에 나가서 무더운 여름날 비에 진흙탕길을 지나느라 쓰러져 죽은 말이 꽤 많습니다. 양원의 진영만 봐도 몇 달 안 되어 쓰러져 죽은 말이 200여 필이나 됩니다. 한 진영이 이러하다면 다른 진영도 알 만합니다.[118] 만약 때가 되었는데 말이 부족하면 원래의 군영이나 지역에서 지급할 수도 없고 조선에서 취하여 쓸 수도 없어 속수무책이니 일을 그르치는 것이 가볍지 않습니다. 마땅히 태복시(太僕寺)에서 각 주현(州縣)에 맡겨 기르는 말 중에서 태복시의 위관(委官)이 계주도·밀운도·영평도와 함께 나이

....

117 앞서 …… 것입니다: 당시의 절강순무는 유원림(劉元霖)이었다. 그는 만력 22년(1594) 11월부터 절강순무의 직임을 맡고 있었다. 『명신종실록』 권279, 만력 22년 11월 1일(을해).
118 다만 …… 만합니다: 정유재란 초기 명군이 조선으로 이동하는 과정에서 잃은 말의 숫자는 정확히 알기 어려우나, 4-10 〈買補東征馬匹疏〉를 통해 어느 정도 추측할 수 있다. 이에 따르면 정유재란 당시 동원된 말과 나귀는 총 2만 7639마리인데, 그 가운데 만력 25년(1597) 11월까지 죽은 숫자가 6961마리였다. 이 수치는 말과 나귀를 합친 것이고 직산 전투 이래 조선 남부에서의 손실을 포함하며, 무엇보다 양원이 남원 전투에서 패하여 잃은 말 3400필은 포함하지 않은 수치이므로 상당수의 마필이 명군의 동원 과정에서 죽었음을 알 수 있다. 이 사료의 존재에 주목한 연구로는 朴現圭, 앞의 글, 43~44쪽이 있으나 남원 전투의 손실 3400필을 6961마리에 합산하는 등 수치에 대한 이해가 부정확하다.

154 • 명나라의 정유전쟁 1: 출병 준비

가 어리고 힘이 건장한 말을 골라 다시 1000필을 지급하도록 허가해야 합니다. 세 도에서 모집한 남병(南兵)이 이제 곧 다 모일 것이니, 곧바로 각각의 말을 선정해서 털빛, 나이, 살찐 정도를 조사하여 책자 한 권을 만들어 해당 도가 공동으로 장관에게 교부하고, 각 병사들에게 말을 나눠 주어서 데리고 다니며 먹이게 했다가, 목적지에 도착하기를 기다려 신이 헤아려 나누어 보낼 수 있도록 해야 합니다. 지나가는 연도에서 사료를 구입할 은은 각 관량낭중(管糧郎中)이 경과하는 객병(客兵)에게 지급하도록 정해 둔 은에서 지급합니다. 또한 밀운도로 하여금 청렴하고 능력 있는 경력(經歷) 1명을 뽑아 연도(沿途)에서 날짜를 계산하여 은을 수령했다가 계속하여 지급해 주도록 하고, 아울러 사료를 점검하게 해야 합니다. 만약 각 마필이 병이 없는데 쓰러져 죽으면 원래 데리고 있던 병사는 결박하여 때리고, 그의 이름으로 말 값을 배상하도록 합니다. 손상되고 여윈 마필의 수가 많으면 장관은 탄핵하여 처분하고, 경력도 함께 다스릴 것입니다.

이렇게 하면 병사·전선·마필을 갖추게 되어 급할 때 도움이 될 것이니 왜노는 평정할 것도 못 됩니다. 엎드려 바라건대, 병부에 명령하여 속히 논의하고 검토해서 시행하기를 청하도록 하여, 각각 그에 따라 시행할 수 있도록 해 주십시오.

성지를 받들었는데, "여기 아뢴 병선·마필은 모두 그에게 주도록 허가한다. 장관은 모름지기 숙련되고 강하며 용감한 자를 선발하여 보내도록 하라. 병부는 알아 두어라."라고 하셨습니다.

병부에서 검토하여 논의한 내용은 다음과 같았습니다.

살피건대, 동쪽을 정벌하는 일은 이미 총독이 편의대로 조처하도록 했습니다. 무릇 응당 동원해야 하는 병마는 도착하는 대로 즉시 요구에 응했으며, 간혹 미진한 사안은 시세의 완급에 따라 기미를 살펴 행하도록 했습니다. 지금 총독이 왜정을 정탐한 것이 이미 확실하고 저쪽과 우리의 많고 적음이 크게 차이가 나며 수고로움과 편안함도 형세가 다릅니다. 지난 사례를 참고하여 선부·대동·산서의 병마를 더 동원하고 남직례·복건·절강의 병선을 재촉하여 모집하는 등의 항목은 진실로 부득이합니다.

삼가 밝은 성지로 허락하시고 장수를 선발하는 일을 더욱 간곡히 말씀하신 것을 받들어, 계주·요동은 총독의 전담 관할 구역이므로 그 병마와 장령(將領)[119]은 그가 숫자대로 선발하도록 하는 외에, 이에 더하여 제본으로 아뢴바 선부·대동·산서에서 동원해야 할 6000명은 마땅히 선부진·대동진에 공문을 보내 각각 용맹하고 굳센 병사 1000명씩 정밀히 선발해서 9월 말을 기한으로 조선에 도착하도록 하여 토벌을 돕도록 하겠습니다. 산서의 2000명과 선부·대동 각각 추가 1000명씩을 합쳐 4000명을 채워서 8월 말을 기한으로 계주에 도착하도록 하여 변경 수비를 대신하도록 하겠습니다. 이상은 각각 지모와 용기가 있는 장관

....

119 장령(將領): 장관(將官)이라고도 하며, 명대 각 지역을 진수(鎭戍)하는 병력을 지휘하는 무관을 총칭한다. 총병(總兵)·부총병(副總兵)·참장(參將)·유격(遊擊)·수비(守備) 등이 있다. 『명사(明史)』 「직관지(職官志)」에 따르면 이들에게는 정해진 품급(品級)이나 정원(定員)이 없었으며, 이들 중 한 방면을 총괄하는 자를 진수(鎭守=總兵), 일로(一路)만을 담당하는 자를 분수(分守), 한 성이나 보(堡)를 각각 지키는 자를 수비, 주장(主將)과 함께 한 성을 지키는 자를 협수(協守)라고 칭했다. 숭정(崇禎) 10년(1637)에 이르러 병부상서(兵部尚書) 양사창(楊嗣昌)이 이들의 관계(官階)를 정리했고, 이는 청대 녹영(綠營)의 품급(品級)으로 계승되었다. 曹循, 「明代鎭戍將官的官階與待遇」, 『歷史檔案』, 2016-3 참고.

을 뽑아 통솔하도록 하겠습니다. 응당 사용할 행량·월량·안가은 등의 군량과 급여는 모두 총독이 논의한 바에 따르고, 각기 출발한 날짜를 제본으로 상주하겠습니다.

이어서 동원할 남직례·복건 수병 2000명은 여러 차례 저희 병부에서 제본을 올려 재촉했습니다. 지금 오송의 병선이 회안에서 바다로 나가면 곧바로 여순에 도달할 수 있으며, 지금 유격 계금이 이미 손상 없이 항행한 적이 있다고 합니다. 즉시 복건순무에게 공문을 보내, 총독의 상주 내용에 따라 응당 필요한 복건의 수병과 크고 작은 배를 참작하고 헤아려서 총독이 제시한 바 뱃길을 따라 보내되, 지방의 방어 및 멀어서 일에 미치지 못한다고 핑계 대지 말고 속히 요청한 대로 행하게 하겠습니다.[120] 아울러 복건에서 나가서 장사하는 상선을 조사하여 만약 쓸 만하다면 속히 숫자대로 고용하고 후하게 격려해서 인솔하되, 군사를 알고 바다에 익숙한 장관을 뽑아 통솔해 오도록 하겠습니다. 이는 의리상 국가의 일을 급하게 여겨 피차를 나누기 어려운 일이니, 공이 이루어지면 함께 논의하여 서훈할 것입니다.

추가로 모집한 절강 병력 4000명은 비록 이미 재촉했으나 아직 출발 날짜를 보고하지 않았으므로, 응당 재촉하여 출발시켜서 9월 하순을 기한으로 요동에 도착하게 하여 쓸 수 있도록 하겠습니다. 마필은 행군할 때 반드시 필요한 것인데 쓰러져 죽

....

120 즉시 …… 하겠습니다: 형개 및 병부의 요청에도 불구하고, 복건의 전선은 제때 조선에 도착하지 못한 것으로 보인다. 형개는 정유재란이 끝난 이후 올린 상주에서 복선(福船) 및 창선(滄船)은 멀어서 조선에 올 수 없었다고 서술했다. 王在晉,『海防纂要』卷3,「經略朝鮮」, 32b. 이 사실은 제장명, 앞의 글, 2014, 41쪽에 지적되어 있다.

은 숫자가 많아서 부족함을 면하지 못합니다. 논의 내용에 밀운도·계주도·영평도 소속 각 주현에 맡겨 기르는 말 중에서 다시 1000필을 지급하되 어리고 건장한 것을 골라 나이를 조사해서 장부를 만들어 군대에 지급하고, 필요한 사료는 숫자대로 지급하며, 위관으로 하여금 쓰러져 죽거나 다치고 여윈 말의 숫자를 점검해서 책임자를 각각 다스리도록 했는데, 모두 마땅히 논의한 대로 즉시 시행해야 합니다. 원래 임무를 맡긴 태복시승 손성헌(孫成憲)으로 하여금 곧바로 한꺼번에 선발하여 지급하도록 해서 지연시키지 않도록 하겠습니다.

살피건대, 총독이 수병부총병(水兵副總兵) 1명을 두어 협력하고 통솔해서 안배하도록 하자고 논의했고, 저희 병부에 조정 신료들에게 널리 물어서 오랫동안 광동·복건 등지에 있으면서 일찍이 수병을 관할한 적이 있고 숙련된 장관을 현임이든 현재 직임이 없고 명부에만 있든 상관없이 1명을 뽑아 임무에 충당하게 해 달라고 요구했습니다. 신 등이 살피건대, 원임 부총병 양문(楊文)은 복건·광동의 장령을 역임했고 근래 과도관(科道官)[121] 서성초(徐成楚)[122] 등이 회천(會薦)[123]한 바 있으며, 왜정에 통달하고 수

....

121 과도관(科道官): 명청시대 육과(六科)의 급사중(給事中)과 도찰원 산하의 각도감찰어사(各道監察御史)를 통칭하여 부르는 말이다. 감찰과 간언을 함께 담당하는 명대 특유의 언관으로서, 『명사(明史)』의 기록에 따르면 "어사(御史)는 조정의 이목(耳目)이요, 급사중은 장주(章奏)를 담당하여 조정과 황제 앞에서 시비를 다투니 모두 언로(言路)라 부른다."고 했다.

122 서성초(徐成楚): ?~?. 명나라 사람이다. 자는 광남(光南)이고 호광 운양부(鄖陽府) 죽계현(竹谿縣) 사람이다. 만력 14년(1586)에 진사가 되었다.

123 회천(會薦): 명대 구경(九卿) 및 과도관(科道官) 등이 변경을 방어할 만한 인재를 함께 추천하는 것을 가리킨다. 鄭明選, 『鄭侯升集』(四庫禁燬書叢刊 集部 75) 卷26, 疏, 「爲會

류의 전진(戰陣)에 익숙해 지금 경략이 자문으로 불러들여 표하(標下: 직할부대)에서 청용(聽用)[124]하고 있습니다.

또한 조사해 보니 원임 부총병 진린(陳璘) 또한 복건·광동 등지에서 직임을 거쳤으며, 근래 광동순안어사(廣東巡按御史) 유회(劉會)[125]가 올린 제본에는 광동의 해임된 장령 중에 그보다 능력이 나은 자가 없다고 했습니다. 다만 그는 평소 행실에 문제가 있고 통용되는 도리를 범하여 일찍이 병부상서가 탄핵하여 쫓아낸 적이 있습니다. 순안어사도 '나라를 지킬 장수인데 계란 두 개를 몰래 먹은 혐의를 벗지 못했다'라고[126] 말했으나, 이러한 무

薦邊才以濟時艱事疏」, 7a-7b, "頃者, 倭虜交訌, 廟堂爲此廉廉, 猥蒙皇上特允銓臣、樞臣之請, 會同九卿、科道, 不問在官、在田、在告、在疚, 但有熟諳韜略, 精警足智者, 各擧所知以聞.";『大明會典』(續修四庫全書 史部 789-792) 卷135, 兵部 18,「擧用將材」, 11a-11b, "萬曆元年議准, 在京四品以上, 及科道官, 在外總督、鎭、巡等官, 各延訪, 不拘見任、隱逸, 及被論、聽勘、革棄等項人員, 上自總兵, 下至卒伍民庶, 某可爲大將, 某可爲偏裨, 某可備先鋒, 及遠使外夷, 據實開注, 每人或擧一二員名, 或三五員名具奏, 兵部再加品隲, 並將擧主職名, 題覆附簿, 聽備緩急推用, 如樹有功績, 賞及擧主, 或徇私濫擧, 以致債事, 擧主一體議罰."

124 청용(聽用): 명 중기 이후 직위에서 해제된 원임 장령을 변경의 총독·순무가 자체적으로 자신의 군영에 받아들여 임용한 경우를 말한다. 이들은 스스로 장비와 가정(家丁)을 갖추어 변경에 나아가 군무에 임했으며, 공을 세우면 이전에 직위 해제되었을 때의 잘못을 헤아리지 않고 현직으로 복직할 수도 있었다. 총독·순무는 자율적으로 이들을 중군 등의 직책에 임용하여 자신의 군문에서 활용하는 것이 관행이었고, 이는 명 후기 장령의 중요 임용 방식 중 하나가 되었다.

125 유회(劉會): 1553~?. 명나라 사람이다. 자는 봉갑(逢甲)이고 복건 천주부(泉州府) 혜안현(惠安縣) 사람이다. 만력 11년(1583)에 진사가 되어 운남순안어사(雲南巡按御史), 강서우참정(江西右參政) 등의 관직을 역임했다.

126 나라를 …… 못했다라고[干城之用, 不勝二卵之疑]:『공총자(孔叢子)』「거위(居衛)」에 나오는 고사를 인용한 것이다. 자사(子思)가 위(衛)나라 군주에게 구변(苟變)이라는 사람을 장수로 천거했으나, 위나라 군주는 그의 능력은 알지만 세금을 거둘 때 남의 계란 두 개를 먹은 적이 있어서 등용할 수 없다고 거절했다. 자사는 이에 대해 사람을 쓸 때는 좋은 부분은 취하고 나쁜 부분은 버려야 하는 것으로, 달걀 두 개를 가지고 나라를 지킬 만한 인재를 버려서는 안 된다고 간언하여 관철시켰다. 사람에게 작은 허물이 있다고 하여

리는 비유하자면 오두(烏頭)·부자(附子)[127]와 같아서 임시로 위급한 상황을 해결할 수 있기에 버리지 않는 것이니, 양문이 시론(時論)에 버림을 받지 않은 것만 못한 듯합니다.

둘을 비교해 보면 양문은 이미 회천을 받았고 현재 청용 중에 있어 아침에 명령을 받으면 저녁에는 일을 볼 수 있으니 더욱 신속하고 편리합니다. 신 등이 감히 마음대로 할 수 없으니 엎드려 바라건대, 황상께서는 1명을 정하셔서 통령수병부총병에 임명하소서. 저희 병부에서 맡을 임무를 의논하여 칙서 한 장을 발급하기를 청해서 본관(本官)에게 주어 삼가 준수하여 일을 행하도록 하겠습니다. 필요한 부험(符驗)[128]·기패는 전례에 따라 지급하기를 청하겠습니다. 삼가 명령이 내려오기를 기다려 신 등이 각 해당 총독·순무에게 두루 공문을 보내서 모두 함께 긴급히 준수하여 시행할 수 있도록 해 주십시오.

성지를 받들었는데, "알겠다. 양문을 총령수병부총병에 임명하도록

....

능력까지 버려서는 안 된다는 의미이다.

127 오두(烏頭)·부자(附子): 미나리아재비과에 속하는 투구꽃의 덩이뿌리로서, 성질이 뜨겁고 맛이 매우며 독성이 강하지만 양기를 보하고 체온을 올리는 등에 효험이 있는 약초이다. 본문에서는 문제가 많으나 쓸모가 있다는 것에 대한 비유로 썼다.

128 부험(符驗): 명대 역전(驛傳)을 이용할 권리를 증빙하기 위해 발급된 신표(信標)로서, 비단으로 제작되어 문양과 문구를 직조했다. 명 중기부터는 총독·순무, 총병·참장 등의 장령, 분순도·분수도 등의 도원(道員)에게도 부험이 지급되었다. 조선국왕에게도 명초에 부험이 지급되었으며, 현재 국립중앙박물관(덕수1784) 및 국립고궁박물관(창덕27445)에 각각 1건씩 실물이 보관되어 있다. 蘇同炳, 『明代驛遞制度』, 臺北: 中華叢書編審委員會, 1969, 351~358쪽; 서성호, 「덕수1784 "織物馬牌"의 正體와 明 符驗」, 『동원학술논문집』 16, 2015; 김경록, 「明代 驛傳制度와 韓中關係에서 符驗의 意味 - 홍무연간을 중심으로-」, 『명청사연구』 49, 2018.

하라."라고 하셨습니다.

마귀에게 제독 관직을 더하고 아울러 동일원을 참찬으로 취할 것을 청하는 상주

請加麻貴提督職衛幷取董一元參贊疏 | 권2, 45a-47b

날짜 만력 25년(1597) 8월 8일

내용 현재 조선에 주둔한 병력을 통솔하는 비왜총병관 마귀의 직함이 낮으니 임진왜란 때의 전례와 유정(劉綎)의 사례에 따라 제독 직함을 더해 주고, 전략 수립을 보조하기 위해 전 요동총병 동일원(董一元)을 자신의 참찬(參贊)으로 기용하도록 허락해 줄 것을 요청하는 상주이다. 병부는 이대로 시행해 달라고 요청했으며, 만력제 역시 요청 사항을 모두 재가했다.

관련문서 『명신종실록』 만력 25년 8월 8일 기사에는 형개의 요청에 따라 마귀에게 제독남북관병 어왜총병관(提督南北官兵禦倭總兵官) 직함을 더하고 동일원을 총독의 표하 참찬으로 삼는다는 내용이 간략히 수록되어 있다.[129] 『선조실록』 선조 30년 8월 27일에는 선조가 마귀가 머물던 남별궁을 방문하여 마귀의 제독 승진을 축하했다는 기사가 실려 있다.[130]

....

129 『명신종실록』 권313, 만력 25년 8월 8일(병인).
130 『선조실록』 권91, 선조 30년 8월 27일(을유).

왜를 정벌하는 대장의 직함을 논의하여 더해서 장수의 체통을 무겁게 하고, 아울러 지모와 용기가 있는 숙장(宿將)을 등용해서 참찬(參贊)으로 활용할 일로 올린 제본.

살피건대, 대장은 삼군(三軍: 전군)의 목숨을 맡은 자이며 바깥 오랑캐가 우러러보는 대상이니, 관계된 바가 가볍지 않습니다. 이런 까닭에 그 일의 권한이 반드시 무겁고 그 체통이 반드시 높은 연후에야 위세가 행해지고 명령이 엄숙해집니다. 지금 보건대, 비왜총병관 마귀는 깃발과 부절(符節)을 가지고 특별히 간택하는 칙서를 받들어 변경 바깥의 권한을 오로지하고 있으니, 그 체통은 이미 자연히 높고 무겁습니다. 다만 살피건대, 지난날 왜를 정벌할 때는 모두 제독의 직함을 띠었으며, 전에 추가로 동원한 총병관 유정(劉綎)은 이미 전례에 따라 제독을 제수했습니다.[131] 두 장수가 함께 활동하고 있으므로 마땅히 일체로 대우해야 할 듯합니다. 엎드려 바라건대, 병부에 명령하여 총병관 마귀에게 제독남북관병 어왜총병관(提督南北官兵禦倭總兵官)을 더해 칙서를 바꾸어 지급하고 삼가 준수하여 일에 임하도록 해서, 대장의 체통이 무거워진 만큼 위령(威令)도 자연히 엄숙해지게 하소서.

또한 살피건대, 신은 지금 요양에 도착하여 다시 절강·진정(眞定)·보정에서 독촉하여 동원한 병력 및 계주도·밀운도·영평도에서

_____

131 다만 …… 제수했습니다: 임진왜란 당시 이여송은 제독계요보정산동등처 방해어왜총병관(提督薊遼保定山東等處防海禦倭總兵官)의 직함을 띠었다. 『명신종실록』 권253, 만력 20년 10월 16일(임인). 또한 유정은 만력 25년 5월 20일에 형개 및 병부의 요청에 따라 제독토한관병 어왜총병관(提督土漢官兵禦倭總兵官)에 임명되었다. 『명신종실록』 권310, 만력 25년 5월 20일(경술).

새로 소집한 관병이 점차 오기를 기다리고 있습니다. 만약 저쪽의 상황이 다시 급해지면 곧바로 마땅히 동쪽으로 압록강을 건너 몸소 가서 안배할 것입니다. 비록 일체 싸우고 지키는 방책은 대략 앞뒤의 상주에 이미 갖추었으나, 신이 멀리 이역으로 나가 이러한 중임(重任)을 맡으려면 반드시 오랫동안 군대를 거쳐 평소 왜정에 익숙하고 노련한 숙장을 얻어서 더불어 전략을 논의하고 확정하며, 또한 긴급한 사태에 대비해 기묘한 계책을 쓸 때 특별히 파견함으로써 군기(軍機)의 중요한 임무에 많은 보탬이 되도록 해야 합니다.

조사해 보니 원임 총병 동일원(董一元)은 명성이 구변(九邊)[132]을 꿰뚫었고 위엄은 만리(萬里)에 드러났으며, 반짝이는 충성과 계책은 해보다 빛나고 용맹한 담력과 지략은 남보다 뛰어납니다. 또한 본관이 예전에 요동총병을 역임한 것은 왜정이 변하고 속이던 바로 그때였으므로, 일의 시말(始末)과 내용을 매우 상세히 알고 있습니다.[133] 마땅히 진영의 사무에는 관여하지 않도록 하면서 원래 관직을 유지하고 신의 표하 참찬으로 삼아 계획을 세울 때 도움이 되도록 하고, 현임 총병과 같은 체통으로 일을 행하게 해야 합니다. 바라건

....

132 구변(九邊): 명나라 때 북방에 설치한 군진으로, 요동(遼東)·계주(薊州)·선부(宣府)·대동(大同)·산서(山西)·연수(延綏)·영하(寧夏)·고원(固原)·감숙(甘肅) 등이다.
133 원임 …… 있습니다: 동일원은 만력 22년(1594) 5월 25일 요동총병에 임명되었으며, 만력 24년(1596) 10월 16일 병과급사중 서성초의 탄핵으로 혁직되었다. 그는 만력 22년 10월 요동에 침범해 온 몽골족을 대파하고 540여 급의 수급을 참획한 전공으로 좌도독(左都督)으로 승진하고 태자태보(太子太保)를 더했으며 음직(蔭職)을 받았다. 또한 요동순무 이화룡(李化龍)과 더불어 부산의 적정 및 도요토미 히데요시의 책봉 상황을 보고하기도 했다. 『명신종실록』 권273, 만력 22년 5월 25일(임인), 권278, 만력 22년 10월 26일(경오), 권278, 만력 22년 11월 25일(기해), 권282, 만력 23년 2월 18일(신유), 권288, 만력 23년 8월 1일(신축), 권289, 만력 23년 9월 16일(을유), 권296, 만력 24년 4월 24일(경신), 권303, 만력 24년 10월 16일(기묘), 권304, 만력 24년 11월 12일(갑진).

대, 선부순무에게 명령해서 응부감합(應付勘合)[134]을 본관에게 지급하도록 하고, 본관을 독촉해서 8월 말을 기한으로 신의 군영에 도착하도록 하소서. 또한 가정(家丁) 200명을 대동하기를 허락하고, 마땅히 지출할 안가은·호상 및 행량·월량은 모두 동쪽을 정벌하는 사례에 따라 순무로 하여금 빌려서 지출하고, 응당 지출 처리하거나 상환 처리하도록 곧바로 스스로 상주로 보고해서 시행하게 하소서. 연도의 마필은 군영의 말을 빌리도록 허락하여 차례대로 보내서 □□□에 도착하도록 하되,[135] 신이 이전에 제본을 올려 지급한 태복시의 말 1000필 내에서 지급하며, □□□는 표영(標營: 직할부대의 군영)에서 만들어 주도록 하여,[136] 모략과 계획을 세울 인재를 얻고 급할 때 도움을 받을 바가 있도록 해 주소서.

성지를 받들었는데, "병부는 알아 두어라."라고 하셨습니다.

병부에서 검토하여 논의한 내용은 다음과 같았습니다.

·······

134 응부감합(應付勘合): 응부(應付)란 명대 공무로 왕래하는 자들에게 봉록[廩給]·식량[口糧]·운송수단[脚力]을 관에서 법례에 따라 마땅히 지급해 주는 것을 의미한다. 『吏文輯覽』(구범진 역주, 『이문 역주』中, 세창출판사, 2012) 33쪽, "應付: 應, 當也, 付, 給也. 如使客往來者, 皆有廩給·口糧·脚力, 官爲例當給付, 故曰應付." 감합(勘合)이란 중국에서 공문서를 발급할 때 문서와 원부(原簿)를 겹쳐서 간인(間印)을 찍고 문서의 번호를 등록하여 위조를 방지하는 행위이자 이러한 과정을 거쳐 발급된 공문서를 지칭하며, 명대에는 육부(六部) 및 도찰원(都察院) 등 다양한 관청에서 관원의 파견, 역로 이용, 지시사항 전달 등 여러 가지 목적으로 사용했다. 명 초기부터 병부에서는 감합을 발급하여 공무로 파견되어 북경을 왕래하는 자들이 신분을 증빙할 수 있도록 했으나, 가정 연간 이후 기존의 역로이용증인 부험을 대체하는 용도로 활용되어 전국적으로 광범위하게 이용되었다. 蘇同炳, 앞의 책, 358~365쪽. 이때 동일원에게 지급된 응부감합은 대상자가 역로를 이용하면서 필요한 물자와 운송수단[應付]을 지급할 것을 명시한 역로이용증으로서의 성격을 가진 문서였다.

135 원문에 세 글자가 마멸되어 있어 정확한 해석이 어렵다.

136 원문에 세 글자가 마멸되어 있어 정확한 해석이 어렵다.

살피건대, 총병 마귀는 비왜총병관 직함을 처음 설치했기 때문에 제독 직함을 더할 일을 아직 의논하지 못했습니다. 지금 이미 남북의 관병을 통솔해서 멀리 외국에 나가 있으니, 그 체통을 높여서 절제(節制)하기에 편하도록 하는 것이 진실로 마땅합니다. 하물며 따를 만한 지난 사례가 있지 않습니까. 마땅히 의논한 바에 따라 시행해야 합니다.

동일원은 앞서 요동총병을 역임하여 왜정을 익숙히 알고 있으니, 원래 관직을 유지하고 표하에 수행하도록 하여 계획을 짜는 일을 돕게[參贊] 하고자 한 것 또한 따를 만한 일입니다. 이미 제본이 올라왔으니 응당 검토하여 다시 청해야 합니다. 마땅히 명령이 내려오기를 기다려 마귀는 원래 관직을 유지하고 제독남북관병 어왜총병관으로 삼겠습니다. 필요한 칙서는 전례에 따라 환급해서 본관에게 가져다주어 삼가 준수하여 일을 행하게 하겠습니다.

동일원 또한 원래 관직을 유지하고 총독 표하의 참찬으로 임명하되 군영의 사무는 관장하지 않도록 하소서. 그 체통은 제독 및 두 총병과 대등하도록 하겠습니다. 또한 선부순무에게 공문을 보내 응부감합을 지급하고 본관을 독촉하여 8월 말을 기한으로 군영에 도착하여 청용하도록 하겠습니다. 헤아려 대동할 가정 및 안가은·호상·행량·월량·마필 등의 항목은 모두 총독이 제본으로 논의한 내용에 따라 시행하겠습니다.

성지를 받들었는데, "알겠다."라고 하셨습니다.

해선을 모집하고 건조함으로써 운송을 지원하겠다는 상주

募造海船以濟輓運疏 | 권2, 48a-51b

날짜 만력 25년(1597) 8월

내용 조선으로 동원한 병력 6만여 명에게 들어가는 군량과 사료가 1년에 54만 석인데 현재 육상과 해상의 운송 능력이 1년에 20만여 석에 불과하므로, 해상 운송 능력을 확충하기 위해 절강·남직례·회안에서 각각 상선 20척씩을 고용하여 산동순무에게 넘겨서 등주·내주로부터 조선으로 군량을 운송하는 데 활용할 수 있게 해 줄 것을 요청하고, 나아가 요동의 관전(寬奠) 지역에서 500석 이상을 실을 수 있는 운송선 30척을 건조하겠다는 상주이다. 병부는 일부 재료비를 요동에서 마련하도록 한다는 정도의 수정만 가하여 그대로 만력제에게 상주했고, 만력제는 이를 윤허했다.

왜의 정세가 매우 긴급한데 사료와 군량은 모자라고 선박이 부족하므로 엄격히 공문을 보내 상선을 징발하고 배를 건조해서 운송을 돕게 할 일로 올린 제본.

신이 명령을 받들어 왜를 정벌함에 황상께서 동쪽의 일에 주의를 기울여 주시어 성공을 거두도록 신임해 주시는 은혜를 입었습니다.

신은 스스로 정성을 다할 것을 마음으로 맹세하고, 이 적을 섬멸하고 아침밥을 먹음으로써[137] 황상께서 동쪽을 돌아보시는 근심을 조속히 풀어 드리지 못함을 한스럽게 여겼습니다. 그러므로 일체의 방책과 긴요한 전략 가운데 무릇 편의대로 행할 수 있는 권한으로 곧바로 실행할 수 있는 것은 감히 하나하나 천청(天聽: 제왕이 듣는 것)에 번잡하게 아룀으로써 성려(聖慮: 임금의 근심)를 거듭 번거롭게 하지 않았습니다. 다만 군량을 운반하는 선박에는 삼군의 몸과 목숨, 싸우고 지키는 일의 근본이 달려 있습니다. 하루에 두 번 식사를 하지 않으면 굶주리는 것이니, 굶어서 배를 주리는 무리가 어떻게 오랫동안 견딜 수 있겠습니까.

지금 살피건대, 산동의 해운은 회선(淮船) 30척에 한 척마다 500석을 실을 수 있으며, 1년에 6~7운(運)이 왕복할 수 있으니 총합 10만여 석을 얻을 수 있습니다. 요동의 배도 30척으로 한 척에 300석을 실을 수 있으며, 1년에 10여 운이 왕복할 수 있으니 총합하면 또한 10만여 석을 얻을 수 있습니다.[138] 여기에 노새와 낙타로 운송하는 양을 더해도 5만 석을 넘지 않습니다.[139] 이러면 1년간 수운에 바

....

137 이 …… 먹음으로써[滅此朝食]: 적을 섬멸하고 아침밥을 먹겠다는 각오를 드러내는 말로서, 즉시 적을 섬멸하고자 한다는 의미로 사용되는 말이다. 『좌전(左傳)』 성공(成公) 2년에 제나라와 진나라의 군대가 전장에 이르자 제나라 군주가 "내가 잠깐 동안에 이들을 전멸시키고 나서 아침밥을 먹겠다[余姑翦滅此而朝食].”고 말하고 적진으로 돌입한 데서 유래되었다. 『좌전』에 따르면 해당 전투에서 제나라 군대는 패배하고 제나라 군주는 도주했다.

138 산동의 …… 있습니다: 산동 및 요동의 해운에 대해서는 2-4 〈酌定海運疏〉를 참고. 해당 논의에 따르면 요동의 배는 여순에 모인 금주(金州)·복주(復州)·해주(海州)·개주(蓋州)의 곡물을 운송하는 데에만 이용되어, 회안의 선박을 이용하는 산동의 해운과는 구별되었다.

139 여기에 …… 않습니다: 노새와 낙타의 이용에 대해서는 2-3 〈添買騾頭以速輓運疏〉를 참

람과 파도의 험함이 없고 육운에 손실이 일어나는 근심이 없다고 해도 겨우 20만여 석을 얻을 수 있을 뿐입니다. 하물며 의외의 변고가 있을지는 지금 미리 헤아릴 수 없는 일입니다.

또 살피건대, 앞뒤로 동원한 병마는 거의 6만여 명이 되며, 그중에 마병은 약 2만 명입니다. 병사에게는 날마다 쌀 1승 5홉을 지급하므로, 6만 명으로 계산하면 1년에 쌀 32만 4000석이 들어갑니다. 말에게는 날마다 사료 3승을 지급하므로, 2만 필로 계산하면 1년에 사료 21만 6000석이 들어갑니다.[140] 군량과 말 사료를 합치면 총 54만 석인데, 앞 항목의 운송 수량은 겨우 그 절반일 뿐입니다. 지금은 병력이 2만이 못 됨에도 또한 군량이 부족한데, 만약 대군이 한 곳에 집결하여 시끄럽게 먹기를 기다리는 상황이 되면 한 달의 운송량을 통틀어도 10일의 식량을 공급하기도 부족한 판국이 됩니다. 일단 부족하게 되면 가까운 곳에서 생겨날 환란을[141] 장차 예측할 수 없을 것인데, 어떻게 적의 창끝을 꺾어서 막고 적의 모욕을 막아내어 외적을 물리치고 천하를 안정시키는 큰 계책을 이룰 수 있겠습니까.

....

고.

140 병사에게는 …… 들어갑니다: 본문에 제시된 바 병사와 말에게 지급하는 군량과 사료의 기준은 임진왜란 초 대동순무였던 형개가 제시한 기준과 거의 같다. 형개는 과거 규정에 일반 병사에게는 하루에 행량 1승 5홉, 말에게는 하루에 사료 3승 및 꼴[草] 1속(束)을 지급했음을 송응창에게 알렸다. 이후 송응창이 결정하여 포고한 지급 규정 역시 이를 반영했다. 宋應昌, 『經略復國要編』, 「2-44 檄分巡遼海道 권2, 36a-37a」, 「4-3 檄薊遼等七道及艾主事 권4, 2a-3b」.

141 가까운 …… 환란을[肘腋之患]: 팔꿈치와 겨드랑이와 같이 몸에서 매우 가까운 곳에 잠복해 있는 재난이라는 뜻이다. 『삼국지(三國志)』 「법정전(法正傳)」에서 제갈량(諸葛亮)이 "가까이는 손부인(孫夫人)이 팔꿈치와 겨드랑이 아래에서 변란을 일으킬까 염려됩니다[近則懼孫夫人生變於肘腋之下]."라고 한 말에서 유래되었다.

지금의 계책으로는 절강·남직례·회안의 각 순무에게 급히 공문
을 보내 각자 상선 20척을 고용해서 산동순무에게 넘겨주고, 산동
순무가 등주도(登州道)·내주도(萊州道)에 보내 운송하는 데 쓰도록
하는 일보다 나은 것이 없습니다. 운송비 등의 항목은 등주에서 여
순까지는 산동순무가 원래 논의한 내용에 따라 응당 지출할 은 안
에서 지급합니다. 여순에서 광량까지도 원래 논의 내용에 따라 신이
비왜은 안에서 지급합니다.[142]

요동의 본색 또한 조치하여 마련할 수 있습니다. 다만 본색은 오
로지 해운에 의지하는데, 해운은 선박을 구하는 것이 가장 어렵습니
다. 조사해 보니, 관전(寬奠) 지역은 벌채 가능한 나무가 있어서 배
의 재료를 공급하기에 충분하며, 소집할 만한 장인들이 있고 모두
배의 양식을 알고 있습니다. 또한 못·철·삼[麻]·기름 등 일체의 항
목은 등주·내주의 운송선에 비용을 지급하여 돌아오는 편에 사들
이는 것이 매우 편리하겠습니다. 이곳에서 건조하면 힘은 줄고 공
은 배가 됩니다. 신과 요동순무가 직접 만나 계획하고 논의했으니,
이를 마련하는 것 역시 어렵지 않을 듯합니다. 따라서 마땅히 요동
순무에게 공문을 보내 해당 도에 공문을 전달해서 위관을 차정하여
500석 이상을 실을 수 있는 운송선 30척을 속히 만들도록 하겠습니
다. 인부와 장인은 요동진에서 뽑고 임금으로 쓸 은은 비왜은에서
가져다 쓰며, 계속 만드는 대로 계속 이어서 운송하겠습니다.

....

142 운송비 …… 지급합니다: 원래 논의는 2-4 〈酌定海運疏〉를 지칭한다. 이에 따르면 등주
에서 여순까지의 운송비는 1석당 은 1전 5푼이었고, 압록강까지의 추가요금은 1석당 8
푼이었다. 단 광량까지의 추가요금은 결정되지 않았다. 형개는 해당 상주에서 여순에서
광량까지는 요동의 배와 함께 산동에서 온 산동·회안의 배를 활용하되, 운송비는 요동
의 비왜은에서 지출하겠다고 서술했다.

무릇 왜정이 지극히 급한 상황에서 당장 운송은 여전히 느릿함에도, 오히려 배를 만드는 일을 우활하다고 여기고 있습니다. 이는 양군이 서로 대치하면 늦을지 빠를지 오래 걸릴지 곧 끝날지를 전혀 단언할 수 없음을 모르는 것입니다. 설령 고래[鯨鯢]가 당장 머리를 내밀어 난리가 끝난다고 해도 전후 처리를 위한 계획으로 병력과 관원을 남기고 조선에 왕래하게 되면 뒷날 이 배에 힘입는 바가 더욱 클 것입니다. 지금 만들어도 오히려 쓰임에 도움이 되니, 이른바 3년 묵은 쑥을 늦기 전에 마련한다[143]는 것입니다. 요동에서는 신이 가까운 곳에서 순무와 함께 건조를 독촉하는 외에, 이에 더하여 절강·남직례·회안의 선박은 당장 급히 필요합니다. 엎드려 바라건대, 병부에 명령해서 각각 기한을 정하여 속히 논의해 검토하여 청해서, 각 해당 순무에게 공문을 전달해 다 함께 조속히 논의에 따라 고용하고 출발시켜 시행하도록 해 주십시오.

병부에서 검토하여 논의한 내용은 다음과 같았습니다.

살피건대, 왜정이 긴급하니 군량을 마땅히 서둘러 운반해야 합니다. 앞 항목에 언급된 선박을 빌리고 만드는 일은 마땅히 속히 경영하고 처리하여 운송을 이어가는 데 편리하도록 해야 합니다. 이미 총독 형개가 앞의 내용으로 게첩을 올렸으니, 마땅히

......

143 3년 …… 마련한다[三年之艾, 蓄之未晩]: 『맹자(孟子)』 「이루상(離婁上)」에 "지금 왕노릇 하고자 하는 것은 7년 된 병에 3년 묵은 쑥을 구하는 것과 같으니, 만일 쑥을 비축해 두지 않으면 종신토록 얻지 못할 것이다[今之欲王者, 猶七年之病, 求三年之艾也. 苟爲不畜, 終身不得]."라고 한 말을 변형한 것이다. 7년 된 병에 3년 묵은 쑥을 구하는 것은 이미 준비가 부족하여 때를 놓쳤음을 의미하지만, 지금이라도 준비해 놓지 않으면 끝내 일을 망치고 말 것이라는 뜻의 고사이다. 여기서는 나중에 꼭 필요한 준비를 지금 미리 해 놓아야 한다는 의미로 사용되었다.

논의한 바에 따라 검토하여 청해야 합니다. 삼가 명령이 내려오 기를 기다려 저희 병부에서 한편으로 즉시 사람을 보내 절강·남 직례·회안의 순무도어사(巡撫都御史)에게 자문을 보내 각각 상 선 20척을 고용하고 선원을 모집하여 배를 몰고 오도록 해서, 산 동순무에게 넘겨 등주도·내주도로 보내 군량을 싣고 운송하게 하겠습니다. 한편으로 공부에 자문을 보내 요동순무에게 공문을 전달해서, 능력 있는 관원을 뽑고 인부와 장인을 모집하여, 관전 지역에 가 나무를 벌채해서 500석 이상을 실을 수 있는 배 30척 을 건조하게 하고, 완성되는 대로 뽑아 보내서 이어서 운송하는 일을 그르치지 않도록 하겠습니다. 필요한 못·삼 등의 비용은 요 동순무가 스스로 마련하도록 하십시오. 또한 각기 준행한 결과 를 신속히 회주(回奏)하도록 해 주십시오.

성지를 받들었는데, "알겠다."라고 하셨습니다.

수륙 관병 및 본색, 절색 양향의 발송을 독촉해 달라는 상주

催發水陸官兵本折糧餉疏 | 권2, 52a-62b

날짜 만력 25년(1597) 8월 7일~19일

내용 칠천량해전으로 조선 수군이 궤멸했다는 소식을 접하고 수군을 급히 동원해 달라고 요청하는 상주이다. 형개는 한산도가 조선뿐만 아니라 명 내지의 연해 지방으로 일본군이 접근하지 못하도록 막아 주는 방벽 역할을 했는데, 이곳을 지키던 조선 수군이 무너졌으니 조선으로 가는 수로가 끊겨 조선이 고립될 우려가 있고, 등주·내주·여순·천진 등이 직접 위협을 받게 되었음을 지적했다. 이를 방지하기 위해서는 조선에서 일본 수군의 진격을 막아야 하고, 그러기 위해 비교적 위협이 덜한 절강·남직례·회안·복건·광동에서 주사(舟師) 1~2만 명을 급히 동원하여 조선으로 보내 줄 것을 요청하고 있다. 병부도 이러한 문제의식에 동감하여 각 지역의 병력을 동원할 방침을 검토하여 상주했고, 만력제 역시 형개의 요청을 전면적으로 승인하라는 성지를 내렸다. 칠천량해전 이후 명의 위기의식과 대규모 수군 파견 결정 과정을 잘 보여주는 사료이다.

관련문서 『명신종실록』 만력 25년 8월 19일 기사에는 조선 수군의 궤멸과 함께 남원·전주 함락 소식을 함께 몰아서 기술하고, 형개가 남직례·절강·복건·광동의 수군을 동원하여 일본군의 내지 침범을 방어하라고 요청했으며 병부의 검토에 따라 속히 시행토록 했다는 내용이 간략히 실려 있다.[144] 남원·전주 함락 사실이 추가되어 혼동을 초래할 수 있으나, 형개의 요청 내용이 본문과 동일하므로 8월 19일에 본문의 요청 사항에 대한 결정이 이루어졌던 것으로 보인다.

왜노의 병선이 조선을 야습(夜襲)하여 조선의 수병이 격파당했으므로, 시급히 병력을 더하고 군수를 재촉하여 매우 위급한 수요를 해결할 일.

8월 7일, 경리도어사(經理都御史) 양호의 다음과 같은 보고를 받았습니다. "왜노의 대병이 육로로는 의령(宜寧) 등지를 침범하고 수로로는 한산도 등을 침범하여 형세가 이미 매우 걷잡을 수 없습니다."[145]

신은 한편으로는 보고를 올리고, 한편으로는 경리·총병을 재촉하여 구원병을 나누어 보내 방어하고 차단하게 했습니다. 또한 곧바로 조선에 공문을 보내 속히 궤멸하여 흩어진 병선을 수습하고 다시 병선을 고르고 정돈해서, 떨쳐 일어나 새롭게 도모하여 한산도·남해를 다시 지킬 계책으로 삼으라고 했습니다.[146] 이에 더하여, 살

....

144 『명신종실록』 권313, 만력 25년 8월 19일(정축).

145 8월 …… 없습니다: 원균이 이끄는 조선 수군이 칠천량에서 대패하여 궤멸된 것은 7월 16일의 일이었으며, 이 소식이 조선 조정에 전해진 것은 7월 22일이었다. 칠천량해전의 배경, 경과, 영향에 대해서는 이민웅, 『임진왜란 해전사: 7년 전쟁, 바다에서 거둔 승리의 기록』, 청어람미디어, 2004, 194~215쪽이 자세하다. 조선에서는 7월 24일 일본군의 대규모 침공이 시작되었다는 사실을 상주하면서 경리 양호에게도 같은 내용을 전달했는데, 여기에는 칠천량해전 내용이 포함되지 않았다. 이어서 7월 27일에는 7월 25일 경상우수사 배설(裵楔) 등이 올린 보고를 인용하여 칠천량에서 조선 수군이 궤멸되어 한산도 본영을 포기했다는 사실을 양호에게 보고했다. 해당 보고에는 의령이 침범 지역으로 명시되어 있지는 않지만, 양산·밀양 등에 일본군이 진입하고 있음이 명시되어 있다. 『事大文軌』 卷22, 「朝鮮國王奏[賊情奏文]」, 만력 25년 7월 24일, 9b-13a, 「朝鮮國王咨經理楊(鎬)[具咨經理]」, 만력 25년 7월 24일, 13b-14a, 「朝鮮國王咨經理楊(鎬)[本國咨報倭賊攻破閑山]」, 만력 25년 7월 27일, 18a-21a. 양호의 이름이 명기되지는 않았으나, 본문을 작성할 당시 형개가 양호로부터 받은 것으로 추정되는 보고의 내용은 『事大文軌』 卷22, 「備倭總兵官廠(貴)咨朝鮮國王[麻總兵嚴飭各處水兵以圖再新]」, 만력 25년 8월 20일, 63a-64b에 인용되어 있다. 보고 내용은 63a-63b를 참조.

146 신은 …… 했습니다: 해당 조치는 8월 20일 마귀가 조선국왕에게 보낸 자문에 형개의 헌

피건대, 왜노가 부산을 점거한 지 이제 5년이 지났습니다. 우리는 날마다 책봉하는 일로 시일을 끌면서 병력·군량을 마련할 계책에 대해서는 관망하고 유예하며 느긋한 계획으로 여겼습니다. 신이 사천·귀주(貴州)에서 돌아와 향리에 있을 때 마음속으로 이를 위태롭게 여겼습니다.[147] 다만 왜노가 빈틈을 타고 오면 조선은 북 한 번 울리는 것만으로 필시 함락되지 않을까 두려웠기 때문입니다. 그러므로 신은 병부에 들어가 상서의 업무를 대행하고 경사에서 명령을 들었을 때부터[148] 즉시 기한을 정하여 급히 선부·대동의 병력을 동

....

패 내용으로 인용되어 있다. 조선 조정에서는 당일 마귀의 자문을 수령하고, 22일 회자를 보냈다. 『事大文軌』 卷22, 「備倭總兵官麻(貴)咨朝鮮國王[麻總兵嚴飭各處水兵以圖再新]」, 만력 25년 8월 20일, 63a-64b, 「朝鮮國王咨總兵麻(貴)[回咨]」, 만력 25년 8월 22일, 65a-66a.

147 신이 …… 여겼습니다: 형개는 만력 22년(1594) 10월 15일 천귀총독(川貴總督)에 임명되어 사천(四川)과 귀주(貴州)의 군무를 총괄하고 파주(播州)의 토사(土司) 양응룡(楊應龍)의 난을 수습하는 임무를 맡아 현지에 파견되었다. 그의 임무는 이듬해 마무리되었으나, 만력 24년(1596)이 되자 병으로 인해 사직을 청하면서 상경을 늦추고 있었다. 『명신종실록』 권278, 만력 22년 10월 15일(기미), 권294, 만력 24년 2월 3일(경자), 권303, 만력 24년 10월 29일(임진).

148 그러므로 …… 때부터: 형개가 만력제의 임명을 받아 병부상서 겸 도찰원우도어사·계요총독으로서 경략어왜(經略禦倭)가 된 것은 만력 25년(1597) 3월 29일의 일이다[『명신종실록』 권308, 만력 25년 3월 29일(기미)]. 형개가 그 이전 어느 시점부터 병부상서의 임무를 대리했는지는 사료상 명확하지 않으나, 대략 3월 16일경의 일로 보인다. 일본과의 화의를 주도하던 석성(石星)이 실각한 이후 병부좌시랑(兵部左侍郎) 이정(李禎)이 만력 25년(1597) 2월 26일부터 병부상서의 임무를 대행하고 있었는데, 당시 북경에 있던 조선 사신 권협(權悏)의 보고에 따르면 3월 13일 즈음에 형개가 북경에 들어오면서 병부좌시랑 이정을 대신하여 병부의 상급자가 되었고, 3월 16일부터 병부의 업무를 보기 시작한 것으로 보인다[『선조실록』 권87, 선조 30년 4월 15일(을해)]. 다만 형개는 병부상서의 직함을 띠고 있었으나 북경을 떠나 계요총독·경략어왜의 임무를 수행하고 있었고, 전락(田樂)이 병부상서로 임명되는 만력 26년 6월 이전까지 병부상서의 실질적 임무는 다시 이정이 대행하고 있음이 확인된다[『명신종실록』 권314, 만력 25년 9월 29일(정사), 권320, 만력 26년 3월 11일(병신)]. 이 기간 동안 형개 본인을 포함하여 여러 신료들이 형부상서 소대형(蕭大亨) 등으로 하여금 병부상서의 직임을 채우도록 요

원했고, 또한 계주의 세 표병(標兵)과 연수(延綏)의 한 부대를 곧바로 마귀에게 주었습니다. 아울러 양원·오유충 등에게 동쪽으로 건너가도록 엄히 독촉하여 밤낮없이 출발시켰습니다.[149] 지금 조선이 조금 의지할 곳이 있고 즉시 낭패한 지경에 빠지지 않은 것은 앞서 동원한 병력으로 인한 바가 큽니다.

최근 3~4개월 이래로 건너오는 왜선이 날로 늘고 집결하는 왜병이 날로 많아졌습니다. 야나가와 시게노부가 병력을 동원하여 돌아온 날에 대마도로부터 바다를 건넌 병선이 2000척을 밑돌지 않습니다. 모두 외양(外洋)에 몰래 머물고 섬에 은밀히 잠복해 있다가 가을에 곡식이 익기를 기다려 진격하여 침범하려 한 것입니다. 그러나 적신(賊臣) 심유경은 왜영을 출입하면서 이를 가장 정확히 알고 있었음에도, 왜가 양산을 몰래 습격했을 때는 오히려 평계대기를 "이는 조선이 먼저 그 땔나무를 베던 자들을 죽였기 때문이다."라고 했고, 왜가 의령을 취하여 심유경을 맞이하려고 했을 때는 오히려 "이는 고니시 유키나가가 장차 나를 만나러 오는 것이다."라고 했습니다. 도적[심유경]이 빠져나가려다 그러지 못하자 방향을 돌려 다른 쪽으로 가려고 하면서 또 말하기를, "내가 장차 가토 기요마사와 만날 것이다."라고 했습니다. 저들의 허실과 동정은 하나도 보고하

청했으나, 만력제는 이를 거부했다[『명신종실록』 권310, 만력 25년 5월 3일(계사), 권 312, 만력 25년 7월 25일(갑인)]. 만력 25년 전후 병부상서직의 향방과 그 배경에 대해서는 陳尙勝·張洋洋, 「萬曆二十五年春明朝兵部尙書調整研究」, 『山東大學學報(哲學社會科學版)』2020-3에 개괄되어 있다.
149 즉시 …… 출발시켰습니다: 형개가 초기에 동원하여 출발시킨 병력은 『事大文軌』卷20, 「總督薊遼保定等處軍務兼理糧餉經略禦倭邢(玠)咨朝鮮國王[刑軍門催送將領軍兵]」, 만력 25년 4월 26일, 56b-57b에 1만 4000여 명[본문은 계산 오류로 1만 3000여 명]의 내역이 제시되어 있다.

지 않으면서 오히려 철병하는 일을 조정한다고 우리를 속인 것입니다.[150]

지금 하루아침에 진격하여 양산을 빼앗고 군수를 죽였으며, 다시 진격하여 파발꾼[撥軍]을 죽이고 삼랑강을 점거했습니다. 이는 심유경을 붙잡기 이전의 일입니다. 그 이후 또 진격하여 경주에 진입하고 한산도를 침범하여 배를 불태웠습니다. 이렇듯 심유경이 나라를 그르친 죄는 비록 만 번 죽어도 속죄하기에 부족하지만, 일이 이미 이 지경에 이르렀으니 심유경이 죽더라도 또한 무슨 도움이 되겠습니까.

신이 총독 손광(孫鑛)과 교대하여 일을 맡은 이후로 현재 있는 병력과 현재 우리가 동원한 숫자를 조사해 보니 겨우 조선의 육로 요충지를 수비할 수 있는 정도였고, 조선의 군대는 오직 한산도의 수병 한 부대만 자못 강력할 뿐 나머지 병력은 전혀 쓸 수 없었습니다.[151] 이 때문에 크게 두려워하여 상주해서 사천과 절강 병력을 모

<hr/>

150 그러나 …… 것입니다: 형개의 심유경에 대한 비판은 2-1 〈拘執沈惟敬疏〉를 참조.
151 신이 …… 없었습니다: 형개는 3월 16일경 병부의 업무를 대리하게 된 직후인 3월 19일 조선에 자문을 보내 방어 현황을 문의했고, 조선에서는 4월 25일 회자를 보내 병력과 요해처 등의 항목을 보고했다. 또한 5월에는 일찍이 손광의 명령을 받아 파견된 유(劉) 도사(都司)가 다시 조선의 방어 태세를 문의했고, 조선에서는 5월 19일 회자를 통해 다시금 조선의 병력 상황을 알렸다. 4월 25일자 자문에서 조선 조정은 가용 병력으로 서울에서 새로 모집한 궁수·포수(砲手)·살수(殺手)[훈련도감] 병력 1800명과 경상도를 수비하는 정병(精兵) 2000여 명, 충청도에서 조령을 방어하는 신병 2000여 명, 한산도의 수군 5000여 명을 제시했다. 5월 19일 자문에서는 경상좌도 수비병 4900명, 경상우도 수비군 2100명, 서울의 궁수·포수·살수 1500명, 한산도 수군 4500명, 장기(長鬐) 수군 500명을 제시했다. 이들 보고는 모두 결과적으로 형개에게 전달되었을 것으로 보이나, 본문의 맥락상 형개는 자신이 직접 문의한 결과인 4월 25일자 자문에 적힌 숫자를 염두에 두었을 것으로 보인다. 『事大文軌』卷19, 「兵部咨朝鮮國王[兵部咨議防倭務要協力固守]」, 만력 25년 3월 19일, 51a-54a, 「朝鮮國王咨兵部[回咨]」, 만력 25년 4월 25일,

집했으며, 또 복건과 오송의 수병을 요청했고, 또 계주·요동·선부·
대동·산서 등의 병력을 더 동원하기를 청했으니 하루도 병력 모집
을 일삼지 않은 날이 없습니다.[152]

다만 먼 경우에는 7000~8000리, 가까운 경우라도 4000~5000
리 거리입니다. 또한 군화(軍火)·장비는 만들기도 해야 하고 사들이
기도 해야 하며 빌리기도 해야 해서 일의 실마리가 매우 번다하므
로 진실로 일시에 마련할 수 있는 것이 아닙니다. 군량과 급여는 조
선의 옛 군량을 조사해 보니 원래 많지 않았으므로, 이에 산동과 요
동에 독촉하기를 청하고 내탕(內帑)과 마가은(馬價銀)[153]을 지출하기
를 청했으며, 배를 빌리고 나귀를 사들이기를 청해서 수륙으로 운송
하도록 했으니 군수를 헤아리지 않은 날이 없습니다.[154] 그러나 일이
세 개의 변진(邊鎭)과 서로 떨어져 있는 성(省)에서 이루어져야 하는
데다 멀리 강과 바다를 건너야 하고 논의가 일치하지 않으니, 또한
일시에 마련할 수 있는 것이 아닙니다. 이 때문에 시일이 절박함에
도 병력·군량이 이어지지 못하고 있습니다.

....

54a-59b, 卷20, 「經略軍門標下查理朝鮮水陸官兵禦倭都司劉杳朝鮮國王[劉都司責報軍務
等事]」, 만력 25년 5월 20일[12일], 59b-61a, 「朝鮮國王杳都司劉[回杳]」, 만력 25년 5월
19일, 61a-64a.

152 이 …… 없습니다: 형개의 병력 추가 동원에 대해서는 2-5 〈增調宣大薊遼兵馬覓調閩海
商船疏〉 및 『명신종실록』 권308, 만력 25년 3월 29일(기미), 권309, 만력 25년 4월 7일
(정묘), 권310, 만력 25년 5월 3일(계사), 20일(경술), 24일(갑인), 권311, 만력 25년 6월
15일(갑술) 기사를 참조.

153 마가은(馬價銀): 말 값으로 지출하기 위해 책정된 비용이다. 명 초에는 각지에서 말을
길러 변경에서 사용하도록 했으나, 남방에서는 말이 나지 않기 때문에 성화(成化) 연간
부터 은을 거두어 태복시(太僕寺)에 저장하고 유사시 이를 지출하여 말을 마련하도록
했다.

154 군량과 …… 없습니다: 2-3 〈添買騾頭以速輓運疏〉, 2-4 〈酌定海運疏〉, 2-7 〈募造海船以
濟輓運疏〉를 참조.

신이 헤아리건대, 지금은 다만 더불어 지킬 수 있을 뿐 가볍게 싸워서는 안 되므로, 여러 차례 조선에 공문을 보내 저들로 하여금 한산도를 굳게 지켜서 전라도의 바깥 울타리를 굳히도록 했습니다.[155] 그러나 저들의 임금과 신하는 상대와 자기의 역량을 살피지 않고 기회를 알지 못하여, 일거에 만전의 공을 세우는 것이 아니라 오늘은 왜인 몇 명을 죽이고 다음날은 배 몇 척을 빼앗는 식으로 날마다 작은 것만 보고 서두르려는 계책을 행했습니다. 병사들은 교만하고 방어는 허술하여 끝내 습격을 당했으니, 또 무슨 말을 하겠습니까.[156]

무릇 한산도의 수병은 조선과 내지에서 서남쪽을 막아 주는 반

....

155 신이 …… 했습니다: 형개는 한산도의 수군 병력 중 5000~6000명 정도만 쓸 만하다는 보고 및 조선에서 누차 일본 수군을 공격하여 저들의 분노를 사고 있다는 정보를 듣고, 일본군이 대거 한산도를 공격하면 중과부적으로 무너질 위험이 있으며 그렇게 되면 전라도 및 등주·내주·천진 등지도 위험하다는 판단 하에 양호에게 자문을 보내 마귀 및 조선국왕에게 연락하여 한산도의 방비를 강화할 방안을 마련할 것을 지시한 바 있다. 또한 형개는 7월 14일 조선국왕에게 자문을 보내 한산도의 수군 130여 척으로는 부족하므로 전선을 더 건조할 것을 조선에 요구했다. 다만 해당 지시들이 조선에 도달한 것은 이미 한산도가 무너진 이후였다. 『事大文軌』卷22, 「總督薊遼保定等處軍務兼理糧餉經略禦倭邢(玠)咨朝鮮國王[邢軍門催造戰船]」, 만력 25년 7월 14일, 22a-23a, 「朝鮮國王咨經略邢(玠)[回咨]」, 만력 25년 8월 5일, 23b-26a, 「備倭總兵官麻(貴)咨朝鮮國王[麻都督閑山失守今于何島添兵設備咨]」, 만력 25년 8월 13일, 56b-57b, 「朝鮮國王咨備倭總兵官麻(貴)[回咨]」, 만력 25년 8월, 57b-59a. 이런 반응을 예상했기 때문인지, 조선에서는 명에 칠천량해전 소식을 보고하면서 조선 수군이 거제도 인근을 순시하다가 적의 습격을 받았다고 서술했다. 『事大文軌』卷22, 「朝鮮國王咨經理楊(鎬)[本國咨報倭賊攻破閑山]」, 만력 25년 7월 27일, 18a-21a, 「朝鮮國王咨經略邢(玠)[回咨]」, 만력 25년 8월 5일, 23b-26a.

156 그러나 …… 하겠습니까: 형개는 8월 14일 조선국왕에게 보낸 자문에서도 조선 군신의 자세를 비판하면서 한산도의 병력이 잘 통제되지 않고 자신의 지시대로 굳게 지키지 않다가 작은 이익을 탐해 경거망동한 결과 패전하게 되었음을 직접적으로 비판했다. 『事大文軌』卷23, 「總督薊遼保定等處軍務兼理糧餉經略禦倭邢(玠)咨朝鮮國王[邢軍門申飭本國防守]」, 만력 25년 8월 14일, 3a-4b.

벽(半壁)으로 믿는 바입니다. 이곳을 잃으면 적들은 서남 연해로부터 내려가서 남해·제주[157]에 이를 것이고, 꺾어서 북쪽으로 향하면 전라·충청·왕경·황해에 이르며, 또 왕경의 한강·강화에 도착합니다. 꺾어서 정서쪽으로 가면 등주·내주·천진입니다. 다시 북쪽으로 가면 평양의 대동강이며, 더 북쪽으로 가면 의주의 압록강이니, 모두 하나의 물로 통하며 모두 돛을 올리면 올 수 있는 곳입니다. 왜노는 군사를 부리는 데 매우 능한데, 하물며 이미 수년 동안 준비하고 또 3월부터 데라자와 마사나리·야나가와 시게노부가 일본으로 돌아가 병사를 동원하여 나라의 역량을 기울여서 오지 않았습니까.

우리 육병(陸兵)이 비록 5만여 명이라고 하나 집결한 수는 절반도 못 되고, 수병은 다만 절강의 3000명이 겨우 여순에 도착했습니다.[158] 신은 이미 정찰하면서 나아가도록 하여, 만약 한산도를 아직 수습할 수 있다면 한산도로 가서 협력하여 지키도록 했습니다. 한산도가 이미 격파되었다면 왕경 이서(以西)의 한강·대동강 등을 지켜 서쪽으로 내려오는 적을 막고 운송로를 방어하도록 했습니다. 다만 왜노의 배가 동원된 것이 수천 척입니다. 지금 고니시 유키나가의 부산 병선이 이미 전라도로 향했으니 대거 쏟아지는 듯한 기세로 내려올까 걱정인데, 이 3000명의 수병으로 어떻게 당해 내겠습

....

157 제주: 원문은 "제천(濟川)"이나, 제주(濟州)의 오기로 보인다.
158 우리 …… 도착했습니다: 7월 24일 시점에서 조선에 주둔한 명 육군은 남원의 양원 부대 3000명, 충주의 오유충 부대 4000명, 공주의 진우충 부대 2000명, 서울의 마귀 부대 3000명으로 총 1만 2000여 명이었다. 『事大文軌』 卷22, 「朝鮮國王奏[賊情奏文]」, 만력 25년 7월 24일, 9b-13a. 한편 유격 서징(徐澄)이 이끄는 절강 수군 105척은 7월 29일 여순에 도착했다. 『事大文軌』 卷22, 「備倭總兵官麻(貴)杏朝鮮國王[麻總兵詳議水砦船隻]」, 만력 25년 8월 16일, 51a-52b.

니까. 만약 한강·대동강이 적에게 점거되고 다시 점차 압록강으로 육박해 온다면 조선 팔도는 모두 동쪽에서 적에게 둘러싸여 단절되는 것입니다.

하물며 지금 가토 기요마사의 군대가 기장에 있으면서 아직 움직이지 않고 있습니다. 생각하건대, 필시 우리 군대를 유인하여 서쪽으로 구원하게 만들고는 형세상 장차 경상도 일대에 곧바로 침입하여 양면에서 협공할 것입니다. 수로가 이미 막혔고 군량 수송로가 장차 끊어지려 하며 육로에서 나누어 지켜도 머리와 꼬리가 서로 호응하지 못하여 그 화를 예측할 수 없을까 두려우니, 이는 매우 한심스러운 일입니다. 따라서 곧바로 순무·총병에게 공문을 보내 기미를 살펴서 진퇴하도록 했습니다.

신이 전에 수병을 더 동원했을 때도 각 성에서 어렵게 여기는 것을 알았으나, 바로 이런 사태를 방지하고자 한 것일 따름입니다. 하지만 마병과 보병은 계속해서 재촉해 집결시키고 있으니 그래도 매실을 바라보며 갈증을 해소할 수 있습니다.[159] 수병은 가까운 곳의 오송 수병이 겨우 1000명이고, 먼 곳의 복건 수병은 바로 도착하기 어렵습니다. 도착한다고 해도 오송 수병과 합쳐 겨우 2000여 명에 불과합니다. 따라서 지금 시급한 문제는 수병이 도착하지 못했고 많지 않다는 것입니다. 그러므로 지금의 시세로 헤아려 논하면 지키기

....

159 매실을 …… 있습니다[望梅止渴]: 『세설신어(世說新語)』 「가휼(假譎)」에 실린 일화로서, 중국 삼국시대 조조(曹操)가 군대를 이끌고 행군하다가 물이 끊겨 군사들이 모두 목말라하자, 병사들에게 앞에 큰 매실나무 숲이 있다고 포고하여 군사들이 신 매실을 상상하면서 침을 흘리게 했고, 그 사이에 샘을 찾아 위기를 모면할 수 있었다는 고사이다. 이루어지지 않은 일에 대해 공상함으로써 마음의 위안을 얻는다는 뜻으로, 여기서는 곧 후속 병력이 올 것이니 그것을 기대하며 위안을 삼을 수 있다는 의미이다.

위해서는 1만 명이 추가로 필요하고, 싸우기 위해서는 2만 명이 추가로 있어야 비로소 일을 이룰 수 있습니다.

지금 상고해 보면 각 성에서 물때에 맞춰 방어해야 할 시기는 3~5월이 대신(大汛: 큰 물때)이고 8~10월이 소신(小汛: 작은 물때)입니다. 연해의 복건·광동·절강·남직례 등지는 항상 그 바람이 불어오는 방향을 보고 침범할 지역을 판단합니다. 그러므로 일본에서 바다로 나가 항행하여 바람이 서북쪽으로부터 불면 대유구(大琉球)·소유구(小琉球)[160]를 침범하고, 정북쪽으로부터 불면 광동의 고주(高州)·조경(肇慶)을 침범하며, 동북쪽으로부터 불면 복건의 태주(台州)·온주(溫州)를 침범합니다. 바람이 정동쪽으로부터 불면 절강·남직례를 침범하고, 동남쪽으로부터 불면 회안(淮安)·양주(揚州)·등주·내주를 침범하며, 정남쪽으로부터 불면 요양·천진을 침범합니다. 이는 그 형세가 자기로부터 결정되는 것이 아니니, 강과 하천에서 일정을 계획하고 방향을 계획할 수 있는 것과 비교하기 어렵습니다.

지금 적이 이미 나라의 역량을 기울여 힘을 합쳐 조선에 들어왔으므로 광동·복건·절강·남직례에 대해서는 필시 병력을 나누어 다른 곳으로 보내지 못할 것이니, 각 성의 방어는 아무래도 포개 놓은 알[累卵][161]처럼 위급한 조선이나 살갗을 벗겨 내는 재앙[剝膚][162]

....

160 대유구(大琉球)·소유구(小琉球): 명대에는 현재의 오키나와(沖繩) 열도에 있었던 류큐 왕국을 대유구, 현재의 대만을 소유구라고 불러 구분했다.
161 포개 놓은 알[累卵]: 포개 놓은 알처럼 무너지기 쉽고 매우 위태로운 상태라는 뜻이다. 『사기』「범수채택열전(范雎蔡澤列傳)」에 나오는 표현으로서, 위나라 사람 범수(范雎)가 진(秦)에 들어가 진나라의 상황이 포개 놓은 알처럼 위태롭다고 하며 이를 해결하기 위해서 자신을 등용할 것을 설득한 데서 나온 말이다.

을 직면하고 있는 등주·내주·여순·천진만큼 급하지는 않을 것입니다. 설령 저들이 유병(遊兵: 유격대)으로 돛을 올려 동남쪽으로 향한다 하더라도, 이 역시 허세로 우리를 공갈하는 것일 뿐입니다. 지금의 계책으로는 반드시 급히 절강·남직례·회안·복건·광동의 주사(舟師) 1~2만 명을 동원하여 가까운 곳에서 먼 곳 순서로 계속하여 외양을 통해 조선에 도착하도록 해야 합니다.

남경은 근본이 되는 중요한 지역이므로 진실로 병력을 동원해서는 안 됩니다. 그러나 조강제독(操江提督)[163]에게는 이미 강을 방어하는 수병이 있으며, 병부에서 새로 소집한 수병 한 부대는 봄가을 두 차례 진강(鎭江) 동쪽으로 나가 물때에 맞춰 방어하는 데 불과합니다. 전해 듣기로 남경병부상서도 보급이 이어지지 않는다는 이유를 들어 실상 하는 일 없이 무용한 이 병력을 해산하고자 한다고 합니다. 설령 왜가 동남쪽을 노략질하더라도 여전히 경영(京營)의 중병(重兵)과 새로 소집한 육병 및 낭산 등지의 수병이 있으니, 이들만으로도 방어할 수 있습니다. 이에 응당 시급히 3000명을 빌려, 본영(本營)의 원임 좌영(坐營)[164]이자 지금 홍도유수(興都留守)[165]에 재임

....

162 살갗을 벗겨 내는 재앙[剝膚]: 살갗을 벗겨 내는 것처럼 몸에 극히 근접한 재난을 말한다. 『주역(周易)』 「박괘(剝卦)」의 상전(象傳)의 "박상이부(剝牀以膚)란 재앙에 매우 가까운 것이다."라는 문장에서 유래했다.

163 조강제독(操江提督): 명대의 관명이다. 남경에 설치되어 장강 상류와 하류의 방어를 담당했다.

164 좌영(坐營): 명대 총병이 전군의 업무를 총괄하여 모든 사무를 직접 처리할 수 없었으므로, 성화(成化) 연간 이후 총병을 보좌하여 영중(營中)의 업무를 관할하고 명령을 전달하는 일을 전담할 무관을 설치했는데, 이를 중군(中軍) 혹은 좌영(坐營)이라고 했다. 曹循, 「明代鎭戍營兵中的基層武官」, 『中國史硏究』 2018-1, 137쪽.

165 홍도유수(興都留守): 가정 18년(1539), 가정제는 자신이 번왕(藩王)이었을 때의 번저(藩邸)가 있었던 호광성(湖廣省) 안륙주(安陸州)를 홍도승천부(興都承天府)로 승격시키고

중인 황충소(黃沖霄)[166]를 참장으로 개임(改任)하여 그로 하여금 통솔하게 해서 밤낮없이 오도록 하면 복건·절강에서 오는 것보다 더욱 가깝고 편할 것입니다. 안가은·행량·월량 등의 항목은 절강 병력의 사례에 따라 남경호부에 공문을 보내 조사하여 지급하도록 하고, 곧바로 직접 상주하여 상환·지출 처리하게 하겠습니다.

엎드려 바라건대, 황상께서는 조선의 눈앞에 닥친 복심(腹心)의 화와 동남 일대 문호(門戶)의 근심을 근심하시어, 서둘러 병부에 명령하여 곧바로 사람을 보내도록 하십시오. 기한을 엄히 정해서 신속히 수병을 동원하되, 남경의 3000명에 더해 남직례·절강·복건·광동 등지에서 먼저 가까운 곳을 골라 혹 3000~4000명, 1000~2000명씩 많고 적음을 참작하여 나누어 동원해서 우선 1만 명을 채워서 오도록 하십시오. 또한 다시 1만 명을 기존 병력에서 뽑거나 새로 모집하여 속히 이어서 도착하도록 해서, 조선에서 방어함으로써 천진·등주·내주·회안·양주 일대도 믿고 두려워하지 않을 수 있게 해주십시오.

이는 물을 다스릴 때 물이 솟아나는 원류에서 한 삼태기의 힘을 쓰는 것이 하류에서 아홉 삼태기의 공을 들이는 것보다 나은 것과 마찬가지입니다. 무릇 요지에서 수병을 대거 동원하는 것을 사람들이 어렵게 여기고 비용이 든다고 여기지만, 일이 위급하니 한 번 파격적으로 대처하지 않을 수 없습니다. 그렇지 않으면 병력이 지탱하지 못하여 조선은 반드시 함락될 것입니다. 조선이 함락되고 다시

....

흥도유수사(興都留守司)를 두었다. 흥도유수는 그 장관이다.
166 황충소(黃沖霄): ?~?. 명나라 사람이다. 만력 25년(1597) 흥도유수에 재임하고 있었다.

도모하려면 어찌 이전의 비용과 어려움에 그치겠습니까.[167] 하물며 우리의 중병이 지금 외국에 있으니 설령 조선을 구원하지 않는다 해도 어찌 스스로를 구원하지 않겠습니까.

각지에서 동원해 오는 수병에 대해서는 남경 및 각 성에서 모집하고 보충하여 이전의 숫자를 채워 현지의 수요에 대비하도록 하십시오. 대개 저들이 현지에서 찾는 것이 여기 수천 리 밖에서 구해도 급함에 대응할 수 없는 것보다 오히려 낫습니다. 하물며 어디든 조정의 전량을 쓰는 것이 아닙니까.

신이 전에 상소로 논의한, 선부·대동·산서의 병력을 더 동원하고 잠시 계주의 병력을 뽑아서 먼저 보내는 문제는 병부의 검토 내용이 어떻게 되었는지 모르겠습니다.[168] 바라건대, 즉시 논의한 대로 속히 재촉하여 보내고, 호부에 명령해서 신속히 은 20~30만 냥을 지출하여 본색·절색 병량(兵糧) 및 호상 비용으로 갖추게 하소서.

한산도가 함락되었다면 형세상 등주·내주를 위협할 것이니, 산동순무도 마땅히 등주·내주로 옮겨 주둔해서 병력과 운송을 감독하여 내지를 방어하고 아울러 조선을 지원해야 합니다. 다시 살피건대, 신이 쓰는 병력과 관원은 모두 각각 취하는 바가 있습니다. 예를 들어 지난번에 사천 병력을 동원하면서 오문걸(吳文傑)에게 한 진영을 통솔하도록 했는데,[169] 이는 오문걸과 토병이 구사(九絲)·이

167 어찌 …… 그치겠습니까: 중간에 세 글자가 마멸되어 정확한 해석이 어려워 남은 글자를 토대로 의역했다.
168 신이 …… 모르겠습니다: 2-5 〈增調宣大薊遼兵馬覓調閩海商船疏〉를 지칭한다.
169 예를 …… 했는데:『명신종실록』권310, 만력 25년 5월 3일(계사)에는 형개가 사천·호광의 토사병(土司兵) 1만 명의 동원을 요청하면서 이들을 세 부대로 나누어 오문걸 등 3명의 장관에게 각각 한 부대씩 통솔하게 하고, 유정(劉綎)이 이들 부대를 총괄하도록

내(膩乃)¹⁷⁰를 정벌하면서 함께 거처한 것이 가장 오래되었기에 토병
의 상황을 제일 잘 알아서 매우 잘 통제하기 때문입니다. 토병이 비
록 사납지만 신은 병사들을 아는 장수가 있음을 믿습니다.¹⁷¹ 사무
관(司懋官)¹⁷²과 같은 경우는 무과(武科) 출신이며 제가 예전에 천거
한 인물이기도 합니다. 그 재능과 식견은 원래 오문걸보다 못하지
않지만, 토병을 통제하는 일에 대해서는 신이 일찍이 그 운용이 어

....
해 달라고 요청했다는 기사가 실려 있다.
170 구사(九絲)·이내(膩乃): 만력 연간 초반에는 사천 서남부의 이민족 거주지역에 대한 명
의 군사행동이 여러 차례 있었다. 만력 원년(1573) 명의 사천총병 유현(劉顯)은 사천 남
부 구사성(九絲城)을 중심으로 웅거한 도만(都蠻)을 토벌하여 대규모 전과를 올린 바
있으며, 만력 16년(1588)에는 사천총독 서원태(徐元泰)가 사천 서남부에 거주하던 과
이(瓜夷)의 일파인 이내(膩乃)를 평정한 전과를 보고했다. 『명신종실록』 권4, 융경 6년
8월 22일(을해), 권15, 만력 원년 7월 10일(무자), 권20, 만력 원년 12월 22일(무진), 권
22, 만력 2년 2월 7일(임자), 18일(계해), 권201, 만력 16년 7월 1일(임자), 권202, 만력
16년 8월 5일(병술), 권206, 만력 16년 12월 16일(을미); 『明史』 卷247, 列傳135, 「李應
祥傳」, 6399~6400쪽. 오문걸은 역시 참장으로서 임진왜란에 동원되던 길에 여주안무사
(黎州安撫司)의 후계 문제로 일어난 내란을 토벌하기도 했다. 『明史』 卷310, 列傳199, 土
司2, 四川土司1, 「黎州安撫司」, 8034쪽.
171 토병이 …… 믿습니다: 형개는 만력 22~23년(1594~1595) 사천·귀주의 총독으로서 근
무했을 때의 경험을 바탕으로 정유재란에 토사(土司) 지역의 토병(土兵)을 동원할 것을
강력히 주장했다. 그의 논지는 토사의 병력은 전투를 업으로 삼고 조정에 전공을 보고하
는 것을 영예롭게 여기며, 이전에 구사·이내 등을 정벌할 때나 오랑캐, 왜를 막을 때도
동원한 바 있었고, 전쟁에서 승리하면 개선하고 각자 생업으로 돌아가니 민간에서 무뢰
배를 소집하는 것보다 낫다는 것이다. 그는 나아가 토병이 사나워서 통제하기 어렵다는
반대론에 대해서도 통제를 잘 하면 될 뿐이라고 반박했다. 『명신종실록』 권311, 만력 25
년 6월 15일(갑술). 실제 명은 토사가 이끄는 토병을 빈번히 동원했고, 당시 반란을 일
으킨 파주선위사(播州宣慰司) 양응룡(楊應龍)도 명에 반항하기 전까지는 구사·이내 정
벌에 동원되어 크게 활약한 바 있었다. 谷應泰, 『明史紀事本末』(일본 국립공문서관 내각
문고 史032-0005) 卷64, 「平楊應龍」, 2a, "隆慶六年襲職, 以從征喇啝諸番九絲、膩乃、楊
柳溝等, 多卻敵先登, 斬獲無算, 先後賜金幣 … 應龍窺蜀兵弱, 每征討, 止調土司."
172 사무관(司懋官): ?~?. 명나라 사람이다. 흠차통령건창도사영병유격장군(欽差統領建昌都
司營兵遊擊將軍)으로 보병 3100명을 이끌고 만력 26년(1598)에 조선에 왔다.

떠한지를 들은 바가 없습니다. 그쪽의 순무·순안은 필시 직접 본 바가 있을 것인데, 신은 지나가는 소문으로 들었을 뿐이니, 실로 심히 놀랍고 당황함을 금치 못합니다. 사무관 또한 혹 필시 그 직임을 감당할 수 있을 것이니, 이후에 황상께서 유념해 주시기를 다시 바라옵니다. 때가 임박하여 장수를 바꾸는 것은 병가(兵家)에서 꺼리는 바이니, 청컨대 병부에서 논의한 바와 같이 각 지역에서 다시 이를 전례로 원용하여 어지러이 바꾸거나 파직시키자고 논의하지 못하게 해서 인재가 각각 쓰임에 합당하게 하고 일이 견제받지 않도록 하소서.

성지를 받들었는데, "상주를 읽어 보았다. 왜정이 긴급하니 병부에서는 조속히 보고 논의하여 와서 말하라."라고 하셨습니다.

병부에서 검토하여 논의한 내용은 다음과 같았습니다.

살피건대, 왜가 조선을 핍박하는 것이 날로 심하여 최근에는 수영(水營)을 습격해서 사료와 군량을 불태우고 한산도를 침범했습니다. 전라도는 조선의 안위에 관계되고 한산도는 전라도의 울타리이니, 진실로 옛날 이른바 언여(鄢輿)는 반드시 다퉈야 할 지역이라고 한 것과 같습니다.[173] 만약 한산도를 확보하지 못하고

....

173 언여(鄢輿)는 …… 같습니다: 『손자병법(孫子兵法)』 「군쟁편(軍爭篇)」의 "군쟁에서 어려운 점은 돌아가는 길을 곧은 길로 삼고, 근심거리를 오히려 이로움으로 삼는 것이다. 그러므로 그 길을 구불구불 가는 것처럼 하여 적을 이익으로 유인하면 남보다 나중에 출발해도 남보다 먼저 도착하는 것이니 이는 우직지계(迂直之計)를 아는 것이다[軍爭之難者, 以迂爲直, 以患爲利. 故迂其途, 而誘之以利, 後人發, 先人至, 此知迂直之計者也]."라는 문장에 대해, 당나라 때의 두목(杜牧: 803-852)은 주석에서 "돌아가는 길을 곧은 길로 삼는다는 말은 적에게 구불구불하고 먼 길을 간다는 것을 보여주어 적의 뜻이 이미 해이해졌을 때 다시 이익으로 유인하여 적의 마음이 집중하지 못하게 한 뒤, 속도를 배로 하여 행군해서 적이 대비하지 않은 틈을 타기 때문에 뒤늦게 출발해도 먼저 도착하

전라도를 지키지 못한다면 적이 상류를 점거하게 되어 내지의 어디든 침입을 받을까 우려스러우니, 조선 한 귀퉁이만의 문제가 아닙니다. 전에 총독 형개가 계주진·선부·대동·산서의 병마를 더 동원한 것은 이미 논의대로 검토하여 황상의 재가를 받들어서 기한을 정해 재촉했습니다.[174] 그런 뒤, 지금 다시 남경·절강·남직례·복건·광동의 수병을 더 요구한 것은 바로 내지에서 방어하는 것이 외양에서 격퇴하는 것만 못하기 때문이니, 총독의 염려하는 바가 깊습니다.

다만 왜노는 성동격서를 잘하고 밝을 때는 매복했다가 어두울 때 나타나니 가장 간교합니다. 그들이 조선을 야습한 것을 보면 족히 남을 제압하는 계책을 얻었다고 할 만합니다. 그런데 배를 대어 놓고 기다리는 듯하니, 내지를 침범하여 우리를 견제하려는 계획이 없을지 어떻게 알겠습니까. 저희 병부에서 앞서 당보(塘報)에 대해 검토하여 방어를 엄중히 하도록 한 것은 진실로 이를 염려했기 때문입니다. 중국의 지름길로는 여순이 긴요하며, 천진·등주·내주가 가장 먼저 방어해야 할 지역이고, 절강의 동서쪽과 장강(長江)의 남북쪽은 옷깃과 목구멍 같은 요충지이자

....

여 다투어야 할 요해(要害)를 확보할 수 있다는 뜻이다[以迂爲直, 是示敵人以迂遠, 敵意已怠, 復誘敵以利, 使敵心不專, 然後倍道兼行, 出其不意, 故能後發先至, 而得所爭之要害也].”라고 해설하면서 그 사례로 전국시대 진(秦)이 한(韓)을 치면서 군대가 언여(閼與)에 주둔했을 때 조(趙)의 명장 조사(趙奢)가 일부러 상대를 방심시켰다가 신속히 언여로 행군하여 진나라 군대를 크게 깨뜨린 『사기』 「염파인상여열전(廉頗藺相如列傳)」의 고사를 인용했다. 즉 언여를 반드시 다투어야 할 요해처의 대명사로 거론한 것이다. 『十一家注孫子』(북경대학 도서관 소장본) 卷中, 「軍爭篇」, 29a-29b.

174 전에 …… 재촉했습니다: 2-5 〈增調宣大薊遼兵馬覓調閩海商船疏〉에 대한 병부의 검토 논의와 만력제의 성지를 지칭한다.

재화(財貨)가 있는 고을이요, 남경[留京]은 근본이 되는 중요한 지역이므로, 그 방어는 더더욱 조금이라도 소홀히 해서는 안 됩니다.

살피건대, 절강의 수병과 육병은 앞뒤로 1만여 명을 뽑거나 모집했고, 회안·양주는 근래 수비를 늘릴 것을 논의했으나, 아직도 충분하지 못할까 우려됩니다. 논의에 따라 남경에서 새로 모집한 수병은 보급에 어려움이 있으니 마땅히 남경병부에 공문을 보내 조사하고 논의하도록 하여, 과연 옮겨서 쓸 만하다면 한편으로 참작하여 독촉해 보내도록 하고, 한편으로 상주하도록 하겠습니다. 강과 바다에서 생선과 소금을 파는 무리 중에 거두어서 병사로 삼을 만한 자들이 있다는 점은 일찍이 논의하여 언급한 바 있으니, 마땅히 소집해서 모집 급여를 후하게 지급하고 스스로 장비를 갖추도록 하되 또한 남경병부에서 자체적으로 논의하고 처리하여 아뢰게 하겠습니다. 회안·양주의 정규병력[額兵]은 원래 움직이기 어렵습니다만, 만약 낭산 일대에 앞서 언급한 바와 같이 바다에 익숙하여 쓸 만한 장사치 무리와 그 지역에서 숫자를 감하여 퇴역시킨 병선이 있다면 또한 응당 수습해서, 선불로 후한 급여를 주어 모집하고 장수를 선발하여 길을 잡아 조선으로 인솔해 가도록 하고, 신속히 상주하여 보고해야 합니다. 또한 남경병부·응천순무(應天巡撫) 등 여러 신하들은 모름지기 다방면으로 계획하고 처리하며 같은 마음으로 급한 일을 도와서 병력이 없으면 병력을 확보할 방법을 찾아야 하고, 군수가 없으면 군수를 확보할 계책을 찾아야 합니다.

장강·회수(淮水) 지역의 방어도 빈약해서는 안 됩니다. 응천·

복건의 병선은 원래의 숫자가 단지 나누어 방어하기에 족한 수준이라 비록 더 뽑아가기는 어렵겠지만, 각각 1000명씩 동원하는 것은 결단코 지체하기 어렵습니다. 전에 웅천에서 보낸 200여 명은 뒤에 데려가는 1000명의 숫자에 산입해서는 안 됩니다. 복건에서는 1000명 외에 추가로 상선 50척을 모집하되, 상선 모집이 그림의 떡과 같이 실현 불가능한 일이라면 그 외에 무릇 선불로 모집할 수 있는 자들에 대해서는 편의대로 방법을 세워 처리해서 도움이 되도록 해야 합니다.

오직 광동은 동남쪽에 치우쳐 있고 병력도 복건·남직례와 비교해 조금 여유가 있으며, 설령 모집하여 보충한다 해도 급히 마련할 수 있습니다. 마땅히 해당 총독·순무에게 공문을 보내서 곧바로 전투에 쓸 만한 영병(營兵) 5000명을 뽑고 군사에 통달한 숙장(宿將) 1~2명 및 전진(戰陣)을 경험한 위소(衛所)의 각 관원을 선발해서 전체를 통솔하게 하거나 나눠서 관할하도록 하여 지휘해 오도록 해야 합니다. 곧바로 광동성의 가용한 전량을 지출하여 안가은·군량·급여 등의 항목을 지급하게 하겠습니다. 우선 부대 편성 내용 및 출발 날짜를 즉시 사람을 보내 상주하도록 하겠습니다. 이들은 실로 먼 곳의 물이라 조선에서 눈앞의 급함을 구제할 수는 없지만,[175] 혹여라도 왜가 내지로 쳐들어올 때 이로써 지원하고 응원한다면 적지 않게 힘이 될 것입니다. 만약 왜

....

175 이들은 …… 없지만:『한비자(韓非子)』「설림상(說林上)」에 노 목공(魯穆公)이 여러 아들들을 진(晉)나라와 초(楚)나라에 벼슬을 하게 하여 향후 도움이 되기를 기대했으나, 이서(犂鉏)가 멀리 있는 물은 가까운 곳의 불을 끌 수 없다[遠水不救近火也]고 노 목공의 의도를 비판한 고사를 변형하여 인용한 것이다.

의 소굴을 직접 쳐서 그들의 내지를 돌아보도록 견제하고자 한다면 이 또한 각 총독·순무가 타당하게 논의할 일입니다.[176]

선부·대동·산서의 병마에 대해서는 이미 밝은 성지를 받들었으며, 절강에서 뒤이어 동원한 병력 4000명과 사천의 토병(土兵)·한병(漢兵) 1만은 각각 시급히 정밀하게 뽑아 기한에 맞게 신속히 출발시키겠습니다.

살피건대, 국가의 일에는 급한 것과 급하지 않은 것이 있지만 신하로서의 의리에는 이쪽과 저쪽이 없습니다. 앞에 언급한 남북 각 성·직례의 수륙 병마 및 근일에 장령을 동원하여 임용한 것은 실로 모두 부득이한 조치입니다. 이후 저희 부에서는 오직 기한을 엄하게 하여 독촉하고 감히 자체적으로 상주를 올려 병마를 현지에 머물러 둘 것을 요청해서 동쪽의 일을 견제하고 책임전가하지 못하게 하여, 총독과 마찬가지로 괴로움을 함께했습니다.[177]

왜가 이미 나라의 총력을 기울여 쳐들어왔으니 뜻을 이루지 못하면 그만두지 않을 듯합니다. 저들도 계책을 쓸 수 있는데, 우리가 유독 머릿수만 의지할 수 있겠습니까. 하물며 병력이 적고 멀어서 더욱 가볍게 대적하기 어렵습니다. 또한 목구멍과 배, 허

....

176 만약 …… 일입니다: 실제로 명 조정에서는 만력 25년 정월부터 일본을 직접 공격해야 한다는 주장이 논의되었고, 만력 26년(1598) 정월에는 만력제의 재가 하에 절강·복건·광동을 중심으로 초기 단계의 준비가 진행되었으나 큰 성과를 거두지 못한 채로 전쟁이 종결됨에 따라 폐기되었다. 鄭潔西, 『跨境人員, 情報網絡, 封貢危機: 萬曆朝鮮戰爭與16世紀末的東亞』, 上海: 上海交通大學出版社, 2017, 141~149쪽.

177 총독과 …… 함께했습니다: 원문은 "如督臣□所苦也"로 중간에 한 글자가 빠져 있어 정확한 해석이 어렵다. 맥락상 빠진 글자를 "同"으로 보고 의역했다.

리와 배 사이에 적이 들어오는 것은 병가에서 꺼리는 바입니다. 옛날에는 양쪽 군대가 교전할 때 먼저 글로써 고했습니다. 왜가 이미 책봉을 받았다고 거짓으로 칭하니 우리 역시 꼬투리를 잡을 말이 있으며, 간첩을 쓰고 기책을 세우는 일은 기미에 따라 변화에 응하는 것이니, 오로지 국면을 맡은 총독·순무가 잘 실행하는 데 달려 있을 따름입니다.[178]

 앞서 제본으로 경보(警報)가 있으면 각각 해당 순무를 옮겨 주둔시켜 가까운 곳에서 조련하고 안배하도록 요청했습니다. 지금 총독의 논의에 산동순무를 등주·내주로 이동시켜 군수·선박을 관리하도록 요청한 것은 진실로 식견이 있습니다. 또한 순천·보정은 모두 방어하고 구원하는 데 긴요한 지방으로서 일이 한가지이니, 교활한 왜가 선단을 나누어 침범하는 것을 방비하지 않을 수 없습니다. 이처럼 긴급함을 보는 대로 또한 갑옷을 입고 대비하며, 사졸들이 배부르고 기뻐하도록 고무하고 진작시키는 데 방도가 있으면 교활한 왜를 두려워할 것이 무엇이겠습

178 옛날에는 …… 따름입니다: 도요토미 히데요시에게 일본국왕 책봉을 빌미로 글을 보내 철병을 요구하는 시도는 경리 양호에 의해 이루어진 바 있다. 아직 심유경이 체포되지 않은 5월 16일, 경리 양호는 도요토미 히데요시에게 자문을, 고니시 유키나가에게 격문을 보내 철병을 촉구하고 이간책을 시도했다. 도요토미 히데요시에게 보내는 자문에서는 일본국왕으로 책봉 받았음에도 조선의 실례를 트집잡아 군대를 일으키려는 것을 비난하고 일본 정세의 불안정을 들어 파병을 촉구했으며, 만약 응하지 않으면 군대를 동원해 오사카를 직접 쳐서 산성군(山城君: 천황)의 안부를 묻겠다고 위협했다. 반면 고니시 유키나가에게 보낸 격문에서는 도요토미 히데요시를 제지시키든가 그를 쳐서 대신 일본국왕이 될 것을 촉구했다. 양호의 자문 원본은 일본 야마구치현 립대학 데라우치문고[櫻圃寺內文庫]에 소장되어 있으며, 국사편찬위원회에 사진자료(SJ0000009565~SJ0000009571) 및 유리건판(GF 0093~0095, GF 1776)이 남아 있다. 『선조실록』 권88, 선조 30년 5월 25일(을묘)에도 자문과 격문의 내용이 실려 있고, 자문은 원본과 비교해 약간의 자구 차이가 있다.

니까. 이미 제본을 올려 왔으니, 마땅히 검토하여 청해야 하겠습니다.

마땅히 저희 병부에 명령이 내려오기를 기다려, 즉시 남경병부 및 순천·보정·산동·선부·대동·산서·회양(淮揚)[179]·웅천·사천·절강·복건·광동 각 순무에게 공문을 보내 상주 내용 및 여러 차례 황상의 재가를 받든 내용에 따라 하나하나 준행하되, 마땅히 주청해야 할 일은 속히 주청하도록 하겠습니다. 차용한 전량은 응당 지출 처리할 것과 상환 처리할 것을 명백히 논의하여 보고해서 검토하여 청할 근거로 삼도록 하고, 황상의 재결을 받아서 시행하겠습니다.

성지를 받들었는데, "여기에 상주한바 동원할 각 성·직례의 병마는 모두 논의대로 속히 시행하라. 왜노는 교활하고 속이며 맹세를 배반했으니, 총독·순무로 하여금 대의로써 책망하고 죄를 성토하며 토벌해서 추한 오랑캐가 날뛰지 못하도록 하라."라고 하셨습니다.

....

179 회양(淮揚): 회안(淮安)과 양주(揚州)를 병칭하는 말이지만, 여기서는 해당 지역을 담당하는 봉양순무(鳳陽巡撫)를 지칭한다. 봉양순무의 별칭이 회양순무(淮陽巡撫)이기도 했다.

2-9

협수 이여매를 옮겨 임용하겠다는 상주

調用協守李如梅疏 | 권2, 63a-66b

날짜 만력 25년(1597) 8월 26일

내용 일본군의 재침이 시작되어 하루하루 급박해지는 정세 속에서 현재 조선에 도착하여 배치된 명군이 2만 명을 밑도는 상황이므로, 가까운 요동에 있고 임진왜란 당시 명성을 떨쳤으며 심복 가정(家丁)을 즉시 다수 동원할 수 있는 요양부총병 이여매(李如梅)에게 어왜부총병(禦倭副總兵) 직함을 주고 요동에서 동원한 병력 1500명과 그의 가정 1000명을 합해 총 2500명을 통솔하도록 하여 조선으로 보내 줄 것을 요청하는 상주이다. 병부와 만력제는 형개의 요청을 그대로 재가했다.

관련문서 『명신종실록』 만력 25년 8월 26일에 형개의 요청에 따라 이여매에게 서도독첨사(署都督僉事)를 더하고 어왜부총병으로 삼는다는 기사가 실려 있다.[180]

왜정이 아주 긴급하니 근처에서 옛날 왜를 정벌한 날랜 장수를 이동시켜 급한 일을 구제할 일로 올리는 제본.

....

180 『명신종실록』 권313, 만력 25년 8월 26일(갑신).

살피건대, 근래의 보고에 왜추가 길을 나누어 침범하여 기세가 이미 들판을 불태우는 것 같다고 합니다. 경상도의 정남쪽 일대 주현은 적의 소유가 된 지 오래되었고, 동남쪽 일대의 성의 수비는 예전에 많이 허물어졌고 병력은 적고 약하며 군량은 더욱 부족하여 이미 버틸 수 없습니다. 그러나 왜노가 본디 탐내던 것은 전라도 하나입니다. 한산(閑山)에서 수군이 수비를 그르친 후 서쪽 한 방면은 적이 왕래하지 못하는 곳이 없습니다. 적은 현재 수륙으로 무리지어 길을 나누어 동시에 나오고 있습니다. 그런데 조선[該國]의 총병(總兵) 김응서(金應瑞)[181]는 이미 도망갔고 국왕과 배신은 가솔을 이끌고 도망가고자 하며 인민은 두려워 숨고 심지어는 밤을 틈타 성을 벗어나 몰래 달아나기도 합니다. 백성이 도망가는데 병사는 누구와 더불어 지키겠으며 양식은 누구와 더불어 지급하겠습니까.[182] 우리 병사는 2만이 되지 않으니 형세상 결코 곳곳을 나누어 지킬 수 없습니다. 신은 오히려 몇 가닥의 부대가 이역(異域)에 떨어져 있는데 만약 왜노의 수륙의 병사가 그 돌아오는 길을 끊는다면 화를 또한 측량할 수 없을까 걱정됩니다.

조사해 보건대, 동원하거나 모집한 병사는 한순간에 모이기 어려우니 근처의 군사와 장수를 성지에 따라 편의상 이동시켜 고립된 군대를 구원하지 않을 수 없습니다. 신은 앞서 요진(遼鎭)의 병마 1500명을 추가로 동원하자고 제본을 올려 이미 황상의 윤허를 받들

181 김응서(金應瑞): ?~1624. 조선 사람이다. 김경서(金景瑞)를 이르는데, 초명이 김응서였다. 임진왜란 때 많은 군공을 세웠다. 정유재란이 발발했을 때에는 명나라 제독 마귀(麻貴)를 도와 동래의 일본군과 싸웠다.
182 그런데 …… 지급하겠습니까: 당시 조선에 대한 형개의 인식은 2-11 〈直陳朝鮮情形疏〉를 참조.

어 동원했으나 아직 전담하여 이끌 장수가 없습니다.[183] 삼가 경리조선군무 도찰원우첨도어사(經理朝鮮軍務都察院右僉都御史) 양호(楊鎬)와 함께 조사해 보니 현임 요양협수부총병(遼陽協守副總兵) 이여매(李如梅)[184]는 대대로 충정(忠貞)이 두터웠으며 명성은 먼 변경에 진동합니다. 전투에서 싸울 때는 화살과 돌을 직접 무릅써 팔뚝 위 부상의 흉터가 아직 남아 있고 사졸을 고무할 때는 용감하게 앞을 다투니 휘하의 정예병이 화살촉처럼 날카롭습니다.

신 형개는 그의 효용함과 절륜함을 오랫동안 들었으며, 신 양호는 요양(遼陽)에서 함께 일한 지 2년이라 그의 충성과 용맹함을 잘 압니다.[185] 또한 전년에 왜를 정벌하며 평양(平壤)·개성(開城)에서 참획한 것이 아주 많았기에 지금까지도 왜노는 이를 이야기하며 아직도 손톱을 깨물고 혀를 내두릅니다. 활을 잡아당기면 백발백중이며[186] 창을 휘두르면 1000명의 사람이 제풀에 무너지니 풍모가 당

....

183 신은 …… 없습니다: 요동에서 도합 1500명을 추가로 동원해 달라고 요청한 제본은 2-5 〈增調宣大薊遼兵馬覓調閩海商船疏〉를 지칭한다.

184 이여매(李如梅): ?~1612. 명나라 사람으로 요동 철령위 출신이다. 자는 자청(子淸), 호는 방성(方城)이다. 이여송의 동생으로, 형을 따라 임진왜란에 참전했다. 일본과의 강화교섭이 진행되고 전쟁이 고착화되자 이여송과 함께 요동으로 돌아갔다가 정유재란이 발발하자 다시 참전했다. 훗날 이여송이 사망하자 형의 관직을 승계하여 요동총병(遼東總兵)이 되어 요동을 방어했다.

185 신 …… 압니다: 양호는 만력 21년(1593) 11월 21일 분수요해도(分守遼海道)에 임명된 뒤 거듭 승진하면서 만력 25년까지 요동에서 실무를 관장하고 있었다. 『명신종실록』 권266, 만력 21년 11월 21일(신미), 권290, 만력 23년 10월 6일(을사), 권296, 만력 24년 4월 16일(임자), 권307, 만력 25년 2월 17일(무인). 한편 이여매는 최소 만력 24년(1596) 8월 이전 요양부총병으로 임명된 상태였다. 『명신종실록』 권300, 만력 24년 8월 3일(무술), 권308, 만력 25년 3월 5일(을미). 따라서 양호와 이여매는 요양에서 근무한 기간이 1~2년 정도 겹친다.

186 활을 …… 백발백중이며[挽弓九矢不虛]: 명대 무장의 재주를 칭찬할 때 자주 쓰이는 표현 중 하나로, 화살 아홉 발을 쏘아 빗나가는 것이 없다는 뜻이다. 명대 무관을 뽑는 무

당합니다. 신 등이 여러 변진을 두루 다니며 근무했으나 그에 필적할 사람을 거의 보지 못했습니다. 순무 장사충(張思忠)[187] 또한 이여매가 재능과 공적, 용기와 지략이 있어 동정(東征)에 동원하기 걸맞다고 신에게 직접 말했습니다. 신 등이 그의 금창(金瘡: 쇠붙이로 입은 상처)이 이미 나았음을 확인했습니다. 하물며 이여매는 건정(健丁)[188] 수백 명을 현재 양성하고 있으며, 또한 부자·형제의 군대를 수습하면 전사 1000명을 즉시 얻을 수 있습니다.[189] 지금 왜정이 아주 긴급한 때이니 1000명의 건정을 바로 얻는 것이 새로 소집한 병사 1만을 쓰는 것보다 낫습니다. 이에 신 등은 물에서 건져 주고 불에서 구해 주는 것은 평상시의 동원 절차에 구애받아서는 곤란하므

....

거(武舉)에서는 화살 아홉 발을 쏘아 그 재주를 시험했다. 陳子龍 編, 『皇明經世文編』卷79, 劉忠宣集(劉大夏), 疏, 「議行武舉疏(請開武科)」, "請於次年四月開科, 初較騎射, 人發九矢, 中三矢以上爲合式, 二較其步射, 亦發九矢, 中一矢以上者爲合式."; 卷313, 林學士文集(林爔), 疏, 「陳言邊計疏」, "夫射挾九矢, 能中五六, 可謂精矣."

187 장사충(張思忠): 1536~?. 명나라 사람이다. 직례 광평부(廣平府) 비향현(肥鄉縣) 출신으로 가정 44년(1565) 진사가 되었다. 이과급사중(吏科給事中), 섬서우참의(陝西右參議), 호광부사(湖廣副使), 섬서우포정사 분수서녕도(陝西右布政使分守西寧道) 등을 역임했다. 원문에는 "撫臣張"이라고만 나오고 이름이 나오지 않으나, 당시의 요동순무는 장사충이었다. 『명신종실록』 권309, 만력 25년 4월 29일(기축).

188 건정(健丁): 명대 무장들이 사적으로 양성한 가정(家丁)을 지칭한다. 명 후기의 무장들은 스스로 모집한 심복 부하들을 다수 대동했는데, 이들은 무장과 사적 관계를 맺고 정규 병력보다 좋은 대우를 받으며 전장에서 무장의 수족으로서 활동했다. 요동의 이성량(李成梁: 1526~1615)이 대표적으로 다수의 가정을 양성하고 활용한 사례이다. 이들 중 이민족 출신의 가정은 효건(驍健)이라고 불리기도 했다.

189 하물며 …… 있습니다: 이여매의 부친 이성량은 20여 년간 요동에서 많은 무훈을 세웠고, 만력 7년(1579)에는 영원백(寧遠伯)으로 봉해지는 영예를 누렸다. 또한 장기간 요동의 군권을 장악하고 대규모의 가정을 수하로 두었으며, 이여송을 비롯한 아들 5명과 일족들도 무장으로 이름을 떨쳐 당시 사람들에게 "이씨 가문의 호랑이 같은 아홉 장수[李家九虎將]"라고 불릴 정도로 가문이 크게 번성했다. 따라서 이들은 이성량 때부터 양성한 다수의 가정을 동원할 역량이 있었다.

로, 이미 그로 하여금 군사를 정돈하여 길을 떠나고 국경에서 성지를 기다렸다가 서둘러 전진하도록 했습니다.

조사해 보니, 이여매의 자급과 봉록은 이미 후하고 공로와 공적은 더욱 많습니다. 엎드려 바라건대, 병부에 명령을 내리시어 이여매에게 오군도독부의 직함을 헤아려 더하시고 어왜협수부총병(禦倭協守副總兵)으로서 정예 가정 1000명을 뽑아서 이끌게 하고 아울러 앞서 제본을 올려 추가로 동원한 요동진의 마병 1500명까지 모두 거느리고 밤새워 가서 이로써 지원하도록 하십시오. 각 병력이 잇달아 도착하기를 기다렸다가 다시 더 추가로 보내 주어 싸우고 지키는 데 대비하도록 하십시오. 마땅히 써야 할 안가(安家)·호상(犒賞) 등의 항목은 예에 비추어 지급하십시오.

가정의 마필에 대해서는, 이여매가 원래 소유한 마필은 군영마다 사료를 만들어 지급하겠습니다. 부족한 마필은 살피건대, 요양 일대는 전후로 마필을 동원하여 비어 있어서 재차 대략 헤아려 뽑아 보내는 외에 그래도 700필이 부족합니다. 신이 이미 즉시 사람을 시켜 먼저 제본으로 지급해 달라고 청했던 태복시(太僕寺) 말 1000필 중에서 지급하여 보냈습니다. 태복시로 하여금 700필을 보태서 넘겨주도록 하여 별도의 군사가 군진에 도착했을 때 긴급한 용도에 대비하는 것이 어떻겠습니까.

이여매가 마땅히 써야 할 기패(旗牌)는 전례에 비추어 지급하기를 청합니다. 가정의 전량(錢糧)은 계주진에 마련해 놓은 아직 소집되지 않은 남병 몫의 전량에서 요동 가정의 사례에 비추어 지급하겠습니다. 단, 요양은 오랑캐를 방어하는 요충지이니 빈자리는 신이 요동순무와 함께 검토하고 논의하여 별도로 청을 올리는 것을 허용해 주시고, 군영의 업무는 잠시 원임 부총병 오희한(吳希漢)[190]에게 위임하여 대신 주관하도록 한다면, 널리 알려져 있는 명성은 부산의 왜노의 기운을 빼앗을 수 있을 것이며 이역의 고립된 군대는 구름과 무지개 같은 희망으로 위로받을 수 있을 것입니다.

병부에서 검토하여 논의한 내용은 다음과 같았습니다.

살피건대, 왜의 세력이 미쳐 날뛰며 길을 나누어 침범하니 왜에 익숙한 날랜 장수를 얻지 못하면 건장한 병졸을 모아도 돕는 효과를 쉽게 거두지 못할 것입니다. 제본에 따르면, 이여매는 옛날 동정에 따라가 친히 참획한 것이 많아 이미 왜노가 두려워하는 바이며 집안에 장사가 많아 부르면 바로 정병(精兵)입니다. 옮겨 임명해서 정벌에 수행하도록 하며 마필을 지급하고 군량과 상을 후하게 하는 것을 의논하고, 아울러 가함하여 공적에 보답할 것을 논의했으니, 모두 따를 만합니다. 이미 게(揭)[191]를 갖추어 올라왔으니 응당 제본을 올려 청해야 합니다.

마땅히 명이 내리기를 기다려 이여매에게 서도독첨사(署都督僉事)를 헤아려 더하고 어왜부총병(禦倭副總兵)에 임명하며, 해당 총독·순무에게 공문을 보내 그로 하여금 정예 가정 1000명을 뽑아서 이끌게 하고 더불어 앞서 논의하여 추가로 동원한 요동 마병 1500명을 함께 통솔하여 밤새워 조선에 도달하여 기회를 살펴서 지원하도록 하십시오. 마땅히 써야 할 안가·호상 등의 항목은 전례에 비추어 지급하십시오. 가정의 마필은 본관이 원래 가

190 오희한(吳希漢): ?~?. 명나라 사람이다. 이여송(李如松)의 청용관(聽用官)으로 조선을 왕래했다.
191 게(揭): 게첩(揭帖)이라고도 하며, 여기서는 상주의 부본(副本)을 지칭한다.

지고 있었던 것과 다시 참작하여 뽑아 바꾼 것 외에 아직도 600
필[192]이 모자랍니다. 먼저 제본으로 지급해 달라고 청했던 태복
시 마필 1000필 내에서 수효를 맞추어 지급해 보내십시오. 그리
고 태복시로 하여금 수효를 맞추어 보충하여 지급하도록 하여
별도의 쓰임에 대비하십시오. 이여매가 마땅히 써야 할 기패는
전례에 비추어 지급하기를 청합니다. 가정의 전량은 계주진에
마련해 놓은 아직 소집되지 않은 남병 몫 내에서 요동 가정의 사
례에 비추어 지급해 주십시오. 남겨진 동로협수영(東路協守營)의
업무는 잠시 원임 부총병 오희한에게 위임하여 대리하게 하십시
오. 빈자리는 별도로 뽑아서 보임하기를 기다리게 하십시오.

성지를 받들었는데, "이여매에게 서도독첨사를 더하고 어왜부총병
에 임명한다. 나머지는 의논한 바에 따르라."라고 하셨습니다.

....

192 600필: 형개의 제본에는 700필이었는데, 여기서는 600필로 되어 있다. 원문의 오류인
지, 계산을 별도로 한 것인지는 알 수 없다.

복건과 직례의 수병을 독촉하고
아울러 강북의 사선병을 모집하겠다는 상주

守催閩直水兵併募江北沙兵疏 | 권2, 67a-72b

날짜 만력 25년(1597) 9월 12일

내용 칠천량해전 및 남원 함락에 이어 전주도 위태로운 전황을 접하고 서울 이북의 수로 요충지를 방어할 수군의 빠른 동원을 요청하는 상주이다. 형개는 수군 총 2만 1000명을 동원하여 1만 명으로 조선의 강화도 등을 수비하고, 3000명으로 여순을, 3000명으로 천진을 수비하도록 하며, 5000명을 전투부대로 삼아야 한다는 구상 하에 각 지역에서 동원한 수군을 독촉하여 빨리 도착하도록 해 줄 것을 요청했다. 이에 더하여 임진왜란 당시 동원한 바 있는 장강 북쪽의 사선(沙船)·사병(沙兵)을 추가로 편성하면 시간이나 재원의 낭비 없이 빠르게 수군 전력을 강화할 수 있다는 방책을 제시했다.

이에 대해 병부는 형개의 기존 동원 수군 독촉 및 사선·사병 추가 동원 요청을 모두 승인하고, 아울러 자체적으로 각지에 명령해 동원한 병력을 합치면 2만 1000명이 넘으니 서둘러 독촉하겠다고 만력제에게 보고했다. 만력제는 이를 모두 승인했다.

관련문서 앞의 2-8 〈催發水陸官兵本折糧餉疏〉와 긴밀히 연관된 문서이다. 『명신종실록』 만력 25년 9월 12일 기사에는 병부에서 앞뒤로 수군 2만 1000명을 동원하고, 만력제가 재촉하여 속히 도착하도록 하라고 명령했다는 내용이 짧게 적혀 있는데, 이 기사가 본문의 처리 결과를 전하는 것으로 생각된다.[193]

왜노가 수로로 두루 항행하고 속국은 안으로 어지러우며, 우리 병력은 적고 세력은 미약하여 매우 위태롭고 급박하니, 황상께 간절히 청하건대, 속히 수병을 재촉하여 처리해서 급한 어려움을 해결하도록 할 일로 올린 제본.

절실히 살피건대, 조선은 한산도에서 수병을 가벼이 움직였다가 그 나라의 적신(賊臣) 김응서(金應瑞)가 왜와 내통하여 소굴을 공격할 날짜를 고니시 유키나가에게 먼저 알려서 한산도가 함락되는 결과를 초래했습니다.[194] 심유경은 양원에게 원한을 품고 몰래 누국안 등으로 하여금 남원의 허실을 또 고니시 유키나가에게 누설하여 남원이 함락되는 결과를 초래했습니다.[195] 그리고 양원이 품첩을 올리기를, 만약 지키지 못하면 자신의 목숨으로 갚겠다고 했습니다. 전주 또한 조선 백성들이 그 군량과 사료를 모두 불태우고 도주함에 따라 진우충(陳愚衷)이 버텨내지 못하게 되었으니, 전주도 지키기 어렵게 되었습니다.[196] 전주를 지키기 어렵다면 충주는 앞뒤로 적을 맞

193 『명신종실록』 권314, 만력 25년 9월 12일(경자).
194 조선은 …… 초래했습니다: 이는 사실이 아닌 것으로 보인다. 2-11 〈直陳朝鮮情形疏〉의 김응서 관련 각주를 참조.
195 심유경은 …… 초래했습니다: 『양조평양록』에도 심유경이 양원을 원망하여 보복하기 위해 사로잡히는 날 몰래 누국안으로 하여금 빠져나가 고니시 유키나가에게 남원의 허실을 알려 주고, 병력을 일으켜 남원을 엄습하도록 했다고 기록되어 있다. 諸葛元聲, 『兩朝平攘錄』 卷4, 日本 下, 8b. 다만 누국안은 8월 초 고니시 유키나가 진영에서 그의 서신을 가지고 서울로 돌아왔으며, 누국안의 귀환 이후 남원의 양원이 조선 관원과의 대화에서 누국안에게 들은 말을 인용하고 있음을 감안하면 누국안의 파견은 심유경의 독단적 의사라기보다는 양원의 양해 하에 이루어진 것으로 보인다. 『선조실록』 권91, 선조 30년 8월 4일(임술), 5일(계해), 6일(갑자). 오히려 심유경은 압송되어 요동에 있을 때 일본군이 대거 재침을 개시하자 급히 휘하의 파총(把總)을 악양에 있던 고니시 유키나가의 진영에 보내 물러날 것을 요구하고 있었다. 趙慶男, 『亂中雜錄』 3, 丁酉 8월 7일, 69a-69b.

아 형세가 매우 외따로 떨어져 있게 됩니다. 이러면 왕경의 방비를 서두르지 않을 수 없습니다. 다만 왕경의 동남쪽 일면에는 경상도의 왜적이 있고 서남쪽 일면에는 전라도의 왜적이 있습니다. 우리의 육병은 비록 여러 차례 청하여 여러 차례 지급 받았음에도 다수는 도착하지 못했지만, 가령 앞뒤로 동원하여 집결시킨 병력을 합친다면 혹 나누어 배치하기에 그런대로 넉넉할 수도 있습니다.

다만 수로는 정서쪽으로는 강화도, 서북쪽으로는 평양의 황주이며, 다시 북쪽으로는 가산(嘉山)[197]·안주이고, 다시 서북쪽으로는 의주의 압록강입니다. 왜노가 바다를 따라 북쪽으로 가면 모두 들어올 수 있습니다. 이런 상황에서 수병으로 강어귀를 방어하지 않았다가 저들이 절반은 육로로 남쪽에서 견제하고 절반은 수로로 북쪽으로 침입해온다면 우리 병력은 또한 그 가운데 포위되는 것입니다. 여기서부터 눈깜짝할 사이에 여순에 도착하게 되고, 천진은 순풍이 불면 돛만 올려도 도달할 수 있습니다. 따라서 왕경 이북의 긴요한 수상 요해처에는 중병을 두어 방어하지 않을 수 없습니다. 이는 4할이 조선을 위한 것이고, 6할이 산동·천진으로 가는 통로를 막기 위한 것입니다.

....

196 전주 …… 되었습니다: 전주에서는 남원 전투의 소식을 들은 이후 8월 17일 백성들이 동요하여 창고를 불태우고 명군을 살해하고 성문을 뚫고 달아나는 사태가 일어났다. 2-11 〈直陳朝鮮情形疏〉를 참고. 당시 전주부윤 박경신(朴慶新)은 일본군이 경내에 이르기 전에 유격 진우충(陳愚衷)에게 글을 보내 창고를 불사르고 노약자를 먼저 내보내며 성을 버릴 것을 권유했으나 거절당했고, 전주의 백성들이 난동을 일으키자 자신도 성을 버리고 다른 도로 피신했다. 『선조실록』 권91, 선조 30년 8월 21일(기묘), 권93, 선조 30년 10월 2일(기미), 13일(경오); 李廷馨, 『東閣雜記』(대동야승 수록본) 下, "全州府尹朴慶新, 聞南原失守之奇, 稟帖于天將, 請棄城而去, 不從, 州人至殺把門唐兵, 慶新斬關而逃."
197 가산(嘉山): 원문은 加이나, 嘉의 오자로 추정된다.

신이 전에 이미 이를 염려했으므로 부득이하게 급히 복건·남직례의 병력을 요청하고 또 만부득이하게 남경의 수병을 요청했으니,[198] 남경이 근본이 되는 중지임을 알지 못해서가 아니며, 복건·오송 또한 왜가 침범하는 요충임을 몰라서가 아닙니다. 다만 왜노가 이미 조선에서 힘을 합쳤으니 형세상 필시 한 번 동남쪽으로 돌출하여 침범해 오지 않을 수 없습니다. 장차 이를 하류에서 막는 것은 상류에서 막는 것이 힘들지 않고 쉬운 것만 못합니다. 신이 의견을 세워 붓으로 쓴 내용이 진실로 과신(科臣: 과도관)이 말한 바와 같으니, 신의 말이 목구멍에서 막히고 공이로 심장을 찧는 것을 어떻게 그만둘 수 있겠습니까.

그러므로 신의 생각에 지금의 수비 방안은 마땅히 1만 명의 수병으로 조선의 강화도 등 항구를 수비하고, 5000명을 전투부대로 삼으며, 3000명으로 여순을 방어하고, 3000명으로 천진을 방어하는 것입니다. 그리고 등주·내주·회안·양주는 해당 성에 지금 있는 수병을 재차 한 번 정돈하고 깊이 멀리 정탐해서 불측한 사태를 예방해야 합니다. 남경·절강·복건·광동은 위협이 조금 완만한 듯합니다. 다만 지금 수병은 서성(徐成)[199]의 3000명을 제외하면 그 밖에 배 한 척이 있습니까, 병사 한 명이 있습니까. 이 3000명의 병력이 어떻게 감히 수만 척의 왜선을 맞아 대적할 수 있겠습니까. 감히 대적할 수 없는데 능히 지킬 수 있겠습니까.[200] 지금 매우 위태롭고

....

198 신이 …… 요청했으니: 2-8 〈催發水陸官兵本折糧餉疏〉를 지칭한다.
199 서성(徐成): ?~?. 명나라 사람이다. 호는 소천(少川)이고 절강 금화위(金華衛) 출신이다. 유격장군(遊擊將軍)으로 수병을 이끌고 강화에 이르렀다가 병으로 인해 명나라로 돌아갔다.
200 다만 …… 있겠습니까: 본문에 나온 서성(徐成)의 수군 3000명은 『사대문궤』에 언급된

급박한 때를 당하여 하루아침에 병력을 모아서 이르게 하여 눈썹이 타는 듯한 급박한 상황을 구하지 못하는 것이 한스럽습니다.

그런데 접때 저보(邸報)²⁰¹를 보니 저쪽[연해지역]으로 공문을 보내 조사하여 논의하도록 했다고 합니다. 대개 피차 각각 소견이 있어 조사하지 않을 수 없고 간략하게 처리할 수 없기 때문일 것입니다. 다만 논의는 또한 논의대로 흘러가고 거리가 멀기도 또 멀어서 오히려 결정되지 않을 것입니다. 무릇 인정은 편안함을 좋아하고 수고로움을 싫어하니, 저쪽에 공문을 보내 논의하게 하면 선뜻 오려고 하는 자가 없을까 염려됩니다. 설령 온다고 해도 먼저 공문을 보내 논의하도록 하고 이어서 논의가 정해진 뒤에 온다고 하면 그것이 과연 언제겠습니까. 저쪽에서 와도 일에 또한 도움이 되지 않을까 걱정입니다. 엎드려 바라건대, 황상께서는 시세가 가장 다급하고 수병이 가장 중요함을 유념하시어, 병부에 명령하여 곧바로 사람을 보내 앞서 동원한 오송의 수병 1000명·복건의 1000명 및 남경의 3000명을 독촉하여 밤낮없이 하루에 이틀 길을 행군해 와서 긴요한 수로를 나누어 방어할 수 있도록 함으로써, 왕경의 수비가 견고해지

유격 서징(徐澄)이 이끄는 절강 수군 105척과 동일한 부대로 판단된다. 이들은 7월 29일 여순에 도착해 있었다. 『事大文軌』卷22,「備倭總兵官麻(貴)咨朝鮮國王[麻總兵詳議水砦船隻]」, 만력 25년 8월 16일, 51a-52b. 조선에서도 이들 3000명을 동원했음을 염두에 두고 한산도가 무너진 상황에서 이 병력으로는 부족하니 수군을 증파해 줄 것을 요청했다. 『선조실록』권90, 선조 30년 7월 25일(갑인);『事大文軌』卷22,「朝鮮國王咨經理楊(鎬)[本國咨報倭賊攻破閑山]」, 만력 25년 7월 27일, 18a-21a.

201 저보(邸報): 전한(前漢) 무렵부터 간행된 일종의 관보(官報)이다. 전통시대의 중국 지방 관들은 수도에 '저(邸)'를 두고 이곳에서 황제의 유지(諭旨: 명령)와 조서(詔書), 그리고 신하들이 올린 주요 상주문 등 각종 정치 정보들을 정리하여 지방 관아로 보내도록 했다. 이러한 제도는 청대까지 지속되었는데, 청대에는 '경보(京報)'라 불리기도 했다.

고 내지 또한 믿고 두려워하지 않게 해 주소서.

또 살피건대, 이 밖에 수병으로서 편의에 따라 급박한 상황을 구제할 수 있는 부대로는 강북(江北)의 통주(通州)·해주(海州) 두 지역의 사선(沙船)·사병(沙兵)[202]만한 것이 없습니다. 이들 무리는 해변에서 나고 자라 고기잡이를 생업으로 삼으며 배를 집으로 삼습니다. 바람과 파도에 익숙할 뿐만 아니라 적을 포획하는 데도 매우 뛰어납니다. 만력 20년(1592) 낭산총병(狼山總兵) 표하(標下)의 파총(把總)[203] 허원(許元)에게 병부의 차부(箚付)를 주어 파총으로 삼아,[204] 가서 사선 50척·사병 1700여 명을 모집하여 천진으로 나아가 응원하도록 했습니다. 그 안가은·월량·선박 임대료·의복 및 갑옷 등의 비용은 모두 북경의 마가은 및 남경의 초장은(草場銀)[205]·마가은 등을

....

202 사선(沙船)·사병(沙兵): 사선(沙船)은 당대(唐代)에 장강 하류에서 처음 만들어졌으며, 바닥이 평평한 평저선(平底船)으로서 얕은 바다를 항행하는 데 적합했다. 명대에는 장강 이북의 해양에서 군선으로 활용되었다. 사병이란 사선을 운용하는 병사를 지칭한다.

203 파총(把總): 무관의 직명. 명초에는 북경에 주둔하는 경영(京營)을 삼대영(三大營)으로 나누고 천총, 파총 등의 영병관(領兵官)을 두었으나, 시간이 흐를수록 지위와 직권이 낮아졌다. 명말에는 대략 천총은 1000명 정도를, 파총은 300~500명 정도를 지휘하는 직책으로서 수비(守備)보다 아래에 있었다. 예를 들어 척계광(戚繼光)의 절강병법(浙江兵法)에 따르면 대장(大將) 휘하에 5영(營)이 있고 영 아래에는 각각 5사(司)를 두었는데, 각 사를 파총이 통솔하도록 했으며, 각 사는 600여 명의 군병으로 편성되었다. 명 후기의 천총·파총 등에 대해서는 肖立軍, 『明代省鎭營兵制與地方秩序』, 天津: 天津古籍出版社, 2010, 235~243쪽; 曹循, 「明代鎭戍將官的官階與待遇」, 『歷史檔案』 2016-3; 曹循, 「明代鎭戍營兵中的基層武官」, 『中國史研究』 2018-1을 참고.

204 병부의 …… 삼아: 명 후기 파총 등의 기층 무관은 총독이나 순무가 자체적으로 직임을 설치하고 인원을 선발해서 차부(箚付)를 주어 임명하는 것이 일반적이었으나, 중요한 직책의 경우 병부에서 추천하여 황제의 비준을 받아 임명되는 사례도 있었다. 曹循, 「明代鎭戍營兵中的基層武官」, 『中國史研究』 2018-1, 138~142쪽.

205 초장은(草場銀): 남경병부거가사(南京兵部車駕司) 산하의 초장(草場)에서 거두는 은을 지칭한다. 만력 후반 매년 거두는 초장은은 약 1만 3510냥이었으며, 거두어진 은은 직방사(職方司)의 훈련 포상, 가정(家丁)의 임금 지급, 영사(營舍)의 건축, 무고사(武庫司)의

지출하여 지급해서 출발시켰습니다. 출발한 뒤에 강북순무·순안이 함께 올린 제본으로 인해 남겨 두어 낭산을 방어하도록 했으므로 결국 오지는 않았으며, 얼마 뒤에는 또한 해산하여 본업으로 돌아갔습니다.

지금 이들 무리를 위해 전에 만들어둔 군화(軍火)·장비가 아직 있고 그 인원도 한 번 부르면 곧 이를 수 있으며 배 역시 한 번 동원하면 곧 갈 수 있습니다. 응당 지급해야 할 안가은·월량·선박 임대료·의복 및 갑옷 등의 항목은 전에 제본으로 올린 사례를 따를 수 있으므로 번거롭게 다시 논의할 필요가 없으니, 급할 때 활용할 수 있는 병력입니다. 바라건대, 아울러 병부에 명령하여 강북순안(江北撫按)에게 공문을 보내, 그대로 허원으로 하여금 그 무리들을 불러 모으게 하고 3000명이든 5000명이든 모두 전년에 논의하여 정한 사례에 따라 안가은·선박 임대료 및 군화·장비 등을 지급해서 바닷길을 통해 기한을 정해서 오도록 해 주소서. 그리하여 새로 설치한 통령수병부총병으로 하여금 배치하고 방어하는 일을 지휘하도록 하소서. 필요한 은을 마땅히 어떤 항목의 은에서 지출할 것인지는 호부에서 속히 처리하게 하여 번거롭게 징수하지 않고도 수병을 빠르게 모집할 수 있게 하소서. 이 또한 급한 일에 대응하는 한 방법입니다. 절색으로 지급하는 급여는 이미 다 써 버린 지 오래이니, 속히 20~30만 냥을 지출하여 비왜낭중(備倭郎中)에게 지급해서 눈앞의 급한 용도에 대비하도록 하소서.

....

군기(軍器) 및 화약 제조에 사용되었다. 谷井俊仁, 「『明南京車駕司職掌』の研究」, 『富山大學人文學部紀要』 19, 1993, 404쪽의 〈表四: 南京車駕司額收款目, 額支款目〉을 참조.

성지를 받들었는데, "병부에서 보고 와서 말하라."라고 하셨습니다. 병부에서 검토하여 논의한 내용은 다음과 같았습니다.

살피건대, 왜노가 전라도를 점거했으니 수륙으로 모두 나아가 침범할 수 있습니다. 총독의 논의에 수병 1만 명을 동원하여 조선의 강화도 등 항구를 방어하고 5000명은 전투부대로 삼으며 3000명은 여순을 방어하고 3000명은 천진을 방어하도록 했으므로, 총계 2만 1000명입니다. 또한 등주·내주·회안·양주는 각기 현재 있는 병력을 정돈하여 불측한 사태에 대비하도록 했습니다. 실로 만전의 대비이니 늦추어서는 안 될 것입니다.

조사해 보니, 총독이 원래 동원한 수병은 절강의 3000명·오송의 1000명·복건의 1000명·남경의 3000명입니다. 절강의 3000명은 여순에 도착한 지 오래입니다. 오송·복건의 각 1000명은 여러 차례 저희 병부에서 제본을 올려 독촉했습니다. 오직 남경의 3000명은 총독의 원래 제본에 이르기를 새로 모집한 병력이지만 보급이 지탱하지 못해 논의하여 해산하고자 한다고 들었다 했는데, 그 말이 거짓이 아니었으므로 저희 병부에서 검토하여 그쪽[남경]에 공문을 보내서 조사하고 논의하여 독촉해 출발시키도록 했습니다. 또한 유도(留都: 남경)는 근본이 되는 중요한 지역이고 이들은 새로 모집한 병력이므로 과연 쓸 수 있는지 알지 못하기에, 근래 다시 제본을 올려 황상의 재가를 받아 공문을 보내 조속히 상주하도록 했습니다. 그런 뒤에, 응당 재차 독촉해야 합니다.

허원이 원래 동원한 사선·사병은 지금 6년이 지났습니다. 앞서 허원은 군인을 수탈하고 일을 그르친 까닭에 변경에 충군(充

軍)²⁰⁶되었고, 각 병력 역시 곧바로 해산시켰습니다. 근래 신 등이 논의하기를, 해당 순무에게 공문을 보내 그 지역에서 숫자를 감하여 퇴역시킨 병선에 대해 모집 급여[募餉]를 후하게 지급하고 장령을 선발해서 요해(遼海)로 나아가 명령을 듣도록 한 것은 실로 이들 병선을 가리켜 말한 것입니다.²⁰⁷ 참으로 준행해야 할 바이니 또한 신 등으로 하여금 곧바로 관원을 보내 독촉하도록 해주소서. 그 안가은·군량과 급여·선박 임대료 등의 항목은 모두 전년에 논의하여 정한 사례에 따라 지급하겠습니다. 아울러 원래 만들어 둔 일체의 군화·장비 등을 조사하고, 바다를 통해 기한을 정해서 요동으로 나아가 명령을 듣도록 하겠습니다. 이상은 모두 총독이 논의한 바의 숫자입니다.

또한 살피건대, 8월 30일에 저희 병부에서 긴급한 왜정의 일로 제본을 올려 오송·복건의 수병 각 1000명을 더 동원했습니다. 9월 2일에 저희 병부에서 해안 도서(島嶼)의 인원과 선박을 보고하는 등의 일로 제본을 올려 양천윤(梁天胤)²⁰⁸의 강북 수병 5000명을 동원하기로 논의했습니다. 9월 6일에 저희 병부에서 섬 오랑캐가 평정되지 않은 등의 일로 제본을 올려 절강·광동의 수병 각 3000명을 더 동원했습니다. 앞의 숫자와 더하면 이미 2만 1000명을 넘으니 마땅히 아울러 나누어 공문을 보내 급히 독

....

206 충군(充軍): 유형(流刑)의 일종으로 범죄자를 먼 곳으로 보내 군인으로 충당하거나 노역(勞役)에 종사하도록 함을 뜻한다.
207 근래 …… 것입니다: 2-8 〈催發水陸官兵本折糧餉疏〉의 병부 검토 논의 내용을 참조.
208 양천윤(梁天胤): ?~?. 명나라 사람이다. 호는 염천(念泉)이고 직례 회안부(淮安府) 대하위(大河衛) 사람이다. 만력 26년(1598) 흠차통령남직수병유격장군(欽差統領南直水兵遊擊將軍)으로 수병 2000명을 이끌고 조선에 왔다가 이듬해에 명나라로 돌아갔다

촉해서, 병력이 도착하면 총독 및 신설한 연해 방어 사무[海務] 담당 각 순무·총병으로 하여금 천진·등주·내주·여순으로부터 강화도 등지에 이르기까지 나누어 배치해서 지역에 따라 싸우고 지키도록 해야겠습니다. 삼가 명령이 내려오기를 기다려 신 등이 삼가 받들어 시행하겠습니다.

성지를 받들었는데, "여기 상주한바 앞뒤로 동원한 각 성·직례의 수병은 너희 병부에서 곧바로 즉시 사람을 보내 재촉해서 속히 각 지방에 도착하여 쓸 수 있도록 하되 지연되거나 잘못되지 않도록 하라. 나머지는 모두 논의한 대로 하라."라고 하셨습니다.

조선의 정형을 바로 아뢰는 상주

直陳朝鮮情形疏 | 권2, 73a-79b

날짜 만력 25년(1597) 9월

내용 명목상 아군이지만 전혀 신뢰할 수 없는 조선의 상황과 준비가 부족한 명군의 실상을 설명하고, 병력 및 군량의 지원을 예정대로 해 줄 것을 요청하는 상주이다. 형개는 이 문서에서 조선 군신(君臣)이 서울의 방어시설을 강화하지 않으면서 도망갈 궁리만 하고 있으며, 신하들은 적에게 항복하거나 내통하거나 도주했고, 남원·전주 전투에서도 조선 관민은 비협조적이었을 뿐만 아니라 적과 내응한 혐의가 있으며, 군량 운송 등을 성실히 처리하지 않는다는 등 조목 조목에 걸쳐 조선의 잘못을 열거하고 있다.

형개가 지적하고 있는 내용 중에는 일부 사실인 것도 있지만, 주석에서 설명한 바와 같이 대부분은 지나친 비난이거나 사실이 아닌 풍문·억측으로 채워져 있었다. 형개가 이렇듯 조선에 대해 과장된 비판을 하게 된 원인은 불리한 상황을 초래한 조선 군신에 대한 원망도 포함되어 있겠으나, 그보다는 급속도로 불리해진 전황에 대해 책임을 전가할 필요가 있었기 때문으로 추정된다.[209] 이후 조선 조정은 상황상 명 조정 및 명

....

209 그보다는 …… 추정된다: 형개의 비난조 자문을 받고 선조가 불만을 토로하자 비변사가 선조를 만류하면서 형개의 의도를 명확히 간파한 바 있다. 『선조실록』 권92, 선조 30년 9월 2일(기축).

군 지휘부의 불만 제기를 대부분 감수했지만, 구체적인 사안에 대해서
는 변명을 시도하기도 했다.

관련문서 지금까지의 문서들과는 달리 본문은 병부의 검토 논의 및 만력
제의 성지가 실려 있지 않다. 또한 『명신종실록』에도 본 문서에 대한 언
급은 나타나지 않는다. 다만 『사대문궤』 및 『선조실록』에는 본문과 같
은 맥락에서 작성된 형개의 자문들이 남아 있다.[210] 아울러 『만력저초
(萬曆邸鈔)』에는 형개가 남원·전주 함락 이후 조선의 관민이 흩어져 도
망치고 명군을 돕지 않을 뿐만 아니라 식량을 불태우고 창끝을 거꾸로
돌리는 등 적대행위를 보인다고 보고했다는 기사가 있는데,[211] 표현은
약간 다르지만 본 문서를 지칭하는 것으로 추측된다.

병력과 식량이 모두 부족하여 싸우고 지키는 데 힘입을 것이 없는
조선의 상황을 사실대로 진달하고, 시급히 좋은 계책을 논의하여
지원해서 뜻밖의 사태에 방비할 일로 올린 제본.

살피건대, 왜노가 재차 조선을 침범하자 황상께서 그 외롭고 약함을

....

210 『선조실록』 권92, 선조 30년 9월 14일(신축); 『事大文軌』 卷23, 「總督薊遼保定等處軍
務兼理糧餉經略禦倭邢(玠)咨朝鮮國王[邢軍門乞速濟師以救窮蹙]」, 만력 25년 9월 9일,
33a-36a, 「總督薊遼保定等處軍務兼理糧餉經略禦倭邢(玠)咨朝鮮國王[邢軍門緊急倭
情]」, 만력 25년 9월 12일, 40b-42b. 이에 대한 조선의 반응은 『事大文軌』 卷23, 「朝鮮國
王咨經略邢[回咨]」, 만력 25년 9월 22일, 36a-38b, 「朝鮮國王咨經理邢(玠)經理楊(鎬)[回
咨]」, 만력 25년 9월, 42b-45b, 「朝鮮國王奏[奏文]」, 만력 25년 9월 25일, 45a-49b; 『선
조실록』 권93, 선조 30년 10월 2일(기미).

211 『萬曆邸鈔』(揚州: 江蘇廣陵古籍刻印社, 1991) 萬曆 25년 8월, 1063쪽, "總督邢玠報稱, 朝
鮮南原, 全州已失, 倭勢甚大, 該國官民, 紛[紛]逃散, 漸遺空城, 不惟不助我兵, 不供我餉, 且
將食糧燒毀, 絕軍咽喉, 反戈內向, 蕭墻變起, 數支孤軍, 禦倭且難, 禦朝鮮之賊益難."

불쌍히 여기시어 신과 경리조선순무·총병으로 하여금 병력을 이끌고 구원하도록 하셨습니다. 병력이 부족하면 여러 성의 힘을 다하여 도와주었고, 군수가 부족하면 수륙의 운송을 겸하여 구제했습니다. 경리순무는 또한 저들을 위해 정력을 다하여 계획을 세우고 따져서 헤아려, 점차 고무시키며 이익을 도모하여 식량을 풍족하게 하기 위해 백성의 습속을 짐작하여 쓰지 않은 계책이 없었으니, 저 나라를 위해 마음을 쓴 것이 진실로 고되었습니다.[212]

무릇 병력으로 구원함에 명목상 싸우고 지키는 일은 원래 조선에 속한 것이고, 중국은 오직 그 미치지 못하는 바를 도와줄 따름입니다. 두 나라가 서로 대치했을 때 우리가 한 팔의 힘을 더하면 일은 반이지만 공은 배가 되니, 저 나라의 군신은 마땅히 우리의 성세(聲勢)를 빌려 장려하고 분기해서 회복하기를 도모해야 합니다. 그러나 여러 차례 총병관 마귀가 보고한 바에 따르면, 저 나라는 각지의 성곽을 기울어지고 무너진 그대로 방치하고 하나도 수리하지 않았다고 합니다. 남원·충주는 오유충·양원이 몸소 우리 군사들을 이끌고 대신 수리했으나, 저 나라의 군신은 좌시하고 돌아보지도 않았습니다.[213]

....

212 경리순무는 …… 고되었습니다: 경리 양호는 조선에서 쌀을 거둘 방안 10가지를 정리하여 만력제에게 상주한 바 있다. 『명신종실록』 권313, 만력 25년 8월 29일(정해); 『事大文軌』 卷23, 「經理朝鮮軍務經理楊(鎬)咨朝鮮國王[酌議軍食咨]」, 만력 25년 9월 14일, 10a-12a, 「朝鮮國王咨經理楊(鎬)[回咨]」, 만력 25년 9월, 12a-12b, 「戶部咨朝鮮國王[戶部糧辦糧資]」, 만력 25년 8월 30일, 12b-24a, 「朝鮮國王咨戶部[回咨]」, 만력 25년 9월, 24a-24b.
213 남원 …… 않았습니다: 조선은 정유재란 이전 일본군의 재침에 대비하여 지키기 어려운 각 고을의 본성보다는 각 지역의 중요한 산성을 수축하는 방침을 세우고 공력을 기울였으며, 명에도 이를 통보했다. 『事大文軌』 卷19, 「朝鮮國王咨兵部[回咨]」, 만력 25년 4월

왕경은 곧 국왕이 거처하는 곳이요 근본이 되는 지역입니다. 외성(外城)은 커서 지키기 어려우니 수리하지 않는다고 해도 할 말은 있습니다. 총병 마귀가 자성(子城: 내성)을 수축하자고 의논하여 수차 이야기했으나 다방면으로 거절했습니다. 그가 일이 급한 것을 보고 몸소 여러 장수들을 거느리고 공사를 일으키자 저들 군신도 직접 와서 말하기를, 대성(大城)은 본디 지킬 수 없으니 설령 소성(小城)을 지킨다 해도 도리어 앉아서 곤란을 겪게 된다고 했습니다. 그가 재삼 타일렀으나 단호히 듣지 않고 단지 도망가는 것을 상책으로 여깁니다.[214] 임금은 앞서 그 궁궐의 식구들만 해주에 옮겨 두었다가 지금은 깊은 밤에 멀리 옮겨 가서 간 방향을 모르는데, 멀리 의주[愛州][215]에 이르렀다고 하는 자도 있습니다. 관원과 군민(軍民)에

....

12일, 30b-33b, 「朝鮮國王咨兵部[回咨]」, 만력 25년 4월 25일, 54a-59b. 그러나 정유재란 초기 명군이 들어온 이후에는 본성을 지켜야 한다는 명군과 기본적으로 산성을 지키거나 본성과 산성을 함께 지켜야 한다는 조선 측 사이에 의견 충돌이 있었다. 『선조실록』 권90, 선조 30년 7월 9일(무술), 권91, 선조 30년 8월 6일(갑자), 권94, 선조 30년 11월 9일(병신); 趙慶男, 『亂中雜錄』 3, 丁酉年 정월, 60a-60b, 7월, 68b, 8월 8일, 69b; 柳成龍, 『懲毖錄』 卷2, 26a. 따라서 남원 등지의 본성 수축은 주로 명군에 의해 주도되었으나, 조선 군민도 공사에 동참했으므로 조선에서 수수방관했다는 형개의 비난은 과도한 측면이 있다. 趙慶男, 『亂中雜錄』 3, 丁酉年 5월, 66a.

214 왕경은 …… 여깁니다: 마귀는 서울에 도착한 이후 내성(內城)을 쌓을 것을 조선 조정에 권유했으나, 조선에서는 협소하여 많은 인원을 수용할 수 없고 배후 및 3면에 높은 산이 있어 방어에 불리하다는 현실적 이유로 그의 제안을 받아들이지 않았다. 선조는 도성 수축에 노력을 낭비하기보다는 한강을 수비하는 데 역량을 집중해야 한다고 불만을 토로하기도 했다. 또한 명군의 도성 수축에 조선군도 동참하기는 했지만, 명군에 대한 접대가 좋지 않고 담당 당상관들이 제대로 감독하지 않아 비판받는 일도 있었다. 『선조실록』 권91, 선조 30년 8월 5일(계해), 7일(을축), 12일(경오), 15일(계유), 16일(갑술), 19일(정축).

215 의주[愛州]: "愛州"는 의주(義州)의 별칭이다. 특히 중국인들은 음의 유사성 때문에 "愛州"라는 호칭을 빈번히 사용했다. 崔世珍, 『吏文輯覽』, 93쪽, "艾州, 卽義州也. 艾義音相似, 故漢人或稱艾州, 又稱愛州."; 鄭太和, 『陽坡遺稿』 卷14, 「飮氷錄」, 壬寅 9월 21일, "漢

이르기까지 각자 식구들을 거느리고 도망치니, 밤을 틈타 성을 넘어가는 것이 이어져 끊이지 않음에도 법으로 금지할 수가 없습니다. 신과 순무·총병이 한법(漢法: 명나라 법)으로 다스리고 싶으나 또한 의심하고 놀라 두려워하여 도리어 왜에게 가도록 내모는 꼴이 될까 걱정됩니다.[216] 이는 오히려 임금이 원기가 없는 것입니다.

가토 기요마사가 다시 왔을 때 곧바로 국왕 및 그 세자에게 글을 보냈는데, 국왕과 세자도 날마다 그와 서로 통하여 서찰을 왕래한 것이 셀 수가 없으나, 종이 한 쪽지나 글자 한 자도 숨기고 보고하지 않았습니다. 또 송운(松雲: 사명대사)[217]이 가토 기요마사의 진영에 이르러 열흘 동안 유숙하면서 왕왕 사람들을 물리치고 몰래 이야기했는데, 끝내 과장되고 헛된 뜬소리를 주워 모아 보고했으니, 거짓으로 속이는 것을 또한 헤아릴 수가 없습니다.[218]

216 임금은 …… 걱정됩니다: 당시 서울에서는 많은 사대부와 백성들이 도성을 떠났다. 선조는 서울에 머무르면서 왕비와 나인, 어린 옹주 및 왕자들을 강화도와 해주로 피란을 보냈으나, 선조 및 왕비, 신하와 백성들의 피란 여부를 둘러싸고 조선 신료들 및 명군 지휘부에서 논란이 일어나기도 했다. 선조는 자신은 파천할 의사가 없음을 피력했으며, 오히려 신하들의 가족이야말로 피란을 떠나면서 왕비의 피란을 저지하는 신하들에게 불만을 표시했다. 이후 왕비의 피란은 제독 마귀의 동의 하에 이루어졌다. 『선조실록』 권89, 선조 30년 6월 20일(기묘), 22일(신사), 권91, 선조 30년 8월 5일(계해), 7일(을축)~18일(병자), 21일(기묘), 권92, 선조 30년 9월 10일(정유), 13일(경자). 따라서 조선 관원과 백성들의 피란 상황은 사실에 가까우나, 선조가 피란을 떠나서 어디 있는지 모른다는 형개의 비판은 사실이 아니다.

217 송운(松雲): 1544~1610. 조선 사람이다. 당호가 사명(四溟)이어서 사명대사라고 불린다. 선조 25년(1592) 임진왜란이 일어나자 의승병을 일으켜 평양성 전투, 우관동 전투 등에서 큰 공을 세웠다. 선조 27년(1594)에는 울산에 주둔하고 있는 가토 기요마사의 군영에 수차례 왕래하면서 일본 측의 동정과 강화 조건을 탐색했다. 정유재란이 발발하자 명 장수 마귀를 따라 울산·순천의 왜군과 싸웠다.

218 가토 …… 없습니다: 가토 기요마사와 사명당 유정은 3월 18일부터 서생포에서 강화를

왜노가 장차 움직일까 말까 하는 때에 이름을 알 수 없는 경상도의 생원이 무리를 이끌고 왜에게 투항하려 하여 국왕에 의해 죽임을 당했습니다. 또 간사한 백성과 창고의 아전이 날마다 왜를 위하여 보고를 올리자 국왕이 그 팔다리를 잘라서 죽였습니다. 이는 오히려 가난하고 비천한 백성들이 무지한 탓으로 돌릴 수 있을 것입니다.

저 나라의 유성룡(柳成龍)[219]은 각신(閣臣: 재상)입니다. 산성의 군량과 사료를 조사한다는 명목으로 몰래 행장을 꾸려 상주로 도망쳤습니다. 상주는 적의 소굴인데 무엇 때문에 그리로 가겠습니까. 이는 분명히 적에게 투항하는 것입니다.[220] 총병 김응서는 저 나라

위한 회담을 가졌다. 강화 교섭 자체는 실패했지만, 가토 기요마사는 자신 주도로 조선의 왕자를 일본으로 데려와 강화를 성사시키기 위해 노력했다. 조선 역시 교섭에 진지하게 임하여, 이때 가토 기요마사가 보낸 서신에 대한 답장의 형태로 임진왜란 초기 그에게 포로로 잡혔던 임해군의 서신도 준비되어 보내졌다. 그러나 국왕 선조나 세자 광해군이 가토 기요마사와 서신을 왕래한 사실은 없다. 사명당과 가토 기요마사의 교섭에 대해서는 김경태, 앞의 글, 205~209쪽; 김영진, 앞의 책, 627~632쪽을 참조. 또한 조선은 사명당과 가토 기요마사의 교섭 내용을 명에 자문으로 보고했다. 『事大文軌』卷19, 「朝鮮國王咨備倭副總兵馬」, 만력 25년 4월, 14b-18b. 따라서 사명당과 가토 기요마사의 회담이 속임수라고 비판한 것은 형개의 편견에 따른 평가이다.

219 유성룡(柳成龍): 1542~1607. 조선 사람이다. 선조 25년(1592) 임진왜란이 발발하자 병조판서를 겸하고 도체찰사(都體察使)로 군무를 총괄했다. 선조 26년(1593) 명군과 함께 진격하여 평양성을 수복했으며 영의정으로서 4도의 도체찰사를 겸하여 군사를 총지휘했다. 이여송(李如松)이 일본과 화의하려는 것에 반대하고 군비 확충에 노력했다. 선조 31년(1598) 정응태(丁應泰)의 무고사건이 일어나자 북인(北人)들의 탄핵을 받고 관직을 삭탈당했다. 이후 복관되었으나 거절하고 은거했다. 원문에는 "유승륭(柳承隆)"으로 표기되어 있다.

220 저 …… 것입니다: 유성룡은 8월 7일 체찰사로서 경기도 및 충청도 지역의 방어를 파수하라는 명을 받고 서울을 떠났다가 23일에 돌아왔다. 그가 서울을 떠나 있는 사이 유성룡이 가솔들을 데리고 성을 나갔다는 참언이 돌았고, 이것이 선조의 귀에도 들어갔다. 당시 왕비를 해주로 피란 보내려는 논의가 진행되자 신료들이 선조를 여러 차례 만류했는데, 선조는 그들에게 강한 불만을 표시하면서 "대신도 자기 가속을 피란시키고 뒤따

의 대장(大將)입니다. 한산도의 수병이 장차 가서 소굴을 습격하려 할 때 그는 이틀 전에 먼저 글로 고니시 유키나가에게 알려 방비하게 해서 이들 중병(重兵)을 함몰시키고 큰 위험을 제거하도록 했습니다. 지금 일이 발각되자 도주했으니 형세상 필시 왜에게 투항했을 것입니다.[221] 이원익(李元翼)[222]·권율(權慄)[223]·성윤문(成允文)[224] 등은

라 몰래 빠져나간 자가 있다고 하는데 다른 자들이야 말할 필요가 있겠는가. 대신이 하는 일에는 논급하지 않으니 과연 권력이 있다고 말할 만하다."라고 극언했다. 이에 대사헌(大司憲) 이헌국(李憲國)은 그것이 사실이 아님을 밝혔고, 유성룡 역시 차자(箚子)를 올려 변명했다. 오해임을 깨달은 선조는 신하들에 대한 분노로 인해 실언을 했다면서 사과하고 속히 서울로 돌아올 것을 하유했다. 『西厓先生年譜』卷2, 萬曆 25년 丁酉 8월; 『선조실록』권91, 선조 30년 8월 14일(임인), 22일(경진);『政院傳敎』(조선사료총간 5) 坤, 29~32쪽, 35~37쪽. 조선 내부에서는 해프닝으로 끝난 일이지만 유성룡이 도망쳤다는 헛소문은 마귀를 통해 형개에게도 전달되어, 본 문서를 통해 만력제에게까지 주달되었음은 물론 형개가 조선을 비난하는 자문에도 포함되었다. 『事大文軌』卷23,「總督薊遼保定等處軍務兼理糧餉經略禦倭邢(玠)咨朝鮮國王[邢軍門緊急倭情]」, 만력 25년 9월 12일, 40b-42b.

221 총병 …… 것입니다: 김응서가 일찍부터 일본군과의 교섭 통로로서의 역할을 담당하고 있었던 것은 사실이지만, 그가 칠천량해전 이틀 전 조선 수군의 출동 일자를 알려 주어 패전을 초래했다고 볼 근거는 발견되지 않는다. 형개는 조선에 보낸 자문에서도 김응서가 지휘관으로서 일본군에 정보를 누설했다고 비난했으나, 조선에서는 김응서가 일본군이 명군을 두려워하는 것을 알고 있어 명군의 출동 일자를 듣고 이를 빌려 적을 위협하고자 했을 뿐이지 나라를 팔아먹으려고 한 것은 아니며, 군사기밀 누설은 잘못이니 혁직하여 스스로 속죄하도록 했다고만 반응했다. 『事大文軌』卷23,「總督薊遼保定等處軍務兼理糧餉經略禦倭邢(玠)咨朝鮮國王[邢軍門乞速濟師以救窮蹙]」, 만력 25년 9월 9일, 33a-36a, 「朝鮮國王咨經理邢(玠)經理楊(鎬)[回咨]」, 만력 25년 9월, 42b-45b, 「朝鮮國王咨禮部兵部[禮兵部咨]」, 만력 25년 9월 25일, 49b-53a;『선조실록』권93, 선조 30년 10월 2일(기미). 또한 본문에서는 김응서가 조선 수군의 공격 일자를 알려 주었다고 비난한 데 비해, 조선에서는 명군의 출동 일자를 가지고 위협하려고 했다고 대답하고 있을 뿐 칠천량해전 관련 정보를 누설했다는 사실은 거론조차 하지 않고 있다. 일본군이 재침해 왔을 때 김응서는 탄핵을 받기도 했지만 일선에서 일본군과의 전투에 종사했다. 『선조실록』권92, 선조 30년 9월 7일(갑오), 13일(경자), 권94, 선조 30년 11월 10일(정유). 따라서 김응서에 관한 형개의 판단은 부정확하다고 판단된다.

222 이원익(李元翼): 1547~1634. 조선 사람이다. 임진왜란이 발발하자 평안도관찰사 겸 순찰사가 되어 왜병 토벌에 공을 세웠다. 정유재란 때는 도체찰사로서 군사 행정 전반을

저 나라의 군사를 거느리는 관원입니다. 지금 각자 동쪽 끝 한 모퉁이로 피하여 경리가 패문으로 재촉해도 응하지 않으며, 국왕이 출발하도록 독촉해도 처리하지 않습니다. 게다가 이원익은 한 부대를 이끌고 가토 기요마사와 왕래하며 사사로이 통하여 피차의 지역을 지나가면서도 전혀 서로 죽이지 않았습니다. 이는 이미 놀라고 이상하게 여기기에 족한 일입니다.[225]

더욱 이상한 것은 진우충이 전주로 나아가 주둔했을 때의 일입니다. 장비와 식량, 사료를 조사하자 전주의 관원은 한 되의 곡식,

....

총괄했다. 원문에는 "이원익(李原翼)"으로 표기되어 있다.

223 권율(權慄): 1537~1599. 임진왜란이 발발하자 전라도관찰사 겸 순찰사(巡察使)로 발탁되었다. 고바야카와[小早川隆景]의 군대와 접전을 벌인 끝에 왜군의 전라도 침입을 저지했고 행주산성에서 대승을 거두었다. 3도도원수(三道都元帥)로 임명되어 영남지방에 주둔하여 왜군과 싸웠다.

224 성윤문(成允文): ?~?. 조선 사람이다. 정유재란 때 경상좌도병마절도사(慶尙左道兵馬節度使)로서 여러 전투에서 공을 세웠다. 도요토미 히데요시가 사망하여 일본군이 곧 철수한다는 첩보를 입수하여 조정에 알리는 공을 세우기도 했다.

225 지금 …… 일입니다: 일본군의 대거 재침에 직면하여 도원수 권율과 도체찰사 이원익은 적의 예봉을 피하기 위해 각각 후퇴했으며, 권율은 양호(兩湖) 지역으로 이동하다가 선조가 한강 수비를 위해 소환하여 9월 13일 서울에 도착했다. 도체찰사 이원익은 성주에서 개령을 거쳐 충주 등지에 머물다가 10월에 소환되어 올라왔다. 『선조실록』권91, 선조 30년 8월 12일(경오), 권92, 선조 30년 9월 13일(경자), 권93, 10월 13일(경오); 『李相國日記』(일본 동양문고 V-2-196) 卷1, 宣祖朝 30年 丁酉, 10b-11a; 李元翼, 『梧里集』續集 卷1, 疏箚, 「請解職箚(丁酉十月十四日)」, 附錄 卷1, 「年譜」, 萬曆 25年 丁酉. 조선 조정은 양호 및 형개에게 보낸 자문에서 이원익과 권율은 실전 지휘관이 아니고, 성주와 고령 등지에 있었으나 중로를 뚫고 들어온 일본군에 막혀 차단당했기에 남원을 구원하지 못했을 뿐이며, 이후 공주로 올라와 참획한 바가 많다고 해명했다. 『事大文軌』卷23, 「朝鮮國王咨經理邢(玠)經理楊(鎬)[本國查報南原失守]」, 만력 25년 9월 2일, 1a-3a, 「朝鮮國王咨經理邢(玠)經理楊(鎬)[回咨]」, 만력 25년 9월, 42b-45b; 『선조실록』권93, 선조 30년 10월 2일(기미), 권94, 선조 30년 11월 10일(정유). 경상도 지역에 주둔하던 조선군이 일본군의 재침 앞에 대거 빠르게 붕괴하거나 후퇴한 것은 사실이지만, 선조가 소환해도 오지 않았다거나 가토 기요마사와 왕래하며 서로 죽이지 않았다는 것은 실상과 차이가 있다.

한 치의 칼도 없다고 끝까지 말했습니다. 진우충이 지세(地勢)를 답사하면서 10리 밖의 산채(山寨)에 저장되어 있는 쌀과 콩, 투구와 대포, 총알, 활과 화살, 창칼, 낭선(狼筅)과 방패 등이 각각 천 개, 만 개 단위로 헤아릴 만큼 있는 것을 보고 운반하여 성 안으로 들이라고 명령했으나, 전주의 관원은 또한 굳게 고집하여 따르지 않았습니다. 때문에 진우충은 스스로 자기 군영의 병마를 동원하여 밤낮으로 성 안으로 운반해 들였습니다.[226] 또한 전에 보고하기를, 중국의 군량이 의주·평양을 거쳐 광량으로 운송된 것이 2만 석에 가깝다고 했습니다. 광량에서 강화부까지 500~600리는 응당 저 나라에서 운반해야 합니다. 경리 양호가 강어귀가 안전할까 우려되어 군사를 뽑아내 함께 지키도록 했는데, 이미 발송한 군량과 운송을 감독하는 관원은 어디로 도망쳤는지 알 수 없었다 합니다.[227]

....

226 더욱 …… 들였습니다: 조선이 군량과 물자를 숨겼다는 의혹은 이보다 앞서 경리 양호 역시 상주를 통해 제기한 바 있다. 『명신종실록』 권314, 만력 25년 9월 2일(경진); 『事大文軌』 卷24, 「提督南北水陸官兵禦倭總兵官麻(貴)咨朝鮮國王[麻總兵査問本國欺隱軍糧火器]」, 만력 25년 9월 29일, 31b-34b. 당시 진우충은 전주 함락의 책임을 박경신에게 돌려 그가 만경산성(萬景山城)에 있던 군량과 무기를 보고하지 않았다고 보고했으나, 박경신은 산성에 있던 군량 숫자를 보고하고 진우충의 명령에 따라 명군의 입회 하에 군량을 방출했으며, 무기도 군량을 방출한 이후에 본성 남문루로 옮겨 놓았을 뿐 사사로이 숨긴 적이 없다고 공술했다. 『선조실록』 권94, 선조 30년 11월 9일(병신); 『事大文軌』 卷24, 「提督南北水陸官兵禦倭總兵官麻(貴)咨朝鮮國王[麻總兵詰問本國平壤全州藏匿軍器糧資]」, 만력 25년 9월 29일, 3b-6a, 「朝鮮國王咨總兵麻(貴)[回咨]」, 만력 25년 10월 5일, 6a-8a, 「朝鮮國王咨總兵麻(貴)[回咨]」, 만력 25년 10월, 34b-38b. 이는 만경산성을 지키기 위해 물자를 산성에 쌓아 놓고 산성을 정비했던 조선 측의 입장과 전주 본성을 지켜야 한다는 명군의 입장이 충돌하고, 그 결과 뒤늦게 본성을 지키게 되면서 물자를 급히 운반하는 사태가 빚은 오해였다.

227 또한 …… 합니다: 당시 강화도에는 경기수사 이사명(李思命)이 주둔하면서 경비를 강화하고 있었다. 『선조실록』 권91, 선조 30년 8월 4일(임술). 양호는 칠천량해전 이후 일찍부터 군량 운송의 중계기지인 강화도의 경계를 강화할 것을 조선에 요구했으며, 조

경상도 정남쪽 일대는 원래 적의 소유이고, 동남쪽 한 구역은 이미 황폐한 폐허입니다. 또한 관민(官民)이 왜와 더불어 혼인을 맺었으므로 명목상으로는 비록 조선이지만 실은 모두 왜입니다. 전라도는 한산도를 잃은 뒤로 서쪽 일면의 물길에 적이 통과하지 못할 곳이 없게 되었고, 적의 20만 무리가 며칠 되지 않아 남원으로 급히 핍박해 왔습니다. 그런데 양원이 회군할 때 황중인(黃仲仁) 등이 직접 목격한 바로는 남원을 공격하여 포위한 자들이 모두 조선 사람이었다 합니다.[228] 남원을 이미 잃었으니 마땅히 힘을 합쳐 전주를 지켜야 하는데, 지금 전주에서 또 보고하기를, 8월 17일에 전주의 백성들이 밤을 틈타 안에서 변란을 일으켜 혹은 관병을 살상하고

．．．．．．．

선 역시 미비한 점은 있지만 일찍부터 방어가 갖추어져 있으니 더욱 강화하겠다고 회답했다. 이후 분수도(分守道) 장등운(張登雲)이 조선 내 군량 수송로의 경비 상태를 질문했을 때도 조선 조정은 황해도 소강진첨사(所江鎭僉使) 유지신(柳止信)이 광량진을, 경기수사 이사명이 강화도를 각각 관내 수군을 거느리고 지키고 있다고 회답했다. 『事大文軌』卷22, 「經理朝鮮軍務楊(鎬)咨朝鮮國王[楊經理固守江華]」, 만력 25년 8월 7일, 37a-37b, 「朝鮮國王咨經理楊(鎬)[回咨]」, 만력 25년 8월 13일, 37b-38b, 卷23, 「分守遼海東寧道兼理邊備屯田張(登雲)咨朝鮮國王[張布政使隄備海運糧路以防賊變]」, 만력 25년 9월 10일, 62a-64a, 「朝鮮國王咨分守遼海東寧道兼理邊備屯田張(登雲)[回咨]」, 만력 25년 10월 2일, 64a-64b. 이를 감안하면 실제 광량진 및 강화도의 관리가 허술했다고 판단하기는 어렵다.

228 그런데 …… 합니다: 조선 조정에서 경리 양호에게 남원 함락 소식을 알리는 자문에는 명군 초탐관(哨探官) 영국윤(甯國胤) 등이 총병 마귀에게 보고한 내용을 인용하면서, 일본군이 4~5일 밤낮으로 남원성을 공격하여 8월 16일 일경(一更: 저녁 7~9시) 무렵 성이 격파되었으며, 양원은 서문을 돌파하고 빠져나가 간 곳을 모른다는 양원의 영중뇌자(營中牢子) 황중인(黃仲仁) 등 5명의 증언을 기록했다. 『事大文軌』卷22, 「朝鮮國王咨經理楊(鎬)[本國咨報南原被陷賊勢益急]」, 만력 25년 8월, 53b-55a. 따라서 황중인의 증언이 있었던 것은 사실로 보이나, 그가 남원을 공격한 이들이 모두 조선 사람이라고 말했는지는 확인되지 않는다. 한편, 남원 함락 당시 전라병사 이복남(李福男) 등 700여 명의 조선 관원과 병사들이 명군과 함께 싸우다가 전사했음이 확인된다. 『선조실록』권92, 선조 30년 9월 2일(기축).

혹은 창고를 불태웠으며 불이 난 와중에 문을 뚫고 달아나니, 온 성이 잿더미로 변하고 군량과 급여가 모두 끊기게 되었다고 합니다.[229] 가슴과 배의 좀벌레를 어떻게 막겠습니까.

원래 의논하기를, 조선 사람에 힘입어 싸우고 지키도록 했습니다. 지금 저 나라의 총병은 싸우지 않고 도망갔고, 백성은 소문만 듣고도 도주했습니다. 병력이 아직 집결하지 못했는데 우리 스스로가 싸운들 누가 함께 지키겠습니까. 우리 스스로가 지킨들 누가 함께 싸우겠습니까. 우리가 싸우고 우리가 지킨들 저 등불과 땔감은 누가 공급해 주겠습니까.

원래 의논하기를, 조선의 군량에 힘입어 먹도록 했습니다. 지금 문무(文武) 사민(士民)이 느긋할 때는 숨어서 보고하지 않고, 급할 때는 불을 지른 뒤에 가 버립니다. 우리의 수운(水運)은 바람과 파도가 치는 1000여 리를 지나며, 우리의 육운(陸運)은 수십 겹의 강과 산을 거치니, 운반하는 것은 적고 먹는 것은 많은데 어떻게 이어대겠습니까. 왜가 재차 달려와 장차 왕경에 육박하면 왕경의 백성들은 도주하여 거의 없어질 것인데, 낮은 성곽이 70~80리나 되니 우리의 유한한 군대로 어떻게 배치하여 지키겠습니까. 우리가 나가면 적이 들어오고, 우리가 들어가면 적이 포위할까 두렵습니다. 만약 이쪽과 저쪽이 서로 대치하면 병마의 군량과 급여를 광량 이북에서는 우리가 운반할 수 있습니다. 광량 이남은 선박과 선원을 1000여 명 이상 동원해야 하는데, 누가 물길을 알겠으며 누가 간수하겠습니까. 누가

....

229 지금 …… 합니다: 남원 함락 소식에 놀란 전주의 백성들이 난동을 일으킨 것은 사실로 보인다. 2-10 〈守催閩直水兵幷募江北沙兵疏〉의 해당 각주 참조.

죽음을 무릅쓰고 포위를 풀어 우리를 위해 성안으로 운송하겠습니까. 왜가 설령 우리의 군량 보급로를 끊지 않더라도 가다가 장차 자연히 끊길 것입니다. 하루에 두 번 식사하지 않으면 굶주리는 법인데, 외로운 군대가 멀리 이역에 있으면서 요양으로 돌아가려 하여도 1000~2000리 거리인 데다 여러 겹의 강으로 막혀 있으니, 이를 생각하면 어떻게 한심하지 않을 수 있겠습니까.

신이 깊이 우려하는 바는 혹여라도 조선의 군신이 일이 잘 되지 않는 것을 보고 당장에라도 변절하여 왜로 들어가서 기꺼이 눈과 귀, 길잡이가 되어 달려와 우리를 도모하면 다만 믿을 수 없을 뿐만 아니라 방비하지 않으면 안 되게 되는 것입니다. 신 등은 밤낮으로 조마조마하여 감히 한시라도 조금도 게을리하지 못하고 있습니다.

종합하자면 병마는 당장 손에 마련할 수 없습니다. 비록 신이 군대를 독촉하여 길에 이어지게 하더라도 각 병력은 멀게는 5000~6000리에서 오니 축지법(縮地法)을 써서 올 수도 없고, 가까워도 2000~3000리 거리인 데다 또 지금 장비를 사들이거나 만들고 의복과 갑옷을 수습하고 있으니 빈손으로 올 수도 없습니다.

또한 신이 동쪽의 일을 대신 맡아 4월 22일에 밀운에 도착한 뒤 여러 차례 병력과 군수를 요청했는데, 황상께서 동쪽의 일에 유념해 주신 덕분에 누차 청하는 대로 누차 발급 받았습니다. 신 또한 스스로 황상과의 있기 어려운 만남을 기뻐하며 장차 섬 오랑캐를 크게 섬멸해서 황상께서 동쪽을 돌아보시는 근심을 풀어 드리기를 도모했습니다. 다만 병력·군량에 대하여 계책을 결정하는 일은 실상 5월부터 시작되었으며, 과도관 또한 전에 이를 언급했습니다. 공문이 왕래하다 보니 곧바로 6월이 되었습니다. 7월에 이르러 적이 20

만여 병력과 배 수천 척을 가지고 다섯 길로 나누어 진격했습니다. 적은 4~5년을 준비한 것이고 우리는 2~3개월을 준비한 것이니, 병력은 비록 출발시켰어도 아직 도착하지 못했으며, 군수는 한창 운송 중이라 모이지 못했습니다. 병력을 합치면 5~6만 명이지만 지금 조선에 있는 숫자는 겨우 1만 7000~8000명뿐입니다.[230]

바닷길은 말할 것도 없고 육로만 보아도 남원·전주·공주·충주와 조령·죽령·추풍령 세 고개는 모두 침범해 들어올 수 있는 길입니다. 합하여 지키자니 갈림길이 또한 많고, 나누어 지키자니 병력이 빈약하여 대적하기 어렵습니다. 가까운 곳의 구원병은 병력이 적으며, 먼 곳의 구원병은 도착하기 어렵습니다. 하물며 지켜야 할 요지가 동서로 너무 멀리 떨어져 있어 머리와 꼬리가 서로 응하기 어렵지 않습니까.

아직 길 위에 있는 병마로 말하자면 가까운 병력은 원래 날짜를 헤아려 도달할 수 있으나, 궂은비가 이어지고 산에서 흘러내리는 물이 빈번하게 쏟아졌습니다. 일로에 높은 산과 험한 고개, 긴 강과 큰 하천이 이어져 위아래 할 것 없이 넘고 건너느라 이미 고생했습니다. 더하여 더위가 찌는 듯하니 질병이 점점 퍼졌습니다. 더욱 애석한 일은 말이 날마다 진흙탕에 잠긴 것이 오래되니 말발굽이 문드

....

230 병력을 …… 뿐입니다: 조선에서 7월 24일 만력제에게 올린 상주에 따르면 당시 조선에 와 있던 병력이 1만 2000여 명이고, 파귀(頗貴)·파새(擺賽)의 병력 5000명이 곧 올 예정이었다.『事大文軌』卷22,「朝鮮國王奏[賊情奏文]」, 만력 25년 7월 24일, 9b-13a. 이들 병력은 각각 8월 4일, 8월 19일 서울에 도착했다[『선조실록』 권91, 선조 30년 8월 4일 (임술), 19일(정축)]. 따라서 조선에 주둔하고 있던 명군은 형개의 말대로 1만 7000명을 넘는 수준이었다. 다만 양원의 병력 3000명이 남원에서 궤멸했으므로 실제로는 이보다 병력이 적었을 가능성도 있다.

러져, 한 번 돌산을 오르자 곧바로 찢어져 버린 것입니다. 사람과 말이 수고롭고 병들어 죽고 다치는 숫자가 꽤나 많았으며 피곤함이 극도에 이르렀으니 어떻게 빨리 이동할 수 있겠습니까. 무릇 50리, 100리를 가지고 이득을 좇는 것은 병가(兵家)에서 꺼리는 바인데,[231] 이들 병력이 밤낮으로 쉬지도 않고 달려서 전장에 임하기를 바란다면 급히 재촉해도 나아가지 못할 뿐만 아니라, 설령 나아간다 해도 도착하기 전에 먼저 쓰러질 것이니, 어떻게 달려가서 적과 대적할 수 있겠습니까.

하물며 조선의 군신은 위로는 와신상담하려는 뜻이 없어 날마다 옮겨가 피할 것을 생각하며, 아래로는 충성을 다하여 주군을 위하려는 마음이 없어 몰래 이미 왜에게 항복했습니다. 싸움을 도발함으로써 화의 실마리를 재촉하여 우리가 손을 쉴 수 없게 만듭니다. 기밀을 누설해서 일을 망쳐 우리가 방비할 곳이 없게 만듭니다. 앉아서 성패를 관망함으로써 따를지 거스를지를 정하려 하고 있습니다. 게다가 경상도 소속 군현들은 1000리에 걸친 구릉과 폐허이며, 전라도 일대는 소문만 듣고도 와해되고 있습니다. 담장 안에 간사한 자들이 집을 가득 채웠으니,[232] 이미 왜를 방비하면서 또 조선을 방비

....

231 무릇 …… 바인데[五十里百里以趣利者, 兵家所忌]: 갑옷을 말아 올리고 달려서 밤낮으로 쉬지도 않고 두 배의 속도로 행군하여 100리에 걸쳐 이로움을 다투면 세 장군(將軍)이 사로잡히고 병력의 10분의 1만 전장에 도착하게 되며, 50리에 걸쳐 이로움을 다투면 상장군(上將軍)을 잃고 병력의 절반만 전장에 도착한다는 『손자병법(孫子兵法)』「군쟁편(軍爭篇)」의 경계를 가리킨다. 이로움을 얻기 위해 무리하게 행군을 재촉해서는 안 된다는 의미이다.

232 담장 …… 채웠으니[蕭牆之內, 奸詭滿室]: 『논어(論語)』「계씨(季氏)」에 나오는 말을 살짝 바꾸어 인용한 것이다. 노(魯)의 실권자 계손씨(季孫氏)가 자기의 세력을 강화하기 위해 노나라의 부용국(附庸國)인 전유(顓臾)를 침공하려 하자, 공자는 계손씨를 섬기고

해야 하므로 신 등의 괴로움 또한 지극합니다. 가령 병력이 조금 모이고 신 등이 기책(奇策)과 정도(正道)를 함께 쓴다면 어찌 일전을 겨루어 적을 토벌하지 못하겠으며, 구원병과 수비병이 서로 돕는다면 또 어찌 각기 한 곳의 험지에 웅거하여 스스로 견고하게 하지 못하겠습니까.

이미 총병 마귀에게 공문을 보내 각 병력을 동원하여 결집시키고 가까운 곳에서 서로 연락하여 지원하는 형세를 갖춰서 한강 남북을 나누어 방어하도록 하고, 험지를 살펴 복병을 설치하고 나아감이 있을 뿐 물러남이 없도록 했습니다. 적이 진영을 합쳐 일제히 와서 세력이 무겁고 크다면 서로 기세를 떨치고 보루를 견고히 하여 굳게 지키며, 적의 세력이 흩어져 어수선하다면 기습적으로 일격을 가하게 했습니다. 무엇보다도 국왕을 보호하여 저 나라의 인심을 수습하고, 아울러 여러 장사들을 신칙하여 함께 서로 격려해서 나아가 공격할 것을 도모하며, 만약 물러나 움츠린다면 즉시 목을 베어 조리돌리도록 했습니다. 이에 더하여, 신은 묘당(廟堂: 조정)에서 지금의 상황과 조선의 인심을 모르면서 "조선의 사람은 병력을 도울 수 있고 조선의 곡식은 식량을 도울 수 있는데, 형개 등이 지킬 수 있으면서도 지키지 않고 싸울 수 있으면서도 싸우지 않는다."라고 말하여 신 등이 허명으로 인해 실제 억울함을 입게 될까 두렵습니다. 또한 병력이나 군량이 다시 한 번 시기를 놓쳐 이어지지 못하면 동쪽을 정벌하는 관병이 행군하다가 장차 곤란함을 당하게 될까 염려됩

있던 제자 염유(冉有)에게 그 부당함을 비판하면서 계손씨의 근심이 바깥에 있는 전유가 아니라 자기 집안 안에 있을까 두렵다고 지적했다. 즉 외적을 근심할 것이 아니라 내부에 있는 문제들을 먼저 걱정해야 한다는 뜻이다.

니다.

엎드려 바라건대, 황상께서는 신 등의 병력·군량을 상세히 살피고 신 등이 싸우는 것과 지키는 것을 참작하며 또한 일의 형세가 매우 긴급한 것을 유념하셔서, 병부와 호부에 명령하여 수륙의 관병과 본색·절색의 군량·급여를 상세히 계획하고 파격적으로 독촉하여 보내도록 하십시오. 그리하여 병력과 군량을 지원 받아서 신 등이 의지할 바가 있게 되어, 인심을 고무하고 신속히 전란을 일소할 수 있게 해 주십시오.

2-12

양원과 진우충을 함께 탄핵하는 상주

會參楊元陳愚衷疏 | 권2, 79a-82b

날짜 만력 25년(1597) 9월 7일

내용 남원이 함락되었다는 보고가 올라오자 양원과 진우충을 체포하고 서 그들을 처벌해야 한다고 탄핵하는 상주이다. 형개는 이 패배의 원인 을 한편으로는 조선에 돌리면서도, 한편으로는 양원과 진우충에게 책임 을 물었다. 양원은 방비 태세를 충분히 갖추지 않아 단시간에 성이 함락 되는 결과를 초래하고도 단신으로 성을 빠져나와 도망쳤고, 진우충은 남원을 구원할 의무가 있었음에도 핑계대면서 출발하지 않다가 남원이 함락되자 전주를 버리고 도망쳐 나왔다. 아울러 진우충이 거느리고 있 던 병력을 대신 관할할 왕국동(王國棟)이 빨리 오도록 재촉해 달라고 요 청했다. 만력제는 형개의 요청을 모두 허가했다.

관련문서 『명신종실록』 만력 25년 9월 7일 기사에는 만력제가 형개의 요 청에 따라 양원·진우충을 경략(經略)이 심문하고 율에 따라 중하게 처 벌하도록 했다는 내용이 짧게 실려 있다.[233] 『양조평양록(兩朝平攘錄)』에 도 양원이 지키던 남원의 함락과 진우충이 지키던 전주의 함락 과정이 실려 있는데, 특히 진우충에 대한 서술은 본 문서의 내용과 비슷한 부분 이 많다.[234]

....

233 『명신종실록』 권314, 만력 25년 9월 7일(을미), "下逃將楊元、陳愚衷于經略問, 依律重處. 從邢玠請也."

234 諸葛元聲, 『兩朝平攘錄』 卷4, 日本 下, 10a-10b 및 11b-12a.

고립된 군대가 곤경에 빠진 가운데 나약한 장수는 용서하기 어려우니, 서둘러 엄한 징계를 내리시어 군대의 기강을 엄숙하게 해 주시길 비는 일로 올리는 제본.

경리조선군무 도찰원우첨도어사(經理朝鮮軍務都察院右僉都御史) 양호(楊鎬)로부터 신(臣)과 함께 올릴 주소의 초고를 받았는데, 그 내용은 다음과 같았습니다.

앞서 이달 20일에 전보위관(傳報委官) 영국윤(寧國胤)[235]의 보고를 받았는데, "왜적이 남원(南原)을 공격하여 함락시켰습니다."[236]라고 했습니다. 23일에 이르러 비로소 양원(楊元)이 어디로 갔는지

....

235 영국윤(寧國胤): ?~?. 명나라 사람이다. 제독 이여송 일행과 함께 조선에 왔다. 지휘(指揮)를 칭하기도 하고 도사(都司)라고도 했다. 양원(楊元)의 신임을 받아 그 전보관(傳報官)으로서 조선 조정과 자주 접촉했다. 원문에서 甯國胤으로 표기되는 경우도 있다.

236 왜적이 …… 함락시켰습니다: 남원은 경상도에서 전라도로 넘어오는 문호로, 전라도 전역을 보호하기 위해서는 꼭 지켜야 하는 전략적 요충지였다. 이에 형개는 양원으로 하여금 군사 3000명을 거느리고 남원성을 방어하도록 했고, 양원은 선조 30년(1597) 5월 21일에 서울을 떠나 남원으로 향했다. 『선조실록』 88권, 선조 30년 5월 21일(신해). 양원은 남원에 도착하자 성벽을 수리하는 등 방어 준비에 임했다. 7월 28일, 우키타 히데이에가 이끄는 일본군 좌군 5만여 명이 부산을 출발하여 고성, 진주, 곤양, 구례 등을 거쳐 남원성을 향해 북상하자 조선군과 명군은 남원에 집결했다. 방어에 나선 병력은 총 4000여 명이었다. 8월 13일에 일본의 대군이 남원성 앞에 도착하여 공격을 시작했다. 양원은 3일간 항전했으나 16일에 결국 남원성이 함락되고 말았다. 이상 남원성 전투의 구체적인 경과는 전라도에서 활약한 의병장 조경남(趙慶男)의 『난중잡록(亂中雜錄)』에 상세하게 기록되어 있다. 남원성에서의 패배는 곧장 조선 조정과 명 조정에 전해졌다. 『선조실록』 91권, 선조 30년 8월 18일(병자); 『명신종실록』 313권, 만력 25년 8월 19일(정축). 또한 조선 조정은 경리 양호에게 곧바로 자문을 보내 남원성 함락 소식을 알리고 부총병 이여매(李如梅)를 보내 원조해 줄 것을 요청했다. 『사대문궤(事大文軌)』 卷 22, 「本國咨報賊犯南原請取李總兵來救」, 만력 25년 8월 16일(232a~238a). 명나라의 방어 전략 및 남원성 전투의 경과와 패배 원인에 대해서는 천상승, 「정유재란 발발 후 명군의 전략과 남원 전투」, 『처음 읽는 정유재란 1597』, 푸른역사, 2018, 164~206쪽 참조.

를 알게 되었습니다. 죽은 병마의 정확한 숫자는 여전히 알지 못합니다. 한편으로 이미 전투 보고를 올렸고 한편으로는 총병(總兵)에게 알린 외에, 해방도(海防道)에 문서를 보내 조사하게 했습니다. 그 후 아직 보고를 받지 못하던 가운데 이달 25일에 양원이 사람을 보내와서 보고하기를, "저를 따라 빠져나온 자가 현재 170여 인입니다."라고 했습니다.

살펴건대, 양원이 거느렸던 요동의 관군과 가정(家丁)·잡류(雜流) 등이 총 3117명이었는데, 지금 남은 것이 200명이 되지 않습니다. 설령 중간에 추가로 도착한 자들이 있다고 하여도, 성 안에 파묻힌 자만 이미 3000명은 될 것입니다. 사안이 중대하므로 지체해서는 안 되겠습니다. 제가 알아보고 들은 대로 말씀드린 것이며 감히 조금도 거짓은 없습니다.

살펴건대, 앞서 경리도어사 양호, 비왜총병관 마귀의 전투 보고를 받아, 양원이 남원을 잃은 일과 진우충이 먼저 전주(全州)를 버린 일[237]에 대해서는 이미 전투 보고를 올리고 아울러 진(鎭)과 도(道)에 문서를 보내 엄히 조사하게 하는 외에, 지금 위와 같은 초고를 받았습니다. 신이 경리조선군무 도찰원우첨도어사 양호와 함께

. . . .

237 진우충이 …… 일: 선조 30년(1597) 6월 19일, 제독 마귀가 진우충으로 하여금 군사 2000명을 이끌고 전주로 가서 전주성을 지키는 한편 남원성의 방어를 돕도록 했다. 이 때 마귀는 남원성에 위급한 사태가 있게 되면 남원은 전주에 알리고, 전주는 공주에 알리고, 공주는 서울에 알리는 동시에 군대를 보내 남원을 방어하도록 했다. 8월 13일에 우키타 히데이에가 이끄는 5만여 일본군이 남원을 공격하기 시작했다. 이에 남원에서 전주로 구원 요청을 보냈으나 진우충은 남원에 원군을 보내지 않고 그대로 전주에 머물렀다. 이는 남원이 예상보다 빨리 함락되었던 직접적인 원인이 되었다. 16일에 남원이 함락되었고 다음날에 고니시 유키나가가 이끄는 선봉이 곧바로 전주로 진격했다. 진우충은 일본군이 전주를 향하자 성을 버리고 도망쳤다.

다음과 같이 의논했습니다. 남원은 전라도의 문호(門戶)이고, 동쪽의 운봉(雲峰)과 영남의 한산도(閑山島)는 다시 남원의 문호가 됩니다. 이곳은 조선이 자문에서 말한 요해처로서, 기병을 주둔시킬 만한 곳이라고 했습니다.[238] 이에 신 등은 양원에게 지시하여 요동 군사 3000명을 이끌고 가서 그 땅을 틀어막으라고 했던 것입니다. 또한 조선의 김응서(金應瑞)와 이원익(李原翼)[239] 등의 군사가 운봉 밖에 있고, 권율(權慄)의 군사가 한산의 안쪽에 있어 각각이 막아 주고 가려 줄 것을 믿었을 따름입니다. 그런데 김응서가 계책을 올렸다가[240] 한산을 잃고,[241] 권율과 이원익 등도 동쪽으로 몰려가는 척

....

238 이곳은 …… 했습니다: 선조 30년(1597) 5월 8일, 요동 군사 3000명을 이끌고 조선에 들어온 양원이 서울에 도착하자 선조는 모화관(慕華館)에 나아가 양원을 맞이했다. 양원은 선조에게 방어해야 할 요해처가 어디인지 물으며 이왕이면 말을 타고 달리기 편한 곳에 주둔하기 원한다고 말했다. 선조는 남원이 좋겠다고 답했다. 그러자 양원은 조정의 분부와는 다르니 자문을 보내 줄 것을 요청했다. 『선조실록』 88권, 선조 30년 5월 8일(무술). 이에 선조는 경략 손광(孫鑛)에게 자문을 보내 양원의 주둔처를 바꿔 줄 것을 요청했다. 『事大文軌』 卷20, 「本國咨請扼守要害」, 만력 25년 5월 14일(84b~86b). 그 결과 양원은 원래 명 받았던 충주가 아닌 남원의 방어를 맡게 되었고 오유충이 양원 대신 충주에 진주하게 되었다.

239 이원익(李原翼): 그의 이름은 이원익(李元翼)인데, 형개는 명 태조(太祖) 홍무제(洪武帝) 주원장(朱元璋)의 이름자를 피휘(避諱)하여 '元' 대신 '原'을 사용했다.

240 김응서가……올렸다가: 이른바 칠천량해전에 임할 때 조선 수군의 군령권은 도체찰사(都體察使)인 좌의정 이원익(李元翼)과 도원수(都元帥) 권율(權慄)에게 있었다. 원균은 안골포(安骨浦)와 가덕도(加德島) 등을 먼저 공격하여 수륙으로 함께 진공하자고 주장했으나 이원익과 권율은 이를 반대하고 수군을 반으로 나누어 반은 한산도에 대기하도록 하고 나머지 반은 다대포(多大浦) 등을 왕래하게 하면서 해로를 차단하자는 전술을 주장했다. 조정은 이원익과 권율의 전술을 채택했다. 『선조실록』 89권, 선조 30년 6월 11일(경오). 이상과 같이 칠천량해전의 패배를 불러온 계책은 당시 경상우도병마절도사(慶尙右道兵馬節度使)로 있었던 김응서가 아닌 이원익과 권율이 제안한 것이었다. 형개가 오인한 것으로 생각된다.

241 한산을 잃고: 1596년 말, 고니시 유키나가의 수하인 요시라(要時羅)가 이간책을 꾸며 이순신을 함정에 빠뜨렸다. 그 결과, 1597년 2월에 선조는 이순신을 파직하고 서울로 압

을 했던 까닭에, 왜군이 2~3일이 채 못 되어 드디어 남원성 아래로 밀어닥쳤습니다. 바깥에서 구원이 오지 않으니 남원을 어찌 잃지 않을 수 있었겠습니까.

다만 양원은 일찍이 군량과 방어 장비를 헤아려 보고서 분명 십수 일 이상 지탱할 수 있으리라 했으니, 만약 그가 엄히 독려하며 성을 지켰다면 어찌 겨우 5일 만에 갑자기 함락되었겠습니까. 또한 만약 성을 지킬 수 없음을 분명히 알았다면, 포위를 뚫고 나가서 죽음을 무릅쓰고 싸웠더라면 3000명이 모두 다 죽지는 않았을 것이며, 설사 죽더라도 분명 당해 내는 바가 있었을 것입니다. 그런데 왜적이 성을 공격한다는 소식을 듣고서 이랬다저랬다 허둥대며, 양원의 경계와 방비는 점차 또한 소홀해졌습니다.

16일 밤에 남문이 열리자 양원은 장막 안에 있다가 놀라고 무너지는 소리를 듣고 옷을 걸칠 새도 없이 창황히 맨발로 빠져나와 도망쳤으니, 지금 입고 있는 옷과 신고 있는 신발도 전보관 영국윤에게서 빌린 것입니다. 그러고서 하는 말이, "가까스로 서문을 빠져나

⋯⋯

송하도록 하는 한편 원균을 삼도수군통제사로 임명했다. 원균 휘하의 조선 수군이 일본 수군과 본격적으로 교전을 시작한 것은 6월 중순경이었다. 원균은 수륙병진을 주장하며 전투에 소극적으로 임했고 권율은 원균을 불러 장벌(杖罰)을 가하고 공격에 임할 것을 명했다. 7월 14일에 원균은 180여 척의 함선을 이끌고 일본군의 본진이 있는 부산을 공격하기 위해 출진했고 일본군의 교란 작전에 휘말리고 풍랑까지 만나 고전하게 되었다. 15일, 원균은 칠천량으로 이동하여 휴식을 취했다. 일본군은 칠천량을 포위하고 16일 새벽에 조선군을 기습했다. 조선 수군은 이에 맞서 싸웠으나 결국 대패하여 대부분의 전선이 불타고 전라우수사 이억기(李億祺) 등의 장수들이 전사했다. 원균은 포위에서 벗어나 육지로 상륙하여 도주했으나 일본군의 추격을 받고 살해되었다. 칠천량해전의 패배로 인해 조선 수군의 전력이 무너지고 남해안 일대의 제해권을 일본에 빼앗겼다. 그 결과 일본군은 손쉽게 전라도로 진출할 수 있게 되었다. 이상 칠천량해전의 경과에 대한 자세한 내용은 이민웅, 『임진왜란 해전사: 7년 전쟁, 바다에서 거둔 승리의 기록』, 청어람미디어, 2004, 194~215쪽 참고.

왔는데 갑옷이 자못 견고하여 다행히 죽지 않을 수 있었다." 하니 이런 허황된 말에 누가 속겠습니까. 또한 그의 가정인 양승훈(楊承勳)[242]은 24일에 평양으로 돌아왔는데, 심문해 보니 그는 10일 저녁에 남원을 떠난 자로, 미리 짐 두 상자를 왕경으로 보냈습니다. 이는 적이 성 아래 들이닥치기 전에 먼저 몸을 빼내어 죽음으로부터 도망칠 마음을 품은 채로 3000의 병마를 버려두고 도외시했던 것입니다. 양원이 떳떳하게 밝히고 나온 것이 아니니 3000명이 감히 나오지 않았던 것이며, 양원이 몰래 빠져나왔으니 3000명 또한 빠져나올 수 없었던 것입니다. 양원은 지금 무슨 낯짝으로 홀로 살아남은 것입니까.

진우충은 전주로 가서 주둔하여 본래 남원과 호응하도록 되어 있었습니다. 남원이 긴급한 상황임을 알렸을 때 진우충은 불과 100여 리밖에 떨어지지 않았으니, 만약 신 등이 누차 내린 격문(檄文)을 준수하여 군사를 나누어 전진함으로써 적의 세력을 견제했더라면, 적은 결코 남원만을 집중 공격할 수 없었을 것입니다. 남원도 바깥에서 구원군이 왔음을 알았더라면 또한 막아 내고 지킬 마음을 굳건히 해서, 반드시 격파되지는 않았을 수도 있었을 것입니다. 이에 서둘러 재삼 재촉했으나 회답 문서를 보내지 않으며 말하기를, "저쪽을 살피느라 이쪽을 잃을까 겁납니다."라고 했으며, 보고하기를, "담당 지역을 가벼이 떠나기 어렵습니다."라고 했습니다. 극도로 위급한 상황을 앉아서 지켜보며 끝내 한 대의 화살도 날리지 않았습

....

242 양승훈(楊承勳): ?~?. 명나라 사람이다. 양원(楊元)의 가정으로 정유재란 시 조선에 들어왔다.

니다. 왕경의 원병이 마침 남쪽으로 향했으나[243] 진우충은 이미 전주를 버리고 북쪽으로 도망쳤습니다. 전초병 팽상화(彭尙和)의 보고를 받아 보니, "진우충이 북쪽으로 도망칠 때 왜군은 아직 임실성(任實城) 경계에도 이르지 못했습니다."라고 합니다. 어찌 창고를 불사른 것으로 책임을 다했다고 핑계대며 가벼이 담당 지역을 떠날 수 있습니까. 진우충의 죄는 양원보다 가볍지 않습니다.

무릇 병가에는 본디 항상 이기는 이치는 결코 없으며, 자신을 이기는 술책만 있을 뿐입니다. 주(周) 세종(世宗)은 한 번에 패장(敗將) 번애능(樊愛能) 등 70여 명을 목 베었으니,[244] 그 후로 감히 패배하는 자가 없었습니다. 양소(楊素)는 적군을 마주할 때마다 반드시 먼저 한두 사람을 시켜 적진을 함락하게 하면서, 만일 그가 함락하지 못하고 돌아오면 곧 죽이고 그 다음에 다시 그렇게 하니,[245] 사람들

....

243 왕경의 …… 향했으나: 양호는 평양에서 남원성 함락 소식을 듣고 길을 재촉하여 9월 3일에 서울에 도착했다. 바로 해생에게 기병 8000명을 주어 남쪽으로 내려가도록 하고 이어 파새에게 증원군을 이끌고 가도록 했다. 9월 5일, 명군은 직산 금오평(金烏坪)에서 구로다 나가마사(黑田長政), 가토 기요마사 등이 이끄는 일본군과 전투를 벌였고 만 하루에 걸친 전투 끝에 대승을 거두었다.
244 주(周) …… 베었으니: 현덕 원년(954), 후주(後周) 세종(世宗)이 북한(北漢)과 거란 연합군의 침입에 맞서 고평(高平) 전투에서 승리한 직후 전투에서 도망친 번애능(樊愛能) 등 70여 장수를 참수하여 군법을 바로 세운 사건을 말한다. 『구오대사(舊五代史)』 권114, 「주서(周書)」 5.
245 양소(楊素)는 …… 하니: 양소(544~606)는 북주(北周)의 신하로 북제(北齊)를 평정하는 데 큰 공을 세웠으며 이후 양견(楊堅)과 손을 잡고 수(隋)나라의 개국공신이 된 인물이다. 수많은 군공을 세웠는데 군법을 엄격하게 다스려 병사들이 군법을 어기면 즉시 참수하고 절대 용서하지 않았다고 한다. 전투에 임할 때 먼저 1~200명을 적진으로 보내 공격하도록 했는데, 만약 적진을 함락시키면 그만이었으나 함락하지 못하고 퇴각했다면 돌아온 병사를 모두 목 베고 다시 200~300명을 보내 적진을 공격하도록 했다. 양소의 부하들은 모두 죽음을 각오하고 전투에 나섰기에 양소는 전쟁에서 이기지 못하는 경우가 없었다고 한다. 『수서(隋書)』 권48, 「양소열전(楊素列傳)」.

이 법을 두려워할 줄 알아 향하는 곳마다 반드시 승리했습니다. 지금 나라의 치욕을 반드시 씻고자 천병(天兵)의 토벌을 바야흐로 행하려는 참인데, 구차하게 살아남고 군대를 잃은 자가 자신의 패배를 군대가 고립되고 지원이 적었던 탓으로 돌릴 수 있게 하며, 관망하며 전진하지 않은 자가 또한 자신의 후퇴를 어려운 상황임을 알아 물러난 것이라고 핑계를 대게 한다면 장차 삼척(三尺)²⁴⁶이 쓸모가 없게 될 것이며 육사(六師)는 정돈되기 쉽지 않을 것이니, 그 근심은 더욱 말할 수 없을 것입니다. 신 등 또한 어찌 감히 두 신하에게만 대충 넘어가자고 할 수 있겠습니까.

살피건대, 통령요병정왜부총병(統領遼兵征倭副總兵) 양원은 석 달치 양식을 마련해 두고서, 해골을 쪼개 땔감으로 쓰고 자식을 바꾸어 잡아먹는²⁴⁷ 지경에 이르지 않았는데도 홀몸으로 빠져나와 달아났으니, 어찌 화살이 다하고 힘이 바닥났다고 할 수 있겠습니까. 그가 짐보따리를 싼 것은 곧 사졸들을 구렁텅이에 빠뜨린 것입니다. 연수영비왜유격(延綏營備倭遊擊) 진우충은 눈앞에 위기가 닥쳤으나 구원하지 않고 감히 진(秦)나라 사람이 월(越)나라 사람 보는 듯했습니다.²⁴⁸ 왜군이 이르지도 않았는데 먼저 달아났으며, 초목을 보고도

246 삼척(三尺): 법률(法律)을 뜻한다. 옛날에 3척의 죽간(竹簡)에다 법률을 기록한 데서 유래했다.

247 해골을⋯⋯잡아먹는: 춘추 시대에 초장왕(楚莊王)이 송(宋)나라를 1년 가까이 포위하고 항복을 종용하자 송나라 재상 화원(華元)이 초나라의 진지에 잠입하여 장군 자반(子反)에게 송나라가 현재 자식을 서로 바꾸어 잡아먹고 해골을 쪼개서 밥을 짓는 땔감으로 쓰고 있으나 성하지맹(城下之盟)만은 맺을 수 없으니 포위를 풀고 30리를 물러난다면 초나라의 명을 따르겠다고 말한 바 있다. 『춘추좌씨전(春秋左氏傳)』 선공(宣公) 15년.

248 진(秦)나라⋯⋯듯했습니다: 진나라와 월나라는 중국 춘추 시대의 두 나라 이름으로 진나라는 서북쪽, 월나라는 동남쪽에 있어 거리가 극히 멀었다. 여기서는 사이가 소원(疏

적의 형세인 줄 알고 실없이 놀랐습니다. 장부의 기개가 전혀 없으니 아무리 혀를 잘 놀린다 한들 어디에 쓰겠습니까. 이 두 신하는 모두 마땅히 율에 따라 무겁게 치죄하며 조금도 감해 주어서는 안 될 것입니다.

어왜군무인 신 형개에 대해서라면, 경략(經略)하는 일을 전적으로 책임지고 있으면서, 힘으로는 교활한 적이 돌입하는 것을 막아내지 못했고 계책으로는 구원병을 신속히 전진시키지 못했습니다. 홀연히 일군을 모두 죽게 했으니, 일백 번 고쳐 죽은들 어찌 속죄할 수 있겠습니까. 현재 석고대죄하며 공손히 처분을 기다리는 외에, 눈앞에 적의 세력이 더욱 미쳐 날뛰니 신 등은 감히 더욱더 열심히 장병들을 정비하고 군량을 끌어모아 적들을 몰아냄으로써 중외의 분한 마음을 씻어 내길 도모하지 않을 수 없습니다. 엎드려 바라건대, 해당 부(部)에 칙을 내리시어 검토 논의를 하게 해 주십시오. 신은 지극히 황공하여 죄를 기다리는 마음을 이길 길이 없습니다.

다시 살피건대, 진우충은 먼저 직을 박탈하고 응당 심문해야 하겠습니다. 다만 그렇게 하면 멀리 외국에 있으면서 연수(延綏) 군사들을 통령하는 사람이 없게 될 것이므로 진(鎭)과 도(道)에서 잠시 병마를 관령할 자를 누차 구했으니, 새로 추천한 연수의 장수 왕국동(王國棟)[249]이 도착하는 날을 기다렸다가 대신한 후에 별도로 심문과 처분을 해야 하겠습니다. 양원과 진우충을 신 형개가 현재 잡아

....

遠)한 것의 비유로 쓰였다.

249 왕국동(王國棟): ?~?. 명나라 사람이다. 호는 충암(忠菴)이고 섬서 연안부(延安府) 수덕위(綏德衞) 출신이다. 만력 26년(1598) 흠차통령연수전영참장(欽差統領延綏前營參將)으로 마병 2120명을 이끌고 조선에 왔다가 이듬해에 명나라로 돌아갔다.

다가 심문하고 있습니다. 해당 군영의 병마는 이미 별도로 관원에게 맡겨 잠시 관령하게 했습니다. 아울러 바라건대, 해당 부에 칙을 내리시어 왕국동을 재촉하여 서둘러 오게 해서 이 군사들을 통령하게 해 주십시오.

성지를 받들었는데, "양원과 진우충이 구차하게 살아서 빠져나와 도망쳤으니 군법상 용서할 수 없다. 총독(總督)으로 하여금 엄히 잡아다가 심문해서 율을 적용하여 중하게 처벌하게 하라. 왕국동은 서둘러 가도록 재촉하라. 병부에 알리라."[250]라고 하셨습니다.[251]

....

250 양원과……알리라: 해당 성지는 『명신종실록』 만력 25년 9월 7일조에 실려 있고, 이 성지는 조선에도 전해져 『선조실록』 선조 30년 9월 20일 조에 실려 있다. 『명신종실록』 권 314, 만력 25년 9월 7일(을미). "下逃將楊元、陳愚衷于経畧, 問依律重處. 從邢玠請也." 『선조실록』 권92, 30년 9월 20일(정미). "都察院奉聖旨: "楊元、陳愚衷, 偸出遁北, 法不可宥. 着嚴行拿問, 照律重處. 欽此大小將領, 各宜知悉." 【經理, 以此張掛榜喩.】"
251 성지를……하셨습니다: 양원은 만력 26년(1598) 8월 17일에 참형을 당했고 진우충은 참형을 면했다. 『선조실록』 104권, 선조 31년 9월 9일(신묘). 진우충은 이후 충군되었다가 형 진우문(陳愚聞)이 속전하여 풀려났다고 한다.

2-13

천진의 해운을 늘릴 것을 요청하는 상주

議增天津海運疏 | 권2, 83a-87b

날짜 만력 25년(1597) 9월 22일

내용 조선으로 공급하는 물자를 운송하기 위해 천진에서 여순으로 이어지는 해운로를 개통해 달라고 요청하는 상주이다. 요동과 산동에서 수송하는 군량에는 한계가 있고 수송하기에도 불편함이 많았다. 천진은 지리적으로도 물류의 중심이며 수로 운송에 편리하므로 여순까지 직접 운송하는 편이 좋겠다는 것이다. 천진의 해운은 천진도(天津道) 허수은 (許守恩)이 불편함을 주장하여 일단 정지되었다. 그러나 형개는 천진에서 건조한 전선(戰船)을 개조하고 연해의 어선과 상선을 모집하며 이전에 요청한 회안·오송·절강의 선박을 천진에 보내면 선박 부족 문제를 해결할 수 있다고 주장했다. 이에 호부에서는 형개의 요청에 따라 가용한 자원을 동원하여 천진으로 곡물을 보내고, 이를 조선으로 운송하도록 하겠다는 검토 의견을 제출해 만력제의 재가를 받았다.

관련문서 『명신종실록』 만력 25년 9월 22일 기사는 본문의 내용을 간략하게 요약하여 싣고 있다.[252]

....

252 『명신종실록』 권314, 만력 25년 9월 22일(경술), "經略邢玠請借發臨德倉米及召買糧石, 並于天津堆放, 募沿海商·漁·吳淞·淮·浙等舡, 兼搭接運. 以登·萊糴運, 價湧後時, 不若天津至旅順, 止隔一帆也. 部覆, 從之."

외국의 군량이 급히 부족한데 산동성의 사료와 군량은 한계가 있으니 천진에서 해상으로 운송함으로써 위급한 상황을 구제하는 방안을 속히 의론할 것을 간절히 비는 일로 올리는 제본.

살피건대, 동쪽에서 정벌하는 관병이 점차 모여들어 소모되는 군량과 사료가 하루에 천 단위를 헤아리니, 어찌 한 지역의 힘만으로 마련할 수 있겠으며 또한 어찌 한 지역의 힘만으로 운반할 수 있겠습니까. 그리하여 왜로 인한 환란이 있은 이래로 여러 차례 조사하고 의논하여, 한편으로는 산동에 책임을 지우고 한편으로는 요좌(遼左: 요동)에 책임을 지웠으며, 한편으로는 천진에서 해상으로 운송하여 두 지역의 부족한 부분을 보태는 방안을 아울러 논의했습니다. 이후 천진도(天津道) 허수은(許守恩)[253]이 해상 운송의 어려움을 힘주어 주장했기에 일단 중지한 상태입니다.[254] 그러나 요동에서 노새를 구매하고 배를 제조해도 수륙으로의 운반이 곤란하여 전진하지 못하며 군사와 둔호(屯戶)를 소란스럽게 하는 어려움이 있어 형편이 가엾고 딱합니다.[255]

....

253 허수은(許守恩): ?~?. 명나라 사람이다. 자는 군사(君賜)이고 섬서 서안부(西安府) 경양현(涇陽縣) 출신이다. 만력 8년(1580) 진사가 되었다.

254 이후 …… 상태입니다:『명신종실록』에 따르면 형개는 천진병비부사 허수은에게 해방(海防)·해운(海運)·수선(修船)의 세 가지 일로 공문을 보내 조사하여 논의하도록 명령했으나, 허수은은 시간을 끌고 응하지 않으면서 천진은 방어할 필요가 없고 해운은 결코 행할 수 없으며 조선(造船)해도 쓸 수 없을 것이라는 부정적인 답변을 내놓았다. 형개는 결국 그를 탄핵했고, 허수은은 해임된 뒤 북경에 연행되어 신문(訊問)을 받았다.『명신종실록』권314, 만력 25년 9월 23일(신해), "逮天津兵備副使許守恩, 至京卽訊. 初經略邢玠, 以海防·海運·修船三事, 行守恩查議. 守恩遷延不應, 具揭稱, '天津不必防, 海運必不可行, 造舡必不可用.' 至是, 經略劾其阻撓悞事, 故逮."

255 그러나 …… 딱합니다: 요동에서 쓸 노새 구입 요청은 2-3〈添買騾頭以速輓運疏〉를, 선

또한 살피건대, 산동의 군량은 임청창(臨淸倉)·덕주창(德州倉)의 양곡을 빌리고자 하면, 덕주에서 내주 항구까지는 1200리, 임청에서 내주 항구까지는 1500리를 반드시 육로로 운송해서 그곳에 다다르고 나서야 배에 실을 수 있습니다. 또한 노새나 수레에 실어 운반하는 양은 얼마 되지 않는데 장거리 진흙탕 길을 다니느라 갖은 고생은 다하게 되니, 속국을 미처 돕기도 전에 내지에서 먼저 탈이 날 것입니다. 직접 은을 내어 등주·내주에서 군량을 구입하고자 하면, 바닷가 구석진 지역이라 수확량이 얼마 되지 않습니다. 지금 산동해방도(山東海防道) 장세열(張世烈)[256]이 이미 보고하기를, 곡가가 치솟았다고 하니 더욱 걱정됩니다. 만약 나누어 수매한다면 다시금 이어서 등주·내주로 실어 보내야 하는데, 6부[257] 가운데 먼 곳은 1천 리요 가까운 곳은 수백 리이니 수고와 어려움이 자연히 평시의 배가될 것입니다. 또한 오래도록 수매가 진척되지 않으면 운반선들은 모여들어 절벽에 자리 잡고 있으면서 도리어 헛되이 공력을 낭비하고 차일피일 시간만 보낼 것입니다. 이는 배가 없어서 문제일 뿐만 아니라, 나중에는 아마 양곡이 없어 문제가 될 것입니다.

또한 살피건대, 천진 지역은 요충지에 해당하여 사람과 물자가 모여드는 곳이자 교통이 사방으로 통하는 구역이니, 등주·내주와 비교하기 어렵습니다. 수매한 양이 부족하다 해도 임청창·덕주창과의 거리가 800여 리에 불과하며, 물길이 한 번에 통하여 대운하를

박 건조 요청은 2-7 〈募造海船以濟輓運疏〉를 참조.

256 장세열(張世烈): ?~?. 명나라 사람이다. 자는 비양(丕楊)이고 섬서 연안위(延安衛) 출신이다. 융경 2년(1568)에 진사가 되었다.

257 6부: 산동성의 6부는 제남부(濟南府)·연주부(兗州府)·동창부(東昌府)·청주부(靑州府)·내주부(萊州府)·등주부(登州府)이다.

따라 오니 운반하는 수고가 가장 덜합니다. 천진의 바닷길로 말하자면, 절강의 병선(兵船)이 그곳 유격(遊擊) 서성(徐成)의 지휘를 받아 대고구(大沽口)로부터 바다로 나아가 곧장 여순(旅順)에 다다랐는데 조금도 배에 손상이 없었습니다. 병선이 다닐 수 있는데 양곡 운반선이라고 다니지 못하겠습니까. 우려되는 바는 배가 없다는 것뿐입니다. 재차 살피건대, 천진에서 지난해 전선 155척을 제조했으니, 큰 것은 개조하면 되고 작은 것은 수리하면 됩니다. 전선(戰船)으로 쓸 수 없다한들 어찌 운반선으로 쓸 수 없겠습니까.

이제 신이 천진도에게 문서를 보내 우선 3척을 수리하게 하고 전사(典史) 황삼태(黃三台), 지휘(指揮) 주충(朱忠)으로 하여금 바다로 나가 시험하게 한 지가 지금 벌써 20여 일이 되었으니 가까운 시일 내에 도착할 것입니다. 만약 그들이 여순에 도착하기까지 전혀 손상됨이 없었다면 이 배들 또한 쓸 수 있을 것입니다. 때맞춰 수리하여 이 배들로 천진에서 수매한 양곡을 운반하고 또 임청창·덕주창의 양곡을 넘겨받아 운반한다면, 산동·요동의 인력과 물자가 다소 회복될 수 있을 것입니다. 이 해운이 더해지면 군량이 다소 보충되어 외국에 나가 있는 관병의 배곯는 고통이 구제받는 것 또한 이루 말할 수 없을 것입니다. 만일 이 배들이 진실로 쓸 만하지 않다면, 연해의 어선, 오가는 상선 중 어느 것이라고 쓸 수 없겠으며 어느 것이라고 모집할 수 없겠습니까. 하물며 요동은 궁벽한 곳에 위치했으나 그래도 민선 30여 척을 구할 수 있었습니다. 천진과 같은 요충지의 해구는 상인이 아주 많으니 어찌 요동과 비교가 되겠습니까.

천진도가 마음을 다해 나라를 위하여 군량을 수송하는 방도를 힘써 모색했다면, 바닷길은 다닐 수 있으나 도리어 배가 없어서 왕래가 통할 수 없다는 걱정은 하지 않았을 것입니다. 만일 또다시 배를 얻을 수 없다면, 신이 먼젓번에 제본으로 회안·오송·절강에서 각각 상선 20척을 모집하여 산동에 와서 양곡을 넘겨받아 운반할 것을 청했습니다.[258] 지금 모집된 배들을 30척씩 나누어 등주·내주로부터 순차적으로 천진에 보내 그곳의 군량을 운반하게 한다면 또한 불가능하지는 않을 듯합니다.

거리를 계산하면 임청·덕주에서 등주·내주까지, 등주·내주에서 여순까지 총 2천 리로, 등주·내주는 가깝고 천진은 멉니다. 수로냐 육로냐로 논하자면 임청·덕주에서 천진까지, 천진에서 여순까지가 모두 물길로 한 번에 통하니, 천진은 쉽고 등주·내주는 어렵습니다.

오늘날의 계책으로는 등주·내주의 해선(海船)은 상례에 비추어 독촉하여 운반하게 하는 외에, 이에 더해 응당 보정순무에게 공문을 보내고 보정순무는 이어서 천진도에 문서를 보내 속히 다음의 사항들을 살펴 논의하도록 해야 합니다. 한편으로는 양곡을 사들이고 또 한편으로는 천진창(天津倉)의 양곡을 빌려야 합니다. 또 우선 내륙 하천의 선박을 활용하여 임청창·덕주창의 양곡을 잇따라 천진으로 운반해 비축해야 하겠습니다. 또 한편으로는 지난해 제조한 선박을 장역(匠役)을 여럿 불러 모아 지금 아직 겨울 추위가 매섭지 않은 때를 틈타 제때 수리하게 하고, 또 갖은 방법으로 어선·상선을 불러 모아야 하겠습니다. 또 앞서 제본으로 청하여 고용한 회안·오송·절강 등지의 배가 도착하는 날을 기다려 반으로 나누어 와서 군량을

....

258 신이 …… 청했습니다: 회안·오송·절강의 상선 20척씩을 고용하자고 한 형개의 요청에 대해서는 2-7 〈募造海船以濟輓運疏〉를 참조.

인계받아 운송하게 해야겠습니다. 그렇게 해야만 세 곳에서 함께 운송하여 군량이 계속 공급될 수 있으니 바야흐로 장구한 계책이 될 것이며, 조선 관병의 절박한 위기를 구제할 수 있을 것입니다.

엎드려 바라건대, 호부에 명령을 내려 속히 검토하여 논의해서 기일을 정한 뒤 급히 운반하게 해 주십시오. 또한 경리순무(經理巡撫) 양호가 앞서 상주한 내용에 따라 운반한 양곡의 수량을 매번 제본을 올려 보고하여 시행하도록 해 주십시오.

호부에서 검토하여 논의한 내용은 다음과 같았습니다.

살펴보건대, 군사를 모집하여 사방에서 모여드니 나누어 군량을 운송하는 일은 형편상 미루기 어렵습니다. 총독 형개가 상소를 올려 청하기를, 천진·임청·덕주의 창고 양곡 및 사들인 양곡을 모두 천진에 비축하자고 했으며, 또한 상선·어선과 회안·절강·오송의 선박을 활용하여 다 같이 군량을 싣고 이어서 운반하게 하는 방안을 건의했습니다. 군수에 도움이 될 수 있을 듯하니 마땅히 청한 바에 따라야겠습니다. 삼가 명령이 내려오기를 기다려 저희 호부는 보정순무에게 자문을 보내고, 또 도찰원에도 자문을 보내 순천순안어사(順天巡按御史)에게 공문을 전달하게 하여서, 그들이 천진관창낭중(天津管倉郎中)과 함께 천진도를 재촉해 즉시 총독이 건의한 앞의 군량·선박 두 일을 조사하고 논의하여 타당하게 결정하고 신속히 시행하도록 하겠습니다.

한편으로는 근처 하간부(河間府)에서 원래 미납했던 저희 호부의 만력 24년(1596) 경변세량은(京邊稅糧銀) 가운데 2만 냥을 지출하여 올해 추수 때가 되면 시가에 따라 양곡을 사들이겠습니다. 한편으로는 천진창의 미곡 5만 석을 빌려서 모두 해당 창고[倉]에서 별도의 곳간[廠]에 간수하겠습니다. 다시 임청창·덕주창의 관창낭중(管倉郎中)·원외랑이 각각 해당 창고의 미곡 1만 석을 빌려서, 내륙 하천의 선박을 조사해 뽑아 잇따라 천진으로 운송해, 저장해 둘 만한 창고 안에 방법을 강구하여 쌓아 두게 하겠습니다. 저희 호부가 공부에 자문을 보내고 천진도에 엄히 공문을 보내 지난해 제조한 전선 155척 중에 일부를 널리 기술자를 불러 모아 운반선으로 개조하고, 또한 상선·어선을 불러 모아 함께 군량을 실어 나르게 하겠습니다.

만일 상술한 선박을 급히 모을 수 없다면, 즉시 앞서 동원하여 회안·오송·절강에서 각각 모집한 상선 가운데 30~40척씩을 나누어 뽑아 그들로 하여금 천진으로 가서 군량을 인계받아 운반하고 조선 국경에 이르면 인계하도록 하겠습니다. 그 뒤로는 경리순무가 관원에게 임무를 맡겨 군량을 이어서 운반하여 지출하도록 하겠습니다. 결코 길이 험준하다는 평계를 대면서 재차 미루고 거절해서는 안 되며, 반드시 한 배를 탄 사이에 서로 구제하면서 시국의 어려움을 돕도록 해야지, 황상께서 위임하신 뜻을 저버려서는 안 됩니다. 또한 운반한 군량의 수를 그때마다 상주하여 보고하겠습니다. 저희 호부는 또한 계요총독(薊遼總督)·조운총독(漕運總督) 및 산동순무(山東巡撫)·요동순무(遼東巡撫)·순천순무(順天巡撫)·경리순무(經理巡撫), 아울러 요동관량낭중(遼東管糧郎中)·관향낭중(管餉郎中)[259]과 임청창·덕주창 각 아문

---

259 요동관량낭중(遼東管糧郎中)·관향낭중(管餉郎中): 원문에는 "遼東管糧, 管餉"이라고 되어 있으나, 2-2 〈申明進止機宜疏〉 및 2-4 〈酌定海運疏〉에 따르면 이는 요동관량낭중(遼東管糧郎中)과 관리비왜양향낭중(管理備倭糧餉郎中)을 지칭한다.

에 공문을 보내 모두가 알게 하겠습니다.

성지를 받들었는데, "알겠다."라고 하셨습니다.

천진순무와 군량 수송 업무를 전담할
대신을 둘 것을 요청하는 상주

請設天津巡撫督餉大臣疏 | 권2, 88a-91b

날짜 만력 25년(1597) 9월

내용 산동 일대 연해의 방어를 전담하는 순무 1명을 천진에 새로 둘 것을 주청하는 상소이다. 한산도가 함락된 이후 천진·등주·내주 연해는 위험에 노출되었다. 이곳 방어를 위해 투입된 보정순무와 산동순무는 원래 맡은 임무를 수행하기에도 여념이 없는데다 양자가 유기적으로 협력하기 어려웠다. 형개 자신 역시 요양에서 해방을 지휘하기 어려운 상황이었다. 이에 천진에 순무 1명을 새로 두어 천진·등주·내주·여순의 해안 방어를 맡기자는 것이다. 또한 산동·요동·천진으로부터의 군량 수송 업무를 전담할 대신(大臣) 1명을 둘 것도 함께 요청했다.

관련문서 『명신종실록』에 따르면 대학사 조지고(趙志皐)·장위(張位)·심일관(沈一貫)이 9월 4일 천진에 순무를 둘 것을 상주하여 윤허를 받았다.[260] 이에 9월 10일에는 산동우포정사(山東右布政使) 만세덕(萬世德)을 해방순무(海防巡撫)로 삼았으며,[261] 9월 13일에는 해방순무의 관방(關防: 인장)

....

260 『명신종실록』 권314, 만력 25년 9월 4일(임진). 이들 중 조지고의 상주는 조지고(趙志皐), 『내각주제고(內閣奏題稿)』 권6, 「청설감군무신(請設監軍撫臣)」에, 심일관의 상주는 심일관(沈一貫), 『경사초(敬事草)』 권2, 「청설천진등래순무소(請設天津登萊巡撫疏)」에 각각 수록되어 있다.

261 『명신종실록』 권314, 만력 25년 9월 10일(무술), "陞山東右布政使萬世德, 爲都察院右僉都御史海防巡撫."

을 주조해 주었다.[262] 이후 만세덕은 천진순무(天津巡撫)의 관함으로 등
장하므로,[263] 이때의 해방순무가 곧 천진순무였음은 분명하다. 이처럼
형개가 요청했던 사항 2건 중 1건이 대학사들이 이미 처리한 사안이었
기 때문에, 본 문서에는 병부의 검토나 만력제의 재가가 이루어지지 않
았고, 따라서 검토 제본 및 성지가 수록되지 않았던 것으로 보인다.

내지(內地)의 수군이 매우 긴급하고 외국으로 군량을 수송하는 것
이 매우 어려우니, 성상께서 각각 중신(重臣)을 경리(經理)로 세워
전담해서 책무를 완수하게 함으로써 만전을 기하시기를 간절히 비
는 일로 올리는 제본.

살피건대, 조선은 한산(閑山)을 잃으면서부터 서남쪽에 막아 주고
가려 주는 곳이 텅 비게 되었습니다. 그러므로 왜군들이 육로를 따
라서 침범하는 것은 조선에서 그치겠지만, 수로를 따라서는 통하지
못하는 곳이 없게 되었습니다.[264] 만약 왜군이 실제로 육상에서 힘
을 합친다면 우리의 군사와 군량을 모두 모은 후에는 방어할 수 있
을 것입니다. 그런데 재차 돛대를 크게 펼치고 서북쪽으로 향한다
면 곧바로 천진(天津)에 도달할 것이며 능묘와 경사(京師)가 크게 놀

....

262 『명신종실록』 권314, 만력 25년 9월 13일(신축), "籌給海防巡撫關防."
263 『명신종실록』 권316, 만력 25년 11월 23일(경술).
264 살피건대……되었습니다: 조선은 칠천량해전의 패배로 남해안 일대의 제해권을 일본에
    빼앗겼다. 명나라는 일본군이 바다를 통해 바로 중국의 등주·내주·여순·천진 등 북경
    의 문호에 이를 수 있다는 위기감을 크게 가지게 되었다. 이에 수군을 대규모로 증원하
    여 조선 파병을 결정했다. 본서 2-8 〈催發水陸官兵本折糧餉疏〉를 참고.

라게 될 것입니다. 정동쪽은 등주(登州)와 내주(萊州), 동남쪽은 회안(淮安)과 양주(揚州)가 모두 살갗이 벗겨지는 것과 같은 환란을 맞이하게 될 것이고, 남경(南京)·절강(浙江)·복건[閩]·광동[廣] 등도 모두 왜군이 침범하러 향하는 곳이 될 것입니다. 그러나 왜군에게 결코 멀리 동남쪽을 침범할 만한 여력은 없을 것입니다. 그러므로 오늘날 해방(海防)의 요충지는 천진·등주·내주가 가장 긴급하고, 회안과 양주가 그 다음이며, 남경·절강·복건·양광은 아마 별일이 없을 것입니다.

무릇 천진·등주·내주는 모두 신이 지휘 통제하는 땅입니다. 수류의 병마와 본색(本色: 현물)·절색(折色: 은)의 군량에 관해 신이 그 경영을 총괄하여 다스리고 있으며 모두 신의 지휘를 받고 있으니, 표면상 어찌 편리하지 않다고 하겠습니까. 다만 신이 천진·등주·내주의 군사를 독려하는 일을 대략 마치고 장차 외국으로 나가려고 한다면 요양에 있어야 하는데, 거기서 문서를 한 번 보내려면 천진은 4000여 리를 오가고, 등주·내주는 6~7000리 바닷길을 오가야 합니다. 요동 사람들은 물의 성질을 알지 못하는데, 배란 것은 원래 물길을 잘 따라야 하고 바람은 순풍과 역풍이 있으니 밤낮을 가리지 않고 운행하면서 임기응변하며 위급 상황을 구제하기란 어렵습니다. 하물며 해군과 해선(海船)은 두세 명의 순무(巡撫)가 전담할 수 있는 일이 아닙니다. 신이 관장하는 곳에서 징발하려 해도 오히려 각자 담당 지역을 지켜야 한다고 말하는데, 더구나 관장하지 않는 곳에서 징발하려 한다면 오가면서 회의하는 데만도 두세 달이 걸립니다. 지방의 문무 관원들을 신이 법으로[265] 다스리려 하여도 확실하게 조사하지 않으면 대충대충 해서 처리하기 어렵고, 한 번 조사하려면 또 두세 달이 걸립니다. 수재와 화재가 제 몸에 닥치는 때를 당하여 몇 번이나 지연시키는 것을 감당할 수 있겠습니까.

즉시 보정순무(保定巡撫)를 천진으로 옮기고 산동순무(山東巡撫)를 등주·내주로 옮겼으나, 보진(保鎮)에서는 6부(府)[266]의 기무를 총괄하고 산동에서는 온 성(省)의 군민(軍民)을 관할하며 각자 오랑캐를 막고 광비(礦匪)[267]를 막으며 도적을 막는 책무까지 지면서, 각각 한쪽 구석에 자리하여 해방(海防)을 전적으로 책임지게 했으니, 이는 비단 서정(庶政)에 방해가 될 뿐만 아니라 산동은 자연스레 산동만을 위하고 천진도 당연히 천진만을 위해서 움직일 것입니다. 그 업무들이 원래 서로 연결되지 않았으니 그 형세 또한 서로 도울 수 없습니다. 그런데도 남쪽을 연동시켜 북쪽에 호응하게 하고, 서쪽이 위급하면 동쪽이 원조하기를 바란다면 끼어들어 간섭하는[268] 폐단을 면할 수 없을 것입니다.

천진 지방에 해방을 전담하여 총괄할 순무(巡撫) 1원(員)을 두고, 문무를 겸비하고 바다의 업무에 숙련된 자를 뽑아 그 임무를 맡겨

---

265 법으로: 원문은 삼척(三尺)으로, 법률(法律)을 뜻한다. 옛날에 3척의 죽간(竹簡)에다 법률을 기록한 데서 유래했다.

266 6부(府): 보정순무가 관할하는 6부는 보정부를 비롯하여 진정부(眞定府), 하간부(河間府), 순덕부(順德府), 대명부(大名府), 광평부(廣平府)를 이른다.

267 광비(礦匪): 정부의 허가를 받지 않고 광산을 개발하며 몰려든 사람들을 말한다.

268 끼어들어 간섭하는: 원문은 철주(掣肘)이다. 소매를 잡아당긴다는 뜻으로, 간섭하여 마음대로 하지 못하게 하는 것을 비유하는 말이다. 공자의 제자인 복자천(宓子賤)이 노나라에서 읍재(邑宰)가 되었는데 노애공(魯哀公)의 간섭으로 고을을 제대로 다스리지 못할까 걱정하여 애공의 측근 사관 2명을 청하여 함께 고을로 내려갔다. 그리고 사관이 글씨를 쓸 때마다 소매를 잡아당기고 글씨를 못 쓰면 화를 냈다. 두 사관이 애공에게 돌아가 이 사실을 전하자 애공은 공자에게 그 이유를 물어보았다. 이에 애공은 자신의 잘못을 깨닫고 복자천에게 뜻대로 고을을 다스리라고 전했다. 『공자가어(孔子家語)』 권하 「굴절해(屈節解)」 제37.

전담시킨다는 칙명을 내려 주어, 무릇 천진·등주·내주·여순(旅順) 등에서 수군의 전함, 군량을 운반할 배들이 모두 그의 통솔에 따르게 하며, 어느 곳의 수군을 어떻게 훈련시키고 추가로 모집할지, 어느 곳의 군량 운반선을 어떻게 수리하고 동원할지, 왜군이 가까운 곳을 침범하면 어떻게 가로막을 것인지, 왜군이 먼 곳을 침범하면 어떻게 원조할 것인지를 총괄하게 하시는 것이 어떻겠습니까.

여순에 군대 한 갈래를 두어 대문을 틀어막게 한다면 등주·내주의 바깥 울타리가 될 것입니다. 천진에 군대 한 갈래를 두어 안방을 지키게 한다면 능묘와 경사의 바깥 울타리가 될 것입니다. 또한 정병(正兵)과 기병(奇兵) 각 한 갈래를 두어 조선으로 들어가 응원하게 해 주십시오. 만약 신 등이 힘을 합쳐 왜노를 수륙으로 협공한다면 순무는 수군을 모두 모아서 여순에서 바다로 나와 군사를 합쳐 함께 공격할 것입니다. 그러면 분명 천진·등주·내주·여순 등이 연계하여 정탐하고 알리게 되어 머리와 꼬리가 항상 스스로 함께 움직이게 될 것입니다. 남쪽으로는 회안·양주를 틀어막는 요새가 되고 동쪽으로는 조선과 기각을 이루게 될 것입니다. 그렇게 되면 한편으로는 운송하는 길에 근심이 없게 될 것이고 한편으로는 왜적들이 우리 수군이 준비되었음을 보게 될 것이므로 왜적은 전라도 서남 일대를 방비하지 않아도 되는 곳이 없게 되어 병력이 적지 않은 곳이 없게 될 것이며, 그렇게 되면 저들의 육지 병력도 또한 저절로 단출해지게 되어 나가기도 물러나기도 양쪽으로 힘들어 오래 지탱하기 어려울 것입니다.

신설하는 순무에 대해서도 신의 지휘에 따라 편리하게 동원하고 파견한다면, 안으로는 경기(京畿)에 밖으로는 요좌(遼左)와 조선에 주춧돌과 기둥 하나를 더한 것과 같아, 대문과 안방을 모두 지킬 수 있을 것입니다. 절강·직례(直隸)·복건·광동의 배는 적당히 헤아려 모집하고 새로 설치된 순무의 지시에 따라 서둘러 보내야 할 자는 서둘러 보내고 주청해야 할 것은 주청하게 해 주십시오. 서둘러 해당 부(部)에 칙서를 내리시어 조속히 논의하고 거행하게 해 주십시오.

군량에 대해 말하자면, 현재 가장 긴급한 문제입니다. 비록 신이 누차 청하여 산동·요동·천진 등에서 노새를 사들이고 배를 만들어 수상 운송과 육상 운송을 하여 대략 정리가 되었습니다만, 그러나 현재 있는 것을 때맞춰 독려해서 발송하고 부족한 것을 법에 따라 사들이는 데 관련해서 업무가 여전히 많습니다. 신은 멀리 극동에 있으니, 멀리서 총괄하는 것은 가능하지만 몸소 재촉하고 감독하는 것은 불가능합니다. 하물며 삼진(三鎭: 山東·遼東·天津)이 부지런히 애를 쓴다 해도 각각의 힘들고 편안함을 함께할 수 없고,[269] 신이 법령을 보낸다 해도 아침저녁 사이에 어찌 즉시 도달할 수 있겠습니까. 비록 왜군에 대비하여 군량을 맡은 관사가 한 부(部)의 소속 관사라고 할지라도 그 많고 적음을 헤아리고 출납(出納)을 신중히 하는 것이 그 직분일 것인데, 각 성(省)으로부터 나온 명령을 시행하면서도

....

269 각각의……없고: '기쁨과 슬픔을 함께한다'라는 뜻으로, 관계가 밀접하여 이해가 일치되거나 고락을 함께하는 사이를 의미한다. 춘추시대 진도공(晉悼公)이 어렸을 때 진여공의 배척을 받아 나라를 떠나 낙읍(洛邑)에서 선양공(單襄公)의 가신 노릇을 했다. 선양공은 그가 멀리 타향에서도 항상 진나라를 위해 기뻐하고 슬퍼하며 그 근본을 저버리지 않으니 진나라의 군주가 될 것이라 예견했고, 결국 그는 진나라의 군주가 되었다는 고사가 있다. 『국어(國語)』「주어(周語)·하」 26, 선양공논진주장득진국(單襄公論晉周將得晉國).

실수 없이 수송까지 하게 하려 한다면 이는 결코 불가능한 일일 것입니다. 군사를 일으켜 불길에서 구제하려 한들 먼 곳의 물로써 어찌 가까운 곳의 불길을 잡을 수 있겠습니까. 하물며 먼 곳의 사람이 먼 곳의 물을 취해서는 더더욱 구제할 수 없을 것입니다.

재주와 명망이 있는 대신(大臣) 1원(員)에게 전담하게 한다는 칙명을 내려 삼진(三鎭) 가운데 적당한 곳에 주둔하면서 군량 업무와 해상 운송을 총괄하게 하며, 무릇 일체의 구매와 운송을 검토하고 책임지게 하여 모두 편의에 따라 동원하게 하는 것이 어떻겠습니까. 태만하고 소홀하며 정돈되지 않은 곳은 중간에 한 번씩 순행하는 것 또한 안 될 것이 없습니다. 산동·요동·천진 등의 사(司)·도(道)·부(府)·주(州)·현(縣)·위(衛)·소(所) 등의 관원은 모두 그의 지휘와 명령을 듣게 하십시오. 절가로 지급한 은냥 또한 그가 곧바로 알아서 지출하도록 허락하시고 사안이 완수되기를 기다렸다가 책으로 작성하여 상주하게 하십시오. 동정(東征)에 나선 관군에게 혹여 군량이 부족하여 다른 근심을 낳게 되는 일에 대해서 모두 그가 전적으로 책임을 지게 한다면 신은 왜군에 대비하고 오랑캐에 대비하는 데 전념하여 속국(屬國)을 구원하고 도이(島夷)를 섬멸할 수 있을 것입니다.

신이라고 해서 하나의 관직을 새로 두고 하나의 경비를 증가시키며 두 중신(重臣)을 한꺼번에 함께 세우는 일에 노력과 비용이 매우 크다는 것을 모르는 것은 아닙니다. 그러나 왜노의 거대한 세력이 문 앞까지 밀려왔으니 아침저녁 사이에 섬멸할 수 있는 상황이 결코 아닙니다. 수군과 전함, 군량과 해운은 먼 곳에 있는 신하가 겸직해서 살필 수 있는 일이 결코 아닙니다. 작은 비용을 계산하다가

큰 우환을 남기게 되면 훗날의 비용은 관직을 두는 데 드는 비용의
열 배 백배가 될 것입니다. 이에 신은 천만 부득이하게 간절히 청합
니다. 엎드려 빌건대, 해당 부(部)에 칙을 내리시어 서둘러 회의하고
검토하게 하십시오.

인명록

가토 기요마사(加藤淸正)　1562~1611. 일본 사람이다. 도요토미 히데요시 (豊臣秀吉)와 같은 지역 출신으로 어려서부터 히데요시를 주군으로 섬기며 여러 전투에서 활약했다. 1588년에 히고 국(肥後國)의 영주가 되었다. 임진 왜란이 발발하자 1만 명의 병사를 이끌고 출병하여 서울을 거쳐 함경도로 진격하여 조선의 왕자 임해군(臨海君)과 순화군(順和君)을 포로로 잡았다. 일본이 명과 강화 교섭을 시작하자 사로잡은 왕자를 돌려보냈다. 1596년 에는 히데요시로부터 귀환 명령을 받고 일본으로 돌아갔다가, 이듬해 정유 재란 때 왜선 300여 척을 이끌고 조선으로 다시 들어왔다. 기요마사가 이 끄는 부대는 울산성 전투에서 조명연합군에게 포위되어 대다수의 병사가 싸우지도 못하고 죽었고, 기요마사는 구사일생으로 일본에 귀국했다. 히데 요시가 사망한 이후 시치쇼(七將)의 일인으로 활동했다. 1600년에 벌어진 세키가하라 전투에서 도쿠가와 이에야스(德川家康)의 동군(東軍)에 가담하 여 전후에 히고 지역의 54만 석 영주가 되었다. 1611년에는 도요토미 히데 요리(豊臣秀賴)를 설득하여 이에야스와의 회담을 성사시켰다.

계금(季金)　?~1598. 명나라 사람이다. 자는 장경(長庚)이며 절강 온령현 (溫嶺縣) 송문위(松門衛) 출신으로 선조 대대로 무직을 지냈다. 융경 2년

(1568) 무진사(武進士)가 되었고 다수의 무공을 세워 진강부총병(鎭江副總兵)으로 승진했다. 정유재란이 발발하자 흠차통령절직수병유격장군(欽差統領浙直水兵遊擊將軍)으로서 복건(福建)의 수병(水兵)을 이끌고 조선에 왔다. 총병 진린(陳璘)의 휘하에서 활동하면서 그를 도와 노량해전에서 왜군을 물리치는 데 큰 공을 세웠다. 사후 만력 28년(1600) 정유재란에서의 공적을 인정받아 일급선무공신(一級宣武功臣)에 봉해졌다. 충청도 보령에 그의 공덕비(지방유형문화재 제159호)가 있다.

고니시 유키나가(小西行長) 1555~1600. 일본 사람이다. 사카이(堺) 출신의 약재 무역상인 고니시 류우사(小西隆佐)의 아들로 그 자신도 상인이었다. 본명은 고니시 야구로(彌九郎)였으며 1559년생이라고도 한다. 오다 노부나가(織田信長)가 사망한 혼노지(本能寺)의 변란 이후로 도요토미 히데요시를 섬기면서 아버지 류우사와 함께 세토나이카이(瀨戶內海)의 군수물자를 운반하는 총책임을 맡았다. 1588년 히데요시의 신임을 얻어 히고 우토(宇土) 성의 영주가 되었으며, 1592년 임진왜란 때는 그의 사위인 대마도주(對馬島主) 소 요시토시(宗義智)와 함께 1만 8000명의 병력을 이끌고 제1진으로 부산진성을 공격했다. 이후 일본군의 선봉장이 되어 대동강까지 진격하여 평양성을 함락했다. 1597년 정유재란 때 다시 조선으로 쳐들어와 남원(南原)과 전주(全州) 일대를 장악했다가 조명연합군의 반격을 받고 순천왜성에 주둔했다. 이듬해 히데요시가 사망하고 철군 명령이 내려지자 노량해전이 벌어지는 틈을 이용해서 일본으로 돌아갔다. '기리시탄 다이묘(吉利支丹大名)'로서 대표적인 천주교도 다이묘였다.

고양겸(顧養謙) 1537~1604. 명나라 사람으로 남직례(南直隸) 통주(通州) 출신이다. 자는 익경(益卿)이다. 가정 44년(1565) 진사에 합격하여 공부주사(工部主事), 복건안찰첨사(福建按察僉事), 절강우참의(浙江右參議) 등을 거쳐 요동순무(遼東巡撫), 병부시랑(兵部侍郎), 계요총독(薊遼總督) 등을 역임했다. 만력 21년(1593) 말에 송응창(宋應昌)이 탄핵되어 본국으로 소환되자 계요총독 겸 경략조선군무(薊遼總督兼經略朝鮮軍務)로 임명되어 그를 대신해 경략부를 지휘했다. 송응창과 이여송(李如松) 등이 명 조정에 거짓 보고를 하고 일본과의 강화를 추진했던 사실 때문에 탄핵되었음에도 불구하고 그 역시 전쟁의 강화를 위해 노력했다. 그리고 조선 조정의 반대를 무시하고 명에 대한 일본의 조공과 일본군의 전면 철수를 지속적으로 요구했다. 특히 이 과정에서 조선 조정에 일본의 봉공(封貢)을 허락해 줄 것을 요청하는 주본을 올리도록 강요해 자신의 뜻을 관철시키는 데 성공했다. 하지만 그 역시 강화 교섭을 추진하면서 일본군의 실상을 명 조정에 숨긴 일 등이 문제가 되어 탄핵을 받았고 관직에서 물러난 후 명나라로 돌아갔다.

권율(權慄) 1537~1599. 조선 사람으로 본관은 안동(安東)이다. 자는 언신(彦愼), 호는 만취당(晚翠堂), 모악(暮嶽)이다. 선조 15년(1582)에 문과에 급제했다. 임진왜란이 발발하자 전라도관찰사 겸 순찰사(全羅道觀察使巡察使)로 발탁되어 전라도에서 군사를 모아 서울을 수복하기 위해 북상하다 고바야카와 다카카게(小早川隆景)의 군대와 접전을 벌인 끝에 왜군의 전라도 침입을 저지했다. 선조 26년(1593) 행주산성(幸州山城)에서 왜군과 싸워 대승을 거두었다. 곧 삼도도원수(三道都元帥)로 임명되어 영남지방에 주둔하면서 왜군과 싸웠다. 선조 37년(1604) 선무공신(宣武功臣) 1등에 추록되고 영가부원군(永嘉府院君)으로 추봉되었다.

권협(權悏) 1553~1618. 조선 사람이다. 자는 사성(思省)이고, 호는 석당(石塘)이다. 본관은 안동(安東)이다. 선조 10년(1577) 알성 문과에 급제하여, 청요직을 두루 거쳤다. 정유재란 발발 후, 선조 30년(1597) 명나라에 가서 조선의 위급한 상황을 알리고 구원병(救援兵)을 요청하는 '청병 고급사(請兵告急使)'에 임명되었고, 명나라 병부(兵部)에 대규모 원병을 요청했다. 명나라 병부시랑 이정(李楨)에게 산천의 형세와 원근을 도면에 그려 가며 조선의 지세를 자세히 설명하기도 했다. 그의 파견 후 명나라는 대규모 육군과 수군을 조선에 파병했다. 선조 37년(1604) 선무공신(宣武功臣)을 선정할 때, 선조가 특별히 권협의 공훈을 정훈(正勳)으로 책록하게 하고, 이듬해 그는 길창군(吉昌君)에 봉해졌다.

기승한(祁承爍) 1563~1628. 명나라 사람이다. 자는 이광(爾光), 호는 이도(夷度), 광옹(曠翁), 만년의 호는 밀원노인(密园老人)이다. 절강 산음현(山陰縣) 출신이다. 만력 32년(1604) 진사가 된 후, 산동성, 강소성, 안회성, 강남성 등지의 지방관을 지냈고, 강서성 포정사 우참사를 끝으로 관직에서 물러났다. 장서가였고, 책을 베끼는 것을 즐거했다. 그의 도서관에는 9000여 종, 10만 여 권의 책이 소장되어 있었다고 한다.『담생당장서목(澹生堂藏書目)』1책을 편찬했다.

김응서(金應瑞) ?~1624. 김경서(金景瑞)를 가리킨다. 초명이 김응서(金應瑞)이다. 조선 사람으로 평안도 용강(龍岡) 출신이다. 본관은 김해(金海), 자는 성보(聖甫)이다. 선조 16년(1583) 무과에 급제했다. 임진왜란이 일어나자 비변사의 추천으로 기복종군(起復從軍)하여 많은 군공을 세웠다. 선조 21년(1592) 팔월 조방장(助防將)으로 활약하여 평양 공략에 나섰으며 곧 평안도우방어사에 제수되었다. 이듬해에는 명 이여송(李如松)의 원군을 도와 평양성 탈환에 공을 세워 전라도병마절도사가 되었다. 선조 27년(1594) 경상우도병마절도사이던 때에는 동래성 전투에서 일본군의 포로가 되어 처형된 송상현(宋象賢)의 관을 찾아오는 일을 성사시켰다. 선조 30년(1597) 의령의 남산성(南山城)을 수비하라는 도원수 권율(權慄)의 명에 불복하여 면직되었으나, 전장에서 다수의 군공을 세워 복직되었다. 정유재란이 발발하자 명나라 제독 마귀(麻貴)를 도와 동래의 일본군과 싸웠다. 경상좌도병마절도사 겸 울산도호부사, 충청도병마절도사, 포도대장 겸 도정, 함경북도병마절도사 등을 역임했다. 평안도병마절도사이던 광해군 8년(1616) 명나라가 조선에 후금(後金) 정벌을 위한 원병을 요청하자 조선군의 부원수가 되어 출전했다. 이후 원수 강홍립(姜弘立)과 함께 후금에 투항했다가 처형되었다. 이후 충절을 지키고 죽었다 하여 우의정에 추증되었다. 시호는 양의(襄毅)이다.

누국안(婁國安) ?~?. 명나라 사람이다. 이여송(李如松)의 가정(家丁)으로 임진왜란 때 이여송의 명에 따라 부산에 가서 고니시 유키나가의 군중에 포로로 잡혀 있던 임해군(臨海君)과 순화군(順和君) 두 왕자 및 배신(陪臣)들을 데리고 돌아왔다.

데라자와 히로타카(寺澤廣高) 1563~1633. 일본 사람이다. 마사나리(正成)라는 이름으로도 불렸다. 아버지와 함께 일찍부터 도요토미 히데요시(豊臣秀吉)를 섬겼다. 히젠(肥前) 나고야성(名護屋城)의 건축을 담당하고 출전한 무장들과의 연락을 맡아 그 공으로 출세했다. 임진왜란 시에는 보급과 병력 수송 임무를 담당했다. 세키가하라 전투에서 동군에 소속되어 히젠 가라쓰 번(唐津藩)의 초대 번주가 되었다.

동기봉(佟起鳳) ?~?. 명나라 사람이다. 만력 25년(1597) 진강유격(鎭江遊擊)이었다. 선조 34년(1601) 군대에서 도망친 명나라 병사들이 조선에서 문제를 일으키는 것을 제지하기 어려운 상황에 처하자 비변사에서는 그들을 잡아다 동기봉에게 처리하게 하자는 건의가 있었던 것으로 보아 이때까지 진강유격으로 재임했던 것 같다.

동일원(董一元) ?~?. 명나라 사람이다. 하북 선부전위(宣府前衛) 출신으로 호는 소산(小山)이다. 아버지 동양(董暘)은 선부의 유격장군으로 알탄 칸과의 전투에 참전했다가 전사했으며 형 동일규(董一奎)도 도독첨사(都督僉事)를 지낸 유명한 무장이었다. 동일원 역시 몽골, 토만(土蠻) 등을 진압하는

데 여러 차례 군공을 세웠고, 고북구(古北口), 선부, 계주(薊州) 등지에서 활약했다. 중군도독부첨사(中軍都督府僉書), 요동총병관(遼東總兵官) 등을 역임했다. 만력 22년(1594) 몽골 파토아(把兎兒)의 침입을 진압하여 그 공으로 좌도독(左都督)으로 승진하고 태자태보(太子太保)에 제수되었다. 만력 25년(1597) 흠차제독중로어왜총병 중군도독부좌도독 태자태보(欽差提督中路禦倭總兵中軍都督府左都督太子太保)로 조선에 왔다. 이듬해 제독으로서 중로(中路)의 병력을 이끌고 왜적과 맞섰으나 사천(泗川)에서 크게 패했다. 이 때문에 태자태보 직을 삭탈당하고 관품이 강등되었으나 이후 회복했다. 만력 27년(1599) 명나라로 돌아갔다. 동일원의 차남 동대순(董大順)은 조선으로 귀화했다.

동한유(董漢儒)　1562~1628. 명나라 사람이다. 직례 대명부(大名府) 개주(開州) 출신이다. 자는 학서(學舒), 호는 의대(誼臺)이다. 만력 17년(1589) 진사가 되었고 호부주사(戶部主事), 산동순안사첨사(山東按察司僉事)를 지냈다. 만력 25년(1597) 정유재란이 발발하자 흠차관리비왜양향 호부산동청리사 낭중(欽差管理備倭糧餉戶部山東清吏司郎中)으로 조선에 와서 원정군의 군량을 관장했다. 『선조실록(宣祖實錄)』의 평에 따르면 조선의 편의를 위해 힘써주고 아랫사람을 잘 단속하여 민가에 피해를 끼치는 일이 없었기 때문에 조선 사람들이 칭송했다고 한다. 만력 27년(1599) 명나라로 돌아갔다. 이후 관직이 호광순무(湖廣巡撫), 병부상서(兵部尙書)에 이르렀다. 사후 소보(少保)로 추증되었으며 시호는 숙민(肅敏)이다.

마귀(麻貴)　?~1618. 명나라 사람이다. 호는 소천(小川)이고 산서 대동우위(大同右衛) 출신이다. 선조는 회족(回族)이라고 하며 아버지 마록(麻祿) 역시 대동참장(大同參將)을 역임한 무장이었다. 대동·영하(寧夏)·선부(宣府) 등지에서 활약하며 여러 차례 무공을 세워 총병관(總兵官)이 되었다. 만력 20년(1592) 부장(副將)으로서 몽골 보바이[哱拜]의 반란을 진압했다. 만력 25

년(1597) 정유재란이 발발하자 흠차제독남북관병어왜총병관 후군도독부 도독동지(欽差提督南北官兵禦倭總兵官後軍都督府都督同知)로 대동·선부의 병 사 1000명을 이끌고 조선에 왔다. 경리 양호, 조선 도원수 권율과 함께 울 산 도산성의 왜군을 포위 공격했으나 크게 패하여 후퇴했다. 이듬해 재차 도산성을 공략했으나 왜군의 지원병 소식을 듣고 물러나 성공하지 못했다. 만력 27년(1599) 명나라로 돌아갔다. 이후 후군도독부우도독(後軍都督府右 都督), 요동총병관을 역임했다.

마총(痲寵) ?~?. 명나라 사람이다. 마귀(痲貴)의 가인이었다.

만세덕(萬世德) 1547~1602. 명나라 사람이다. 자는 백수(伯修), 호는 구택 (邱澤)이며 산서 편관현(偏關縣) 출신이다. 융경 5년(1571) 진사가 되었다. 천진순무(天津巡撫)이던 만력 26년(1598) 경리 양호(楊鎬)가 울산 도산성(島 山城) 전투의 전공 보고를 조작한 죄로 명나라로 소환되자 그를 대신하여 조선에 파견되어 조선의 방비와 전후 후속처리 논의를 담당했다. 만력 28 년(1600) 명나라로 돌아가 계요총독(薊遼總督)으로 임명되었다. 만력 30년 (1602) 재직 중 병사했고 태자태보병부상서(太子太保兵部尙書)로 추증되었 다.

사무관(司懋官) ?~?. 명나라 사람이다. 호는 건암(建菴)이고 사천 기주위 (虁州衛) 출신이다. 무과(武科) 출신이며 흠차통령건창도사영병유격장군(欽 差統領建昌都司營兵遊擊將軍)으로 보병 3100명을 이끌고 만력 26년(1598)에 조선에 왔다. 11월 예교(曳橋)에서 벌어진 전투에서 주장(主將)의 명령을 듣 지 않고 달아나는 일이 있었다. 만력 27년(1599)에 명나라로 돌아갔다.

사용재(謝用梓) ?~?. 명나라 사람이다. 절강(浙江) 출신의 문신으로 만력 21년(1593) 심유경(沈惟敬)이 고니시 유키나가와 강화 협상을 진행할 때,

서일관(徐一貫)과 함께 일본에 사신으로 파견되었다. 나고야에서 도요토미 히데요시에게 융숭한 대접을 받고 일본에 잡혀 있던 임해군(臨海君), 순화군(順和君)과 함께 조선에 들어왔다. 후에 강화 협상에서 공문을 위조한 사실이 발각되어 서일관과 함께 유배되었다.

서건학(徐乾學) 1631~1694. 청나라 사람이다. 자는 원일(原一), 유혜(庵慧), 호는 건암(健庵)이다. 청나라의 강남(명나라 때는 남직례) 곤산(昆山) 출신으로, 동생 서원문(徐元文), 서병의(徐秉義)와 함께 '곤산삼서(昆山三徐)'라고 불렸다. 강희 9년(1670) 경술 1갑 진사 3등으로 편수(編修)를 받았다. 강희 11년(1672), 순천향시(順天鄕副) 부주고관(副主考官)을 지냈으나, 인선을 잘못하여 강등되었다. 후에 좌찬선(左贊善)으로 승진했다. 모친상을 입고 집으로 돌아와『독례통고』120권을 저술했고, 상이 끝난 후《명사》총재관에 임명되었고, 후에 시강학사(侍講學士)로 승진했다. 강희 24년(1685) 남서방(南書房)에 들어가 황자(皇子)를 가르쳤고, 내각학사로 승진하여《청회전(淸會典)》,《대청일통지(大淸一統志)》의 부총재를 맡았고 서길사(庶吉士)를 가르쳤다. 강희 26년(1687), 좌도어사(左都御史), 형부상서(刑部尙書)에 올랐다. 저서로는『독례통고(读礼通考)』,『통지당경해(通志堂經解)』,『전시루서목(传是樓書目)』,『담원집(澹园集)』등이 있다.

서광계(徐光啓) 1562~1633. 명나라 사람이다. 자는 자선(子先), 호는 현호(玄扈), 세례명은 바오로(중국명 保祿)이다. 강소 송강부(松江府) 상해현(上海縣) 출신이다. 만력 32년(1604) 진사가 되었고, 한림원 서길사에 임명되었다. 만력 47년(1619) 명나라가 사르후(薩爾滸) 전투에서 패전한 후, 요동을 둘러싸고 명나라와 후금, 조선 사이에 긴장 관계가 생겼을 때, 서광계는 조선과 연계하여 후금을 경계해야 한다는 '조선감호론'을 주장했다. 마테오 리치 등 재중 선교사들과 교유하며 다수의 서학서를 한역하면서 서양 수학과 천문학을 수용 및 전파하고, 천주교로 개종한 것으로 잘 알려져 있다.

서성(徐成) ?~?. 명나라 사람이다. 호는 소천(少川)이고 절강 금화위(金華衛) 출신이다. 유격장군(遊擊將軍)으로 수병을 이끌고 강화에 이르렀다가 병으로 인해 명나라로 돌아갔다.

서성초(徐成楚) ?~?. 명나라 사람이다. 자는 광남(光南)이고 호광 운양부(鄖陽府) 죽계현(竹谿縣) 사람이다. 만력 14년(1586)에 진사가 되었다.

석성(石星) 1538~1599. 명나라 사람으로 대명부(大名府) 동명현(東明縣) 출신이다. 자는 공진(拱辰), 호는 동천(東泉)이다. 가정 38년(1559)에 진사가 되어 출사한 후 이과급사중(吏科給事中)으로 발탁되었다. 융경 연간에 직언을 올려 죄를 입었다가 만력제가 즉위한 이후 크게 기용되었고 누차 관직이 올라 병부상서(兵部尙書)가 되었다. 임진왜란이 발발하여 조선이 명에 원조를 요청하자 파병을 강력히 주장했다. 송응창(宋應昌)과 이여송(李如松)의 대군이 출병하여 평양을 수복하고 우세한 전황에서 명나라 국내의 어려운 상황을 감안하여 일본 측의 화의 요청을 받아들일 것을 건의했다. 그러나 일본군이 재차 침입하자 조지고(趙志皐) 등이 강화 실패의 책임을 그에게 돌려 만력제에 의해 옥사당했다.

성윤문(成允文) ?~?. 조선 사람이다. 본관은 창녕(昌寧)이다. 무관으로 임진왜란 시 함경남도병마절도사(咸鏡南道兵馬節度使), 경상우도병마절도사(慶尙右道兵馬節度使) 등을 지냈으며 정유재란 시에는 경상좌도병마절도사(慶尙左道兵馬節度使)로서 여러 전투에서 공을 세웠다. 도요토미 히데요시가 사망하여 일본군이 곧 철수한다는 첩보를 입수하여 조정에 알리는 공을 세우기도 했다. 제주목사(濟州牧使) 등을 역임했는데 군민에게 형벌을 가혹하게 내려 자주 탄핵을 받았다.

소대형(蕭大亨) 1532~1612. 명나라 사람으로 산동 태안주(泰安州) 출신이다. 자는 하경(夏卿), 호는 악봉(岳峰)이다. 가정 41년(1562)에 진사로 관직 생활을 시작했으며, 변경에서 몽골족의 침입을 막아내고 화의를 통해 몽골 과의 관계를 안정시키는 데 공헌했다. 만력 17년(1589)에는 선대총독(宣大 總督)으로 임명되어 조하(洮河)의 변과 출루게(撦力克)의 청해(靑海) 원정 등 에 대처하는 데 주력했으며, 만력 20년(1592) 영하에서 보바이가 난을 일으 켰을 때도 진압에 기여했다. 이후 형부상서·병부상서를 장기간 역임했으 며, 몽골에 대처한 실무 경험을 토대로 『북로풍속(北虜風俗)』을 저술했다.

소응궁(蕭應宮)　?~?. 명나라 사람이다. 자는 백화(伯和), 호는 관복(觀復)이 고 남직례 소주부(蘇州府) 상숙현(常熟縣) 사람이다. 만력 2년(1574)에 진사 가 되었다. 만력 25년(1597)에 흠차정칙요양등처해방병비 산동안찰사(欽差 整飭遼陽等處海防兵備山東按察使)로서 감군(監軍)의 역할로 조선에 파견되었 다. 당시 심유경(沈惟敬)이 일본군과 내통한다는 혐의로 체포되어 명나라 조정으로 압송되었는데, 소응궁은 심유경을 옹호하여 계속해서 심유경을 통해 일본과 강화 협상을 진행하자고 요청했다. 이에 소응궁은 요동순안어 사(遼東巡按御史)의 탄핵을 받아 삭직되었다.

손광(孫鑛)　1543~1613. 명나라 사람으로 절강 소흥부(紹興府) 여요현(餘姚 縣) 출신이다. 자는 문융(文融), 호는 월봉(月峯)이다. 임진왜란 발발 초기에 는 산동순무(山東巡撫)를 맡아 병참을 지원했다. 병부우시랑(兵部右侍郎)에 재직하던 만력 22년(1594)에 고양겸(顧養謙)이 탄핵받아 소환되자 그를 대 신하여 경략(經略)이 되어 일본과 강화를 추진했다. 강화 교섭이 실패하자 탄핵되어 파직되었다.

손성헌(孫成憲)　?~?. 명나라 사람이다. 태복시승(太僕寺丞)의 임무를 맡았 다.

송운(松雲) 1544~1610. 조선 사람이다. 경상남도 밀양 출신으로, 법명은 유정(惟政)이고 당호는 사명(四溟)이며, 자는 이환(離幻), 호는 송운(松雲)이다. 본관은 풍천(豊川), 속명은 응규(應奎)이다. 부모를 여의고 김천 직지사(直指寺)로 출가했으며 명종 16년(1561) 승과에 급제했다. 선조 25년(1592) 임진왜란이 일어나자 의승병을 일으켜 평양성 전투, 우관동 전투 등에서 큰 공을 세웠다. 선조 27년(1594)에는 울산에 주둔하고 있는 가토 기요마사의 군영에 수차례 왕래하면서 일본 측의 동정과 강화 조건을 탐색했다. 정유재란이 발발하자 명 장수 마귀를 따라 울산·순천의 왜군과 싸웠다. 선조 37년(1604) 선조의 부름을 받고 일본으로 가서 도쿠가와 이에야스에게 화친의 뜻을 전했고, 전란 때 포로가 된 3000여 명의 조선인을 쇄환하여 돌아왔다. 그 공로를 인정받아 가의대부(嘉義大夫)에 제수되었으며, 일본군 진영에서도 두려워하는 내색을 보이지 않아 일본에서도 이름이 높았다고 한다. 광해군 2년(1610) 입적했다.

송응창(宋應昌) 1536~1606. 명나라 사람으로 항주(杭州) 인화현(仁和縣) 출신이다. 호는 동강(桐岡)이다. 가정 44년(1565)에 진사가 되었다. 임진왜란 때 1차로 파병된 조승훈이 평양성 전투에서 패배하고 요동으로 돌아가자, 명나라 조정은 병부시랑 송응창을 경략군문(經略軍門)으로, 도독동지(都督同知) 이여송을 제독군무(提督軍務)로 삼아 4만 3000명의 명군을 인솔하게 하여 조선으로 출병시켰다. 벽제관 전투에서 이여송이 일본군에 패배한 뒤, 송응창은 요동으로 돌아가 선조로 하여금 평양에 머물면서 서울을 수복하도록 자문을 보냈다. 그는 조선에 군사를 파견하거나 부상병을 돌려보내거나 군수물자를 수송하는 등의 지원을 했다. 송응창은 벽제관 전투 후 도요토미 히데요시를 일본 국왕으로 책봉하고 영파(寧波)를 통해 조공하도록 하는 봉공안(封貢案)을 주도했다. 일본과의 강화 교섭이 진행되는 동안 일본의 무리한 강화 요구가 알려지는 것을 우려하여 조선 사신의 중국 입경을 가로막기도 했다. 명나라는 일본군의 조선 주둔 상황 등을 명백히 보고하지 않았다는 이유로 송응창을 대신하여 시랑(侍郞) 고양겸(顧養謙)을 경략으로 삼았다.

시마즈 요시히로(島津義弘) 1535~1619. 일본 사람이다. 시마즈(島津) 15대 당주의 차남으로 시마즈 가문의 규슈(九州) 통일에 큰 역할을 했다. 도요토미 히데요시가 규슈 정벌에 나서자 항전하다가 항복했으며, 임진왜란 당시에는 시마즈씨의 존속을 위해 가문을 대표해서 임진왜란과 정유재란에 참전했다. 정유재란 때는 사천 전투에서 공격해온 명군을 격파하기도 했다. 세키가하라 전투에서 서군 측에 가담해 패배했지만 본국으로 철수하는 데 성공했고, 도쿠가와 이에야스와의 화평 교섭 결과 살아남았다.

심무시(沈懋時) ?~?. 명나라 사람이다. 일본과의 강화 협상을 주도했던 유격 심유경(沈惟敬)의 조카이다.

심유경(沈惟敬) ?~1599. 명나라 사람으로 절강 가흥현(嘉興縣) 출신이다. 명나라에서 상인으로 활동하다가 임진왜란 때 조승훈(祖承訓)이 이끄는 명나라 군대를 따라 조선에 들어왔다. 평양성 전투 이후 일본과 화평을 꾀하는 역할을 했다. 그러나 양측이 제시한 협상 조건은 타협이 불가능했고, 심유경은 조건을 조작하여 명의 만력제로부터 협상을 허락받았다. 심유경은 정사 양방형(楊方亨)과 함께 도요토미 히데요시에게 보내는 일본 국왕 책봉 국서를 가지고 일본으로 건너가 만력 24년(1596) 9월 2~3일 오사카(大阪) 성에서 그를 만났다. 그러나 국서를 받은 히데요시는 격분했고 명나라와 일본 양국 사이에 심각한 불신만 초래하는 결과를 낳았으며 이후 정유재란이 발발했다. 심유경은 감금되었다가 석방되었고 또다시 일본과 평화 교섭을 시도했으나 이것마저 실패로 돌아가자 일본으로 망명을 기도했다가 경상남도 의령(宜寧) 부근에서 명나라 장수 양원(楊元)에게 붙잡혀 처형되었다.

야나가와 시게노부(柳川調信) ?~1605. 일본 사람이다. 쓰시마(對馬島) 소 (宗) 가문의 가신으로서 조선의 수직왜인(受職倭人)이기도 했으며, 도요토 미 히데요시 및 도쿠가와 이에야스에게도 신임을 받았다. 소 요시토시(宗義 智)를 보좌하여 임진왜란 전후의 대조선 교섭에서 중요한 역할을 수행했으 며, 전후 강화 교섭에도 깊게 관여했다.

양문(楊文) ?~?. 명나라 사람이다. 만력 25년(1597)에 형개의 건의에 따라 통령수병부총병(統領水兵副總兵)에 임명되었다.

양승훈(楊承勳) ?~?. 명나라 사람이다. 양원(楊元)의 가정으로 정유재란 시 조선에 들어왔다.

양원(楊元) ?~1598. 명나라 사람으로 정요좌위(定遼左衛) 출신이다. 호는 국애(菊厓)이다. 임진왜란이 발발하자 좌협대장으로 임명되어, 왕유정(王維 禎), 이여매(李如梅), 사대수(査大受), 갈봉하(葛逢夏) 등 여러 명의 부총병과 참장, 유격 등을 인솔했다. 양원은 정유재란 시 남원성 전투에서 패배하여 탄핵된 후 명나라로 송환되었고, 이후 참형되었다.

양응룡(楊應龍) 1551~1600. 명나라 사람이다. 사천 파주(播州)의 호족 출 신으로 융경 6년(1572) 선위사(宣慰使)가 되었고 만력 15년(1587)에 반감을 사서 고소되었다. 만력 22년(1594)에 그를 체포하러 온 관군을 살해하고 반 란을 일으켰다. 만력 28년(1600) 중앙정부가 본격적인 토벌작전을 전개하 자 자결했다.

양천윤(梁天胤) ?~?. 명나라 사람이다. 호는 염천(念泉)이고 직례 회안부 (淮安府) 대하위(大河衛) 사람이다. 만력 26년(1598) 흠차통령남직수병유격 장군(欽差統領南直水兵遊擊將軍)으로 수병 2000명을 이끌고 조선에 왔다가

이듬해에 명나라로 돌아갔다

양호(楊鎬) ?~1629. 명나라 사람으로 하남 귀덕부(歸德府) 상구현(商丘縣)
출신이다. 자는 경보(京甫), 호는 풍균(風筠)이다. 만력 8년(1580)에 진사가
되었다. 만력 25년(1597) 6월에 흠차경리조선군무 도찰원우첨도어사(欽差
經理朝鮮軍務都察院右僉都御史)로 조선에 왔다. 울산에서 벌어진 도산성(島山
城) 전투에서 크게 패했는데, 이를 승리로 보고했다가 들통이 나서 파면되
었다. 조선에서는 선무사(宣武祠)를 세워 형개의 위패를 모시는 한편 양호의
공적을 기리는 흠차경리조선도어사양공거사비(欽差經理朝鮮都御史楊公去思
碑)를 함께 세웠으며, 선조 37년(1604)에 선무사에 양호를 추가로 배향했다.

엄답(俺答) 1508~1582. 몽골 사람이다. 칭기스칸의 17대손이며, 몽골을
재통일한 다얀(Dayan) 칸(1464~1524)의 손자이다. 엄답은 Altan의 음역이
다. 16세기 후반 몽골 투메드 만호의 수장으로 몽골의 6개 만호(萬戶) 중
우익(右翼) 3개 만호를 통솔했다. 실질적으로 내몽골 초원 대부분을 세력
하에 두어 가정 30년(1551) 대칸으로서의 지위를 인정받았다. 가정 29년
(1550)에 북경을 포위하는 "경술(庚戌)의 변"을 야기하는 등 가정 연간 내
내 조공과 호시를 요구하며 명의 북변을 전방위적으로 괴롭혔다. 그 결과
융경 5년(1571)에는 명과 화의를 체결하여 순의왕(順義王)으로 책봉되었다.
귀화성(歸化城)을 건설하고 명에서 도망쳐 온 한인들을 흡수하여 정권의 기
초를 굳혔으며, 한편으로 티베트 불교의 일파인 겔룩(dGe-Lugs) 파의 고승
소남 갸초(Sonam Gyatso)와 회견하여 달라이 라마(Dalai Lama)라는 존호를
바치고 자신은 쿠빌라이 칸의 환생으로 인정받음으로써 몽골에 티베트 불
교가 전파되는 데 큰 영향을 미쳤다.

영국윤(寧國胤) ?~?. 명나라 사람이다. 제독 이여송 일행과 함께 조선에
왔다. 지휘(指揮)를 칭하기도 하고 도사(都司)라고도 했다. 양원(楊元)의 신

임을 받아 그 전보관(傳報官)으로서 조선 조정과 자주 접촉했다. 원문에서 甯國胤으로 표기되는 경우도 있다.

오유충(吳惟忠) ?~?. 명나라 사람으로 절강 금화부(金華府) 의오현(義烏縣) 출신이다. 호는 운봉(雲峯)이다. 척계광이 모집한 의오군으로 활동하며 왜구 토벌에 공을 세웠으며 몽골 방어를 위한 계주(薊州)의 성보(城堡) 수축에 참여했다. 만력 20년(1592)에 흠차통령절병유격장군(欽差統領浙兵遊擊將軍)으로 보병 1500명을 이끌고 조선에 와서 평양성 전투에 참여했고 만력 22년(1594)에 명나라로 돌아갔다. 만력 25년(1597) 흠차비왜중익부총병 원임 도독첨사(欽差備倭中翼副總兵原任都督僉事)로 보병 3990명을 이끌고 다시 조선에 와서 충주에 주둔하고 영남을 왕래하면서 일본군을 토벌했다. 만력 27년(1599)에 명나라로 돌아갔다.

오희한(吳希漢) ?~?. 명나라 사람이다. 이여송(李如松)의 청용관(聽用官)으로 조선을 왕래했다.

왕국동(王國棟) ?~?. 명나라 사람이다. 호는 충암(忠菴)이고 섬서 연안부(延安府) 수덕위(綏德衛) 출신이다. 만력 26년(1598) 흠차통령연수전영참장(欽差統領延綏前營參將)으로 마병 2120명을 이끌고 조선에 왔다가 이듬해에 명나라로 돌아갔다.

왕기(王圻) 1530~1615. 명나라 사람이다. 자는 원한(元翰), 호는 홍주(洪洲)이다. 상해 출신이다. 가정 44년(1565) 진사가 되었고, 청강 지현, 만안 지현을 지내고 승진하여 어사가 되었다. 장거정에 반대하여 복건첨사로 쫓겨났고, 충주판관으로 강등되었다. 장거정 사망 후 다시 복귀했다.

왕재진(王在晉) 1564~1643. 명나라 사람이다. 자는 명초(明初), 호는 호운

(岵云)이다. 강소성 태창(太倉) 출신이다. 만력 13년(1585) 천향시에 급제했고, 만력 20년(1592) 진사가 된 후 중서사인을 거쳐 공부주사로 옮겼다. 복건성 안찰첨사, 강서성 포정사, 우부도어사, 산동성 순무, 하도 총독, 병부좌시랑 등을 역임했다. 저서로는 『삼조요사실록(三朝遼事實錄)』, 『해방찬요(海防纂要)』, 『역대산릉고(歷代山陵考)』 등이 있다.

유성룡(柳成龍) 1542~1607. 조선 사람이다. 본관은 풍산(豊山)으로 황해도관찰사(黃海道觀察使) 유중영(柳仲郢)의 아들이다. 자는 이현(而見), 호는 서애(西厓)이다. 이황의 문인으로 명종 21년(1566) 별시 문과에 급제해 예문관검열(藝文館檢閱) 등 여러 관직을 거쳐 선조 23년(1590)에 우의정(右議政)으로 승진, 광국공신(光國功臣) 3등에 녹훈되고 풍원부원군(豊原府院君)으로 봉해졌다. 선조 25년(1592) 임진왜란이 발발하자 병조판서를 겸하고 도체찰사(都體察使)로 군무를 총괄했다. 이어 영의정이 되어 왕을 호종했으나 나라를 그르쳤다는 탄핵을 받고 면직되었다. 선조 26년(1593) 명군과 함께 진격하여 평양성을 수복했으며 다시 영의정에 오르고 4도의 도체찰사를 겸하여 군사를 총지휘했다. 이여송(李如松)이 일본과 화의하려 하자 글을 보내 이에 반대하고 군비 확충에 노력했다. 10월, 선조를 호위하여 서울로 돌아왔고 선조 27년(1594) 훈련도감제조(訓鍊都監提調)를 겸하여 군비 보완을 위해 노력했다. 선조 31년(1598) 정응태(丁應泰)의 무고사건이 일어나자 이 사건의 진상을 변명하려 하지 않는다는 북인(北人)들의 탄핵을 받고 관직을 삭탈당했다. 이후 복관되었으나 거절하고 은거했다. 호성공신(扈聖功臣) 2등에 책록되었다. 안동(安東)의 병산서원(屛山書院) 등에 제향되었고 시호는 문충(文忠)이다. 저서로 『서애집(西厓集)』, 『징비록(懲毖錄)』 등이 있다. 원문에는 "유승륭(柳承隆)"으로 표기되어 있다.

유정(劉綎) 1553~1619. 명나라 사람으로 강서 남창부(南昌府) 홍도현(洪都縣) 출신이다. 자는 자신(子紳), 호는 성오(省吾)이다. 도독(都督) 유현(劉顯)

의 아들로, 음서로 지휘사(指揮使)의 관직을 받았다. 이후 누차 전공을 세우면서 사천총병(四川總兵)까지 승진했다. 임진왜란 때에는 어왜총병관(禦倭總兵官)으로 참전했으며 나중에 후금과의 전쟁에서 전사했다.

유회(劉會)　1553~?. 명나라 사람이다. 자는 봉갑(逢甲)이고 복건 천주부(泉州府) 혜안현(惠安縣) 사람이다. 만력 11년(1583)에 진사가 되어 운남순안어사(雲南巡按御史), 강서우참정(江西右參政) 등의 관직을 역임했다.

이순신(李舜臣)　1545~1598. 조선 사람이다. 본관은 덕수(德水)이다. 자는 여해(汝諧), 시호는 충무(忠武)이다. 선조 9년(1576) 식년 무과에 급제해 훈련원참군(訓鍊院參軍) 등을 역임했다. 선조 16년(1583) 부친상으로 관직에서 물러났다가 선조 19년(1586) 다시 관직에 들어섰다. 조산보만호(造山堡萬戶)로 임명되어 녹둔도(鹿屯島)의 둔전을 관리하던 중 여진족의 습격으로 피해를 입게 되었다. 이순신은 패전의 책임으로 문책당해 백의종군하게 되었다. 선조 22년(1589) 이산해(李山海)의 추천으로 다시 관직에 나섰고 선조 24년(1591)에는 전라좌도수군절도사(全羅左道水軍節度使)에 임명되었다. 이듬해 임진왜란이 발발하자 경상도 해역으로 출동하여 옥포해전(玉浦海戰), 한산도대첩(閑山島大捷) 등 여러 차례 승리를 거두었다. 이듬해 이순신은 한산도로 본영을 옮기고 9월에는 삼도수군통제사(三道水軍統制使)로 임명되었다. 명나라와 일본 사이에 화의 교섭이 진행되어 전쟁이 소강상태로 접어들자 군사훈련에 힘썼다. 선조 30년(1597) 고니시 유키나가의 부하가 가토 기요마사가 어느날 바다를 건너올 것이라고 비밀히 알리자 조정에서는 이순신에게 출격을 명했다. 이순신이 일본의 간계를 의심하여 출동을 지연하자 이순신을 파직하고 혹독하게 문초한 후 백의종군을 명했다. 곧 정유재란이 발발했고 원균(元均)이 칠천량(漆川梁)에서 대패하자 이순신은 다시 삼도수군통제사로 임명되었다. 이순신은 명량대첩(鳴梁大捷)에서 큰 승리를 거두어 제해권을 다시 장악했다. 노량해전(露梁海戰)에서 철수하는 일본군을 추격하여 큰 승리를 거두었으나 유탄에 맞아 사망했다. 선조 37년 (1604) 선무공신(宣武功臣) 1등으로 녹훈되고 좌의정으로 추증, 덕풍부원군 (德豊府院君)으로 추봉되었다.

이여매(李如梅) ?~1612. 명나라 사람으로 요동 철령위(鐵嶺衛) 출신이다. 자는 자청(子淸), 호는 방성(方城)이다. 이여송(李如松)의 동생으로, 만력 20년(1592)에 흠차의주위진수참장(欽差義州衛鎭守參將)으로 마병 1000명을 이끌고 이여송을 따라 조선에 왔다. 일본과의 강화 교섭이 진행되고 전쟁이 고착화되자 이여송과 함께 요동으로 돌아갔다가 정유재란이 발발하자 다시 참전했다. 울산성 전투에서 선봉으로 나서서 외성을 함락하는 등 큰 공헌을 했다. 이여송이 광녕(廣寧)에서 죽자 형의 관직인 요동총병(遼東總兵)을 승계하여 요동을 방어했다.

이원익(李元翼) 1547~1634. 조선 사람으로 본관은 전주(全州)이며 한성부(漢城府) 출신이다. 자는 공려(公勵), 호는 오리(梧里), 시호는 문충(文忠)이다. 선조 3년(1569) 문과에 급제하여 성균관전적(成均館典籍), 동부승지(同副承旨) 등 여러 관직을 역임했다. 임진왜란이 발발하자 평안도관찰사 겸 순찰사가 되어 왜병 토벌에 공을 세웠다. 선조 26년(1593) 이여송과 합세해 평양을 탈환한 공로로 숭정대부(崇政大夫)에 가자되었고, 선조가 환도한 뒤에도 평양에 남아서 군병을 관리했다. 선조 28년(1595)에는 변무사(辨誣使)로 명에 사행을 다녀왔으며, 선조 31년(1598) 영의정에 임명되었다. 선조 37년(1604)에는 충근정량효절협책호성공신 2등(忠勤貞亮効節協策扈聖功臣二等)에 녹훈되었고 완평부원군(完平府院君)에 봉작되었다. 또한 임진왜란 때의 공로로 선무원종공신 2등(宣武原從功臣二等)에 녹훈되었다. 원문에는 "이원익(李原翼)"으로 표기되어 있다.

이융음(李隆廕) ?~?. 명나라 사람이다. 정유재란 시 원임수비(原任守備)로 조선에 왔다.

이정(李楨) 1540~1613. 명나라 사람이다. 자는 유경(卿卿), 호남(湖南) 안
화(安化) 사람이다. 융경 5년(1571)에 진사가 되었다.

장사충(張思忠) 1536~?. 명나라 사람이다. 자는 자정(子貞)이고 직례 광평
부(廣平府) 비향현(肥鄕縣) 사람이다. 가정 44년(1565) 진사가 되었다. 이과
급사중(吏科給事中), 섬서우참의(陝西右參議), 호광부사(湖廣副使), 섬서우포
정사 분수서녕도(陝西右布政使分守西寧道) 등을 역임했다. 만력 26년(1597)에
는 순무요동지방찬리군무겸관비왜 도찰원우첨도어사(巡撫遼東地方贊理軍務
兼管備倭都察院右僉都御史)에 임명되었다.

장세열(張世烈) ?~?. 명나라 사람이다. 자는 비양(丕楊)이고 섬서 연안위
(延安衛) 출신이다. 융경 2년(1568)에 진사가 되었다.

장시현(張時顯) 1556~?. 명나라 사람이다. 자는 인경(仁卿), 호는 신병(新
屛)이고 강서 건창부(建昌府) 남성현(南城縣) 사람이다. 만력 14년(1586)에
급제하여 진사가 되었다. 정유재란 시 산해관주사(山海關主事)에 재직했다.
장위(張位) 1534~1610. 명나라 사람으로 강서 남창(南昌) 신건(新建) 출신
이다. 자는 명성(明成), 호는 홍양(洪陽)이다. 융경 2년(1568) 진사가 되었고,
만력 연간 초 수보대학사 장거정(張居正)과의 불화로 좌천되었다. 장거정
사후 복권되어 여러 관직을 역임하다 만력 19년(1591)에 이부좌시랑 겸 동
각대학사를 제수받았고, 곧 예부상서에 올랐다. 만력 26년(1598)에 탄핵을
당하여 관직이 삭탈되었다. 훗날 천계 연간에 복권되었고 태보(太保)로 추
증되었다. 시호는 문장(文莊)이다.

정응태(丁應泰) 1553~?. 명나라 사람이다. 자는 원부(元父)이며 호광 무창

좌위(武昌左衛) 사람이다. 만력 11년(1583) 급제하여 진사가 되었다. 만력 26년(1598) 군문찬획(軍門贊畫)으로 형개를 따라 조선에 온 후 몇차례 명나라와 조선 사이를 왕래했다. 도산(島山) 전투가 끝난 후 경리 양호(楊鎬)를 탄핵했는데 조선이 양호를 비호하자 조선에 화살을 돌려 조선이 오랫동안 일본과 내통해왔다고 모함했으니 일명 '정응태 무고사건'이다. 조선은 세 차례에 걸쳐 사신을 파견하여 해명했다. 정응태는 결국 혁직되었다.

진린(陳璘) 1532~1607. 명나라 사람으로 광동 소주부(韶州府) 옹원현(翁 源縣) 사람이다. 자는 조작(朝爵), 호는 용애(龍厓)이다. 가정 연간 말에 지휘 첨사(指揮僉事)가 되었고, 영덕(英德)의 농민봉기를 진압한 공로로 광동수비 (廣東守備)가 되었다. 광동(廣東)의 군사를 이끌고 부총병으로 임진왜란에 참전했으며, 정유재란 때 다시 파견되어 어왜총병관(禦倭總兵官)으로서 조 선의 이순신과 함께 노량해전에서 전과를 올렸다. 이후에도 귀주(貴州)와 광동에서 무관으로 활동했다.

진우충(陳愚衷) ?~?. 명나라 사람이다. 만력 25년(1597)흠차통령연수영병 유격장군(欽差統領延綏營兵遊擊將軍)으로 마병 1900명을 이끌고 조선에 온 후 전주에 주둔했다. 남원이 일본군에 의해 포위되자 양원(楊元)이 구원 요 청을 했지만 진우충은 원병을 보내지 않았고 오히려 남원의 함락 소식을 들은 후 달아났다. 이에 탄핵되어 곤장 100대를 맞고 감사충군(減死充軍) 되는 처벌을 받았다.

진운홍(陳雲鴻) ?~?. 명나라 사람이다. 흠차선유유격장군(欽差宣諭遊擊將 軍)으로 만력 22년(1594) 10월 조선에 왔다. 이듬해 일본과의 강화를 위해 부산의 왜군 진영으로 파견되어 한동안 그곳에 머물렀고 만력 24년(1596) 에 양방형(楊邦亨)을 따라 명나라로 돌아갔다.

진의전(陳懿典)　1554~1636. 명나라 사람이다. 자는 맹상(孟常), 호는 여강(如岡)이다. 창화현(彰化縣) 수수(秀水) 출신이다. 만력 20년(1592)에 진사가 되었다.

진인(陳寅)　?~1621. 명나라 사람이다. 자는 빈양(賓陽)이고 절강 온주부(溫州府) 금향위(金鄕衞) 사람이다. 만력 25년(1597)에 흠차통령계진영평첨방남북관병유격장군(欽差統領薊鎭永平添防南北官兵遊擊將軍)으로 보병 3850명을 이끌고 조선에 와서 도산(島山) 전투에 참여했다. 만력 27년(1599)에 명나라로 돌아갔으며 곧바로 양응룡(楊應龍)의 난을 토벌하는 작전에 투입되었다. 만력 47년(1619) 여진족이 침입하여 요동지역을 방어하던 장수들이 전사하자 진인으로 하여금 산해관(山海關)에 진주하며 방어도록 했다.

진자룡(陳子龍)　1608~1647. 명나라 사람이다. 초명은 진개(陳介)이며, 자는 인중(人中), 와자(臥子), 무중(懋中)이고, 호는 일부(軼符), 해사(海士)이다. 만년에는 자호를 대준(大樽)이라 했다. 남직례 송강부(松江府) 화정(華亭) 출신이다. 공부시랑 진소문(陳所聞)의 아들이다. 숭정 10년(1637) 진사가 되었다. 순치 2년(1645) 송강에서 군사를 일으켜 항청 활동을 벌였으나 실패하고 은거했다.

척계광(戚繼光)　1528~1588. 명나라 사람이다. 자는 원경(元敬), 호는 남당(南塘)·맹제(孟諸)이며 산동 등주(登州) 출신이다. 가정 23년(1544)에 부친의 직위를 승습하여 산동등주위지휘첨사(山東登州衞指揮僉事)가 되었다. 가정 28년(1549) 무과 향시에 급제하고 이듬해 회시를 치르기 위해 북경에 왔다가 몽골의 침입에 맞서 방어하는 데 공을 세워 과거에는 낙방했으나 여러 사람의 천거를 받게 되었다. 이후 십수 년간 산동, 절강, 복건 등의 지역을 방어했다. 직접 모집하여 훈련시킨 척가군(戚家軍)을 이끌고 왜구에 맞서 큰 전과를 세웠다. 융경 연간 이후에는 북방을 진수하며 몽골족의 침입을 저지했다. 만력 연간에는 수보대학사 장거정(張居正)의 신임을 바탕으로 누차 전공을 세우며 관직은 좌도독(左都督)에 이르렀고 금의위백호 소보 겸 태자태보(錦衣衛百戶少保兼太子太保)에 봉해졌다. 장거정 사후 탄핵을 받아 고향으로 물러나 사망했다. 저작으로는 왜구를 대상으로 한 전투법을 담은 『기효신서(紀效新書)』 등 여러 병법서 및 문집 『지지당집(止止堂集)』 등이 있다.

한자렴(韓子廉)　?~?. 명나라 사람이다. 정유재란 시기에 요진(遼鎭)의 관량낭중(管糧郎中)을 맡고 있었다.

허수은(許守恩)　?~?. 명나라 사람이다. 자는 군사(君賜)이고 섬서 서안부(西安府) 경양현(涇陽縣) 출신이다. 만력 8년(1580) 진사가 되었다.

혜우(惠虞)　?~?. 명나라 사람이다. 어사 진효(陳效) 표하의 단사관(斷事官)으로 조선을 방문했다.

황충소(黃沖霄)　?~?. 명나라 사람이다. 만력 25년(1597) 흥도유수(興都留守)에 재임하고 있었다.

찾아보기

형개의 《경략어왜주의》 역주

명나라의 정유전쟁 1 출병 준비

2024년 3월 26일 초판 1쇄 인쇄
2024년 3월 29일 초판 1쇄 발행

지은이   형개
역주   구범진 · 김창수 · 박민수 · 이재경 · 정동훈

총괄   장상훈(국립진주박물관장)
북디자인   김진운

발행   국립진주박물관
              경상남도 진주시 남강로 626-35
              055-742-5952
출판   사회평론아카데미
              서울특별시 마포구 월드컵북로6길 56
              02-326-1545
ISBN   979-11-6707-146-0 94910 / 979-11-6707-145-3(세트)